Johannes Fromme · Burkhard Schäffer (Hrsg.)

Medien – Macht – Gesellschaft

AF173112

Medienbildung und Gesellschaft
Band 4

Herausgegeben von

Winfried Marotzki
Norbert Meder
Dorothee M. Meister
Uwe Sander
Johannes Fromme

Johannes Fromme
Burkhard Schäffer (Hrsg.)

Medien – Macht – Gesellschaft

VS VERLAG FÜR SOZIALWISSENSCHAFTEN

Bibliografische Information Der Deutschen Nationalbibliothek
Die Deutsche Nationalbibliothek verzeichnet diese Publikation in der
Deutschen Nationalbibliografie; detaillierte bibliografische Daten sind im Internet über
<http://dnb.d-nb.de> abrufbar.

1. Auflage Januar 2007

Alle Rechte vorbehalten
© VS Verlag für Sozialwissenschaften | GWV Fachverlage GmbH, Wiesbaden 2007

Lektorat: Stefanie Laux

Der VS Verlag für Sozialwissenschaften ist ein Unternehmen von Springer Science+Business Media.
www.vs-verlag.de

Umschlaggestaltung: KünkelLopka Medienentwicklung, Heidelberg
Druck und buchbinderische Verarbeitung: Krips b.v., Meppel
Gedruckt auf säurefreiem und chlorfrei gebleichtem Papier
Printed in the Netherlands

ISBN-13 978-3-531-15301-8

Inhaltsverzeichnis

Einleitung: Zum Verhältnis von Medien, Macht und Gesellschaft

Johannes Fromme, Burkhard Schäffer

Das Verhältnis von Medien, Macht und Gesellschaft zu bestimmen ist eine Aufgabe, die je nach eingenommener Perspektive anders gewichtet, gewertet und bearbeitet wird. So wird aus politikwissenschaftlicher Perspektive eine andere Verhältnisbestimmung vorgenommen als aus medientheoretischer, kommunikations- und kulturwissenschaftlicher Sicht, und diese Sichtweise unterscheidet sich wiederum von den Überlegungen der Erziehungswissenschaft. Insofern erscheint es müßig, im Rahmen dieser Einleitung in einen Sammelband, der aus Anlass einer Ringvorlesung Autoren und Autorinnen aus diesen Gebieten in einem interdisziplinären Rahmen versammelt hat, einen gemeinsamen ‚theoretischen Überbau' anbieten zu wollen, der eine über alle Disziplingrenzen gültige Verhältnisbestimmung zuließe. Hinzu kommt, dass es auch disziplinintern keineswegs ausgemacht ist, was man unter den drei Begrifflichkeiten zu verstehen habe. Die Begriffe Medien, Macht und Gesellschaft, und erst recht ihr Verhältnis zueinander, werden aus verschiedenen theoretischen Zugängen heraus (etwa aus systemtheoretischer, konstruktivistischer oder strukturalistischer Perspektive) unterschiedlich konzipiert. Die folgenden einführenden Bemerkungen sind insofern nur als eine Sensibilisierung für Fragen, die für uns bei der Konzeption der Ringvorlesung leitend waren, gedacht und keineswegs als eine alle Disziplingrenzen übergreifende, gültige Verhältnisbestimmung.

Beim Medienbegriff ist zu klären, ob man einen eher weiten oder einen eher engen Medienbegriff in Anschlag bringt. Bei einer weiten Medienbegrifflichkeit, wie sie etwa McLuhan (1995) oder Meyrowitz (1987) geprägt haben, werden aufgrund einer hier betonten umfassenden medialen Verfasstheit jeglichen Weltzugangs viele Bereiche von Gesellschaft und Macht direkt tangiert. Allerdings läuft man bei einem derart umfassenden Medienbegriff Gefahr, seinen Gegenstand aus den Augen zu verlieren bzw. erklären zu müssen, was eigentlich nicht medial verfasst ist. Bei einem engeren, z.B. an bestimmte technische Medien gekoppelten Begriff wiederum (bspw. Hiebel u.a. 1998), kann man umgekehrt allein der (ohne Zweifel berechtigten) technischen Faszination erliegen und in deren Folge Macht- und Gesellschaftsaspekte ausklammern. Allerdings holen diese einen spätestens dann wieder ein, wenn man sich der gesellschafts- und kommunikationskonstituierenden Bedeutung bestimmter technischer Medien-entwicklungen versichert, wie dies bspw. Giesecke (1991) für den „Buchdruck in der frühen Neuzeit" getan hat.

Beim Machtbegriff toben die Grabenkämpfe etwa zwischen personalen, in-teraktionistisch konzipierten Machtkonzepten (Weber 1972) und überpersonalen Konzepten, die betonen, dass das zentrale Merkmal von ‚wirklicher' Macht in seiner Verdecktheit liege: Je weniger Macht direkt mit Gewalt ausgeübt werden muss, je weiter sie also im Subjekt selbst angesiedelt (inkorporiert) ist, desto wirksamer und auch produktiver ist sie (Foucault 1978). Luhmann argumentiert mit der These von Macht als generalisiertem Kommunikationsmedium ähnlich und sieht in der Verdecktheit von Macht auch eine ihrer entscheidenden Voraus-setzungen: „Macht setzt voraus, dass nicht zu viel Probleme erzeugt werden, die nur mit Macht gelöst werden können" (Luhmann 2003: 73). Und schließlich hat Bourdieu in seinen empirischen Feldanalysen vielfach darauf hingewiesen, dass gerade das scheinbar Natürliche, Selbstverständliche, Nicht-zu-Hinterfragende eines Habitus das sei, was seine Legitimation und seine relative Position im Machtspiel innerhalb eines Feldes und zwischen verschiedenen Feldern aus-macht (Bourdieu 1987).

Angesichts solch unterschiedlicher Konzepte wird, bezogen auf das Ver-hältnis von Gesellschaft, Medien und Macht, entsprechend zu berücksichtigen sein, wie (etwa aus politikwissenschaftlicher oder soziologischer Perspektive) gesellschaftliche Macht überhaupt definiert wird, die dann in medialen Kontex-ten vermittelt, transformiert oder vielleicht überhaupt erst generiert wird. Kommt es hier zu Entwicklungen, denen man sich in Teilen der Politikwissenschaft mit dem Schlagwort „Mediokratie" nähert und damit eine „zunehmend nach unten gleitende Mittelmäßigkeit" meint, die „allmählich zur von vielen gewollten Maß-losigkeit" werde, welche die „Kommunikationsweise und ihre inhaltlichen An-gebote" beherrsche (Meyer 2001: 11)? Gleichzeitig werden die Medien biswei-len als „vierte Gewalt" (Graevenitz 1999) bezeichnet, d.h. als genuin eigenstän-diger Teil des politischen Willensbildungsprozesses, so dass eine wichtige Fra-gestellung ist, wie politische Prozesse in den Medien begleitet, inszeniert, kom-mentiert bzw. eben auch konstituiert werden. Die verschiedenen Medien sind also selbst Gegenstand öffentlicher Diskurse, so dass sich die Frage stellt, wie Medien im öffentlichen Raum thematisiert werden.

Aber nicht nur politische Prozesse, auch sozial-kulturelle Phänomene und Institutionen finden mediales Interesse und werden der „Logik" und der „Öko-nomie der Massenmedien" (Meyer 2001: 45-62) entsprechend aufbereitet. In Kino und Fernsehen sind Themen wie Schule (Schäffer 2003) und Familie (Schäffer 2006) ein ‚Dauerbrenner', ganz zu schweigen von medialen Aufberei-tungen von Jugend, Gewalt, Multikulturalität, Geschlechterverhältnissen u.ä.

mehr. Die Frage lautet hier, wie sich gesellschaftliche Macht im Kontext von Vermittlung und Aneignung von Medienangeboten konstituiert bzw. über welche Mikrostrukturen gesellschaftliche Machtverhältnisse im Alltag medial reproduziert oder durch eigensinnige Nutzungs- und Deutungspraxen auch infrage gestellt werden. Interessant sind in diesem Zusammenhang bspw. von den Cultural Studies inspirierte Studien, die sich mit der ‚Wirkung' von Vorabendserien wie der *Lindenstraße* oder *Forsthaus Falkenau* beschäftigen (Dörner 2001), der Bedeutung von Talkshows im Alltag von Jugendlichen nachgehen (Paus-Hasebrink 1999) oder die Aneignung von medialen Horror- und Gewaltdarstellungen in Jugendgruppen untersuchen (z.B. Eckert u.a. 1991; Vogelgesang 1994, 2000).

Insgesamt soll in diesem Sammelband der Blick darauf gerichtet werden, dass wir nicht nur in einer Situation leben, in der wir das, „was wir über unsere Gesellschaft, ja über die Welt, in der wir leben, wissen (...) durch die Massenmedien (wissen)" (Luhmann 1996: 9), sondern auch in einer Situation, in der sich das, worauf wir uns mit dem Terminus Gesellschaft beziehen, in vielerlei Hinsicht überhaupt erst über mediale Kommunikation konstituiert wird.

Dieser Sammelband setzt sich zum überwiegenden Teil aus den überarbeiteten Beiträgen zusammen, die anlässlich einer Ringvorlesung zum Thema ‚Medien – Macht – Gesellschaft' in Magdeburg im Wintersemester 2005/2006 gehalten und simultan per Videokonferenz nach München übertragen wurden.

Zu den einzelnen Beiträgen

Lothar Bisky geht in seinem Beitrag (Politische Kommunikation in der Mediengesellschaft) vor allem auf die Ambivalenz des Verhältnisses von Medien und Politik in unserer Mediengesellschaft ein. An verschiedenen Beispielen zeigt er den wachsenden Einfluss der Massenmedien auf politische Ereignisse bzw. die zunehmend mediengerechtere Inszenierung des Politischen auf. Diese Entwicklungen hin zu einer „Mediokratie" (Meyer) werden seiner Ansicht nach aber immer wieder auch gebrochen, sei es durch eine „gewisse Widerborstigkeit" des Publikums, das sich für manche politische Inszenierungen nur sehr begrenzt interessiert, oder sei es durch neue Kommunikationsmöglichkeiten etwa im Internet, also jenseits der Maschinerie der Massenmedien. Der Autor plädiert nicht nur pauschal für mehr Qualität und Kompetenz in der Politik wie in den Medien, sondern entwickelt auch eine Reihe konkreter Vorschläge dafür, wie dieses Ziel erreicht werden könnte. Eine wichtige Aufgabe der Medienpolitik sieht er darin, die mit den ungleichen Zugangsmöglichkeiten zu den verschiedenen Medien einhergehenden Wissensklüfte und Kompetenzgefälle zu verringern.

Rainer Winter untersucht in seinem Beitrag (Perspektiven der Cyber-Society. Plädoyer für eine kritische und kontextuelle Analyse digitaler Praktiken) jene Diagnosen des gesellschaftlichen Wandels, die die neuen Informations- und Kommunikationstechnologien ins Zentrum ihrer Analysen gerückt haben. Er unterscheidet dabei optimistische Analysen, die davon ausgehen, dass die technologische Innovation zu progressiven und die Demokratie fördernden Veränderungen führen, und pessimistische Diagnosen, die von der Fortschreibung einer hegemonialen Kulturindustrie auch im Zeitalter der neuen Medien ausgehen. Der Beitrag entfaltet die These, dass beide Einschätzungen ihre kritisch zu betrachtende Gemeinsamkeit darin finden, dass sie digitale Technologien „als Ursachen des sozialen Wandels betrachten". Am Beispiel des Ansatzes von Giddens verweist Winter auf komplexere Konzeptualisierungsversuche, die allerdings insofern zu kurz griffen, als sie die Informationsgesellschaft lediglich im Horizont einer quantitativen Zunahme von Informationen betrachteten und damit übersähen, dass der Übergang zu einer globalen Informationskultur die Gesellschaft radikaler verändere. In metaphorischer Weise sichtbar werde diese neue Informationskultur in der erfolgreichen amerikanischen Fernsehserie *24*. Sie verweist insofern für den Autor in paradigmatischer Weise auf die Konturen einer sich abzeichnenden Cyber-Society, die aber nicht mehr als Einheitskultur gefasst und insofern nur im Rahmen kontextualisierender Analysen untersucht werden könne. Genau hier setzten neuere Arbeiten der Cultural Studies an, die es sich zur Aufgabe gemacht hätten, nicht nur die gegenwärtigen gesellschaftlichen Transformationen, sondern auch die veränderten Möglichkeiten von Handlungsmächtigkeit („agency") in den neuen Lebensformen in den Blick nehmen.

Lothar Mikos macht in seinem Beitrag (Distinktionsgewinne – Diskurse mit und über Medien) die These stark, dass sich sowohl in Diskursen über das Fernsehen als auch in Diskursen im Fernsehen distinktive Aushandlungspraktiken innerhalb und zwischen sozialen Feldern und damit letztlich auch Machtfragen dokumentieren. Für seine Argumentation sichtet der Autor zunächst individualisierungstheoretische Positionen und referiert die Diskussion über die reflexive Moderne, bevor er die Bourdieusche Theorie der Kapitalsorten um die Kategorie des pop- bzw. populärkulturellen Kapitals erweitert und damit an Diskussionen der Cultural Studies anschlussfähig macht. Die eingenommene Perspektive ermöglicht ihm einerseits eine Kritik distinktiver Praktiken der sog. ‚Hochkultur' (am Beispiel von Fernseh- und Filmkritik) und andererseits eine Perspektive auf die Distinktionsgewinne, die man innerhalb populärkultureller Szenen durch populärkulturelles Genrewissen erreichen kann.

Brigitte Hipfl nimmt in ihrem Beitrag (Die fetten Jahre sind vorbei – oder kommen sie in einer anderen Form wieder?) den Erfolg des Films *Die fetten Jahre sind vorbei* zum Anlass, das von dem Film vermittelte Bild der Lebenssituation junger Menschen unter den heutigen gesellschaftlichen Bedingungen aus der Sicht der Cultural Studies zu diskutieren. Ausgehend von der These, dass sich Medienprodukte besonders gut als Anlass für eine Auseinandersetzung mit den gesellschaftlichen Bedingungen und Machtstrukturen eignen, versucht Brigitte Hipfl im Rahmen ihres „close reading" die politische Dimension der vom Film angebotenen Bedeutungen aufzuzeigen. Trotz der Polysemie, die bei erfolgreichen Medienprodukten anzutreffen sei, werde durch den Film doch ein beschreib- und analysierbarer Bedeutungsrahmen aufgespannt. Diesem Bedeutungsrahmen, und nicht den durchaus unterschiedlichen Rezeptionsweisen der Zuschauerinnen und Zuschauer, wendet sie sich in ihrem Beitrag unter der Fragestellung zu, wie darin der Zusammenhang von Medien, Macht und Widerstand thematisiert wird. Die Autorin versteht dies zugleich als Plädoyer dafür, nach einer tendenziell einseitigen Hinwendung zum Publikum in der Medienrezeptionsforschung den Medienangeboten wieder mehr (kritische) Aufmerksamkeit zu widmen.

Winfried Marotzki thematisiert in seinem Beitrag (Die Macht der Erinnerung – Involvement und Reflexion. Aspekte einer strukturalen Medienbildung am Beispiel Film) das Verhältnis von Macht und Medien primär auf der Ebene von Identitäts- bzw. Biografisierungsprozessen. Ausgehend von der These, dass vor allem Erinnerungen an traumatische Situationen Macht über uns ausüben können, fragt er nach dem Beitrag, den audiovisuelle Medien für eine Erinnerungsarbeit leisten können, also dazu, die Vergangenheit im Sinne Ricoeurs auf Distanz zu bringen. Erst diese Distanz erlaube es, eine bewusste, also reflektierte Haltung zur Vergangenheit aufzubauen. Die Macht der Erinnerung lasse sich daher zwischen den Polen Involvement (Nähe, Verwicklung) und Reflexion (Distanzierung) diskutieren. Am Beispiel des Films *Ararat* von Atom Egoyan, „in dem es um traumatische Erinnerungen geht", untersucht Winfried Marotzki mediale Möglichkeiten zur Herstellung einer Reflexionskultur – statt nur zur Herstellung von Involvement bzw. Betroffenheit. Diese medialen Möglichkeiten sieht er nicht auf der inhaltlichen, sondern primär auf der formalen Ebene des Mediums, also in der Narrationsstruktur, den Inszenierungsformen usw.

Werner Sesink (In höchster Auflösung. Das Abstraktionspotenzial der synthetischen Medien. Bildungstheoretische Überlegungen zur Emanzipation) argumentiert vor dem Hintergrund eines sich an McLuhan anlehnenden Medienbegriffs bildungsphilosophisch und historisch: Die Medien Sprache und Schrift konstituieren einen „Vermittlungsraum", von dem sich die Subjekte im Übergang von vormodernen zu modernen Gesellschaften in ihren Bildungsprozessen mittels Kritik emanzipierten. Er diskutiert verschiedene Konzepte von „Einbildung" und kommt zu einer Unterscheidung von „prä-synthetischer, auflösender" (Hegel) auf der einen und „synthetischer Einbildungskraft" (Kant) auf der anderen Seite. Bildung habe, so Sesink unter Bezug auf das erstgenannte Konzept (und auf Hegel und Heydorn) immer auch eine destruktive, auflösende Kraft. Und hier weist er eine überraschende Parallele zum Prozess der Digitalisierung auf, die er als „höchste Auflösung" versteht: Neue Medientechnologien vollzögen den Bruch mit der alten Welt in ebenso radikaler Weise, wie es ein Bildungsbegriff tue, der mit seiner vernunftgeleiteten Kritik alles Bestehende radikal in Frage stelle (und damit genauso ‚auflöse'). In dieser Perspektive haben „Auflösung und Zerfall emanzipatorische Qualität". Abschließend plädiert Sesink für eine „poietische Nutzung" des durch die neuen Medien geschaffenen Vermittlungsraumes, um Neue Medien zu einem „Schauplatz der Wiedergutmachung" werden zu lassen.

Manuela Pietraß (Bildungsdefizite durch Infotainment? Die didaktische Bedeutung medialer Gestaltungsmittel) widmet sich den neuen hybriden Gestaltungsformen „Edutainment" und „Infotainment", die seit einigen Jahren sowohl im Fernsehen als auch im Kontext des Lernens mit neuen Medien entwickelt werden und die in einschlägigen Diskursen über „Mediokratie" (vgl. oben) als Beleg für die Verflachung politischer Inhalte herhalten müssen. Pietraß bleibt nicht bei der Produktanalyse stehen, sondern sieht die „Wirkung" derartiger Angebote als komplexes, interaktives Zusammenspiel zwischen Anbieter und Rezipienten, das nur dann in Gang kommt, wenn gleiche oder ähnliche „Rahmen" (Goffman) die Produktion und Rezeption steuern. Die daran anschießende Frage, „welche Erlebnisweise ein Rezipient mit einem Gestaltungsmittel verbindet", untersucht Pietraß mit Rückgriff auf milieutheoretische Überlegungen (Schulze, Sinus): So hängt bspw. die Beurteilung, was *Unterhaltung* und was *Information* ist, von der „milieuspezifischen Erlebnisrationalität" der Beurteilenden ab. Und hier kommen gesellschaftliche Machtverhältnisse ins Spiel: Die Autorin weist darauf hin, dass Beurteilungen, ob etwas bspw. zum Hochkulturschema (Schulze) gehört, eingebunden sind in den diskursiven Kampf um Deutungshoheiten zwischen unterschiedlichen Milieus. Gruppen, die über mehr Bildung und Position verfügen, besäßen die Macht, „eine bestimmte Form der Alltagsästhetik als pädagogisch minderwertig abzulehnen". Abschließend plädiert Pietraß dafür, zu prüfen, ob didaktische Zugänge zu bildungsferneren und jüngeren Milieus gerade über unterhaltungsorientierte Darstellungsweisen hergestellt werden könnten und stellt in Frage, dass es hierdurch zwangsläufig zu ‚Niveauverlusten' kommen müsste.

Heidi Schelhowe konstatiert in ihrem Beitrag (Das Digitale Medium als Bildungsaufgabe. Überlegungen zur Macht der konkreten Bilder und zum Zugang zu den abstrakten Medien) einleitend schulische Lernräume mit ihren inhärenten Machtstrukturen mit (machtbezogenen) Phantasien von Schülern und Schülerinnen über deren Möglichkeiten, mittels der neuen Medientechnologien Machtverhältnisse verändern zu können. In einem nächsten Schritt rekonstruiert sie Schule als machtstrukturierten „Simulationsraum", d.h. als Raum in dem abstrakte Prinzipien und Konzepte gelernt werden, in der Hoffnung diese abstrakten Prinzipien später in je unterschiedlichen Praxen anwenden zu können. Diese Perspektive unterzieht sie einer Kritik mit reformpädagogischen und konstruktivistischen Ansätzen und plädiert für einen Rückbezug abstrakter Inhalte auf „konkrete Bilder und konkretes Handeln", ohne die abstrakten Inhalte zugunsten eines ubiquitären impliziten und informellen Lernens aufzugeben, da dies auf die Abschaffung von Bildungsinstitutionen hinausliefe. Sie plädiert – unterstützt von zwei Fallbeispielen – dafür, Computer nicht als Werkzeug oder Medium im Bildungsprozess zu sehen, sondern vielmehr als Gegenstand und als Inhalt von Bildung, der Lernenden sowohl die Abstraktion als auch die Konkretion ermöglicht. Hierdurch verspricht sich die Autorin, die Macht der Bilder (bzw. der Algorithmen, die die Bilder in Computerprogrammen erzeugen) einer Reflektion zugänglich und damit für Bildungsprozesse nutzbar zu machen.

Burkhard Schäffer (Generationsspezifische Medienpraxiskulturen und Macht) thematisiert das Verhältnis von Macht und Generation auf der Grundlage einer empirischen Studie zum Handeln unterschiedlicher Generationen mit neuen Medien. Als Ergebnis stellt er heraus, dass Medienhandeln sich im Kontext „generationsspezifischer Medienpraxiskulturen" vollzieht. In diese sind implizite und explizite Zuschreibungen eigener Macht bzw. Ohnmacht eingelagert, die sich in Vergleichen bezüglich der eigenen Kompetenz bzw. Inkompetenz in Hinsicht auf die neuen Medien dokumentieren. Für Angehörige der Generation der über 60-Jährigen arbeitet er exemplarisch drei Modi des Umgangs mit der Wissensdifferenz zu den Jüngeren heraus: *Subordination, partielle Konkurrenz und Kooperation.* Die empirischen Ergebnisse rahmt der Autor dann machttheoretisch unter Bezug auf Weber, Foucault und Bourdieu und plädiert abschließend mit dem französischen Technikphilosophen Bruno Latour dafür, Technik aus dem Zusammenhang von Macht und Generation nicht auszublenden.

Literatur

Bergmann, Susanne (Hrsg.) (2000): Mediale Gewalt. Eine reale Bedrohung für Kinder? Bielefeld: Gesellschaft für Medienpädagogik und Kommunikationskultur (GMK)

Bourdieu, Pierre (1987): Die feinen Unterschiede: Kritik der gesellschaftlichen Urteilskraft. Frankfurt a.M.: Suhrkamp

Dörner, Andreas (2001): Politainment: Politik in der medialen Erlebnisgesellschaft. Frankfurt a.M.: Suhrkamp

Ecarius, Jutta (Hrsg.) (2006): Familie. Ein erziehungswissenschaftliches Handbuch. Wiesbaden: VS Verlag, im Druck

Eckert, Roland/Vogelgesang, Walter/Wetzstein, Thomas A./Winter, Rainer (1991): Grauen und Lust – Die Inszenierung der Affekte. Eine Studie zum „abweichenden" Videokonsum. Pfaffenweiler: Centaurus

Ehrenspeck, Yvonne/Schäffer, Burkhard (Hrsg.) (2003): Film- und Fotoanalyse in der Erziehungswissenschaft. Ein Handbuch. Opladen: Leske + Budrich

Foucault, Michel (1978): Dispositive der Macht: über Sexualität, Wissen u. Wahrheit. Berlin: Merve-Verlag

Giesecke, Michael (1991): Der Buchdruck in der frühen Neuzeit: eine historische Fallstudie über die Durchsetzung neuer Informations- und Kommunikationstechnologien. Frankfurt a.M.: Suhrkamp

Graevenitz, Gerhart von (1999): Vierte Gewalt? Medien und Medienkontrolle. Konstanz: UVK-Medien

Hiebel, Hans H./Hiebler, Heinz/Kogler, Karl/Walitsch, Herwig (1998): Die Medien: Logik – Leistung – Geschichte. München: Fink

Luhmann, Niklas (1996): Die Realität der Massenmedien. Opladen: Westdeutscher Verlag

Luhmann, Niklas (2003): Macht. Stuttgart: Lucius und Lucius

McLuhan, Marshall (1995): Die Gutenberg-Galaxis: das Ende des Buchzeitalters. Paris u.a.: Addison-Wesley

Meyer, Thomas (2001): Mediokratie: die Kolonisierung der Politik durch die Medien. Frankfurt a.M.: Suhrkamp

Meyrowitz, Joshua (1987): Die Fernseh-Gesellschaft: Wirklichkeit und Identität im Medienzeitalter. Basel: Beltz.

Paus-Hasebrink, Ingrid (1999): Talkshows im Alltag von Jugendlichen: der tägliche Balanceakt zwischen Orientierung, Amüsement und Ablehnung. Opladen: Leske u. Budrich

Schäffer, Burkhard (2003): „Ein Blick sagt mehr als tausend Worte". Zur generationsspezifischen Inszenierung pädagogischer Blickwechsel in Spielfilmen. In: Ehrenspeck/Schäffer (2003): 395-417

Schäffer, Burkhard (2006): Medien und Familie. In: Ecarius/Merten (2006): im Druck

Vogelgesang, Waldemar (2000): Jugendliches Medienhandeln in Gruppen. Ein Forschungsbeitrag zur differentiellen Aneignung von Gewaltdarstellungen. In: Bergmann (2000): 152-163

Vogelgesang, Waldemar (1994): Selbstpräsentation im privaten Gruselkabinett. Die Fans von Horror- und Splatterfilmen. In: Medien Concret, Nov. 1994: 77-83.

Weber, Max (1972): Wirtschaft und Gesellschaft: Grundriss d. verstehenden Soziologie. Tübingen: Mohr

Politische Kommunikation in der Mediengesellschaft

Lothar Bisky

Als Einstieg in mein Thema wähle ich ein Buch von Niklas Luhmann, das ich allen empfehle, obwohl der Autor eine ganz andere Denkrichtung hat als ich. Luhmann hat ein gutes Buch über die Realität der Massenmedien geschrieben. Darin sagt er: „Was wir über unsere Gesellschaft, ja über die Welt, in der wir leben, wissen, wissen wir durch die Massenmedien" (Luhmann 1996: 9). Das ist richtig, aber es deutet eine Allmacht der Medien an, die andererseits in seinem Buch auch wieder in Frage gestellt wird. Luhmann geht an einer Stelle auf einen Präsidentenwahlkampf in Brasilien ein. Den führte damals Luiz Inácio Lula da Silva, der heutige Präsident, gegen seinen Kontrahenten. Da er Vorsitzender der Arbeiterpartei war, kenne ich Lula ganz gut. Nach dem Ereignis habe ich auch mit ihm darüber gesprochen, weil das eigentlich ein vernichtendes Ereignis gewesen ist, wenn man das medienwissenschaftlich sieht. Der damalige Präsident stand für eine Politik, die nicht ganz ehrlich schien. Ein Verwandter von ihm sprach mit einem Journalisten in der Privatwohnung, nicht wissend, dass das Gespräch über den Sender läuft. Da erzählte er die Tricks des Präsidenten im Wahlkampf und dass er lügt. Das ging alles über den Sender. Und natürlich hat jedes Medium in Brasilien dieses Ereignis breit ausgewälzt, wie das so ist im Medienbereich. Es wurde täglich und immer wieder in allen Einzelheiten und von allen Seiten diskutiert. Alle dachten, das war's für den Präsidenten. Was war das Ergebnis? Der Kontrahent Lula gewann gerade mal einen Prozent, obwohl offenbart worden war, dass der andere Kandidat klar lügt. Da kann man auch sagen, die Medien sind ohnmächtig. Das ist in Luhmanns Buch auch differenziert nachzulesen. Aber irgendwie ist das ja auch faszinierend, und diese Ambivalenz und außerordentliche Widersprüchlichkeit ist auch das, was mich an der Medienwissenschaft immer so besonders interessiert und gefesselt hat. Und wenn ich das einleitend aus meiner Erfahrung mit den Medien auch noch sagen kann: Ich habe einmal jemandem, der die Medien beschimpft hat, weil sie mal wieder unfreundlich mit uns umgegangen waren, meine Erfahrungen wie folgt zusammengefasst: „Die Medien sind die größte Gefahr für uns, aber zugleich die einzige Chance, die wir haben!" Das ist auch wieder ein sehr widersprüchliches Verhältnis, aber das ist wirklich meine Erfahrung.

1   Mediokratie

Ich will jetzt versuchen, relativ systematisch – denn der Beitrag steht ja in einem universitären Kontext – meine Sicht auf das Thema der politischen Kommunikation in der Mediengesellschaft darzulegen, werde dabei aber auch immer wieder eigene Erfahrungen zur Veranschaulichung einflechten.

Thomas Meyer hat in einem sehr klugen Buch über Mediokratie mit dem Untertitel „Die Kolonialisierung der Politik durch die Medien" vor wenigen Jahren das Leitbild des Beitrags der Massenmedien zur demokratischen Kommunikation umschrieben, und darauf werde ich mich kurz berufen. Dieses Leitbild umfasst folgende Normen: „eine umfassende und ausgewogene Berichterstattung in Inhalt, Stil und Formen der Wiedergabe sowie eine Präsentationsweise, die allen Bürgerinnen und Bürgern die Teilnahme an der öffentlichen Kommunikation ermöglicht" (Meyer 2001: 16).

Meyer weiß freilich, diese Normen sind äußerst weit reichend. Sie beschreiben fast eine ideale Kommunikationssituation. Zugleich sind sie vage, denn sie lassen offen, auf welche Weise und in welchem Maße sie in der Realität der Massenkommunikation tatsächlich zu erfüllen sind. Dennoch sind sie zielgenau, denn sie beschreiben hinreichend präzise die Ziele, denen die geforderte Kommunikationsweise in ihren Ergebnissen dienen soll. Es handelt sich dabei um regulative Normen, denen sich die Kommunikationspraxis so weit wie möglich annähern soll.

Das Zitat von Thomas Meyer mag ausreichen, um anzudeuten, wie groß die Entfernung zwischen der Norm bzw. der von den verschiedenen Medien selbst vage formulierten Zielstellung und der Medienrealität liegt. In diesem Zusammenhang habe ich auch die vorliegenden Forschungsergebnisse zu NRW-Landtagswahlen zur Kenntnis genommen. Ulrich Sarcinelli und Heribert Schatz schreiben unter dem Titel „Mediendemokratie im Medienland?":

> „Auf jeden Fall ist Nordrhein-Westfalen derzeit noch erfreulich weit von einem Zu-
> stand entfernt, wie er sich Dank einer ungehemmten Kommerzialisierung der politi-
> schen Kommunikation und eines daraus resultierenden Stilwandels des politischen
> Journalismus inzwischen in den USA entwickelt hat. Gleichwohl tun verantwor-
> tungsbewusste Landesrundfunkanstalten gut daran, diese Entwicklungen systema-
> tisch im Auge zu behalten und hierzu von der empirisch arbeitenden Wissenschaft
> periodisch hieb- und stichfeste Diagnosen zu diesem Phänomen des politisch-
> medialen Strukturwandels einzufordern" (Sarcinelli/Schatz 2001).

Während solche Ergebnisse empirischer Forschung aus dem Jahr 2000 und auch von später inzwischen auf dem Büchermarkt einsehbar (allerdings zum Teil schon wieder vergriffen) sind, ist mit der Entwicklung der medialen Praxis in den letzten Jahren bereits ein weiterer Teil der Wegstrecke zur Mediokratie zurückgelegt.

Eine denkwürdige Sitzung des Bundesrates[1] hat Herr Müller, der Ministerpräsident des Saarlandes, als Inszenierung bezeichnet und das wurde ihm sehr übel genommen. Es ging um eine schwierige Entscheidung, aber es war in der Tat auch eine Inszenierung, und zwar eine klassische Theaterinszenierung mit einem besonders guten Part Brandenburgs. Als Schauspieler standen Stolpe und Schönbohm in den Hauptrollen. Defacto hatte Klaus Woworeit, der zu diesem Zeitpunkt den Bundesrat führte, eine uneinheitliche Stimmabgabe des Landes Brandenburg als Enthaltung gewertet und damit die Mehrheit der SPD wieder hergestellt. Dies löste dramatische Proteste bei den CDU-Vertretern hervor. Müller wurde hart kritisiert, weil er ausgesprochen hatte, was es auch war, eine Theaterinszenierung. Es zeigt doch deutlich, und weitere Ereignisse zeigen es auch, dass wir hin zu dieser Mediokratie marschieren. Wenn man so will zeigen das auch Fernsehduelle, und davon haben wir ja inzwischen einige genießen dürfen.

Mediokratie ist für mich eine Beziehung zwischen Politik und Medien, in der die Regeln der Medien mehr und mehr die Regeln der Politik bestimmen, also die Qualität der Inszenierung, ähnlich wie beim Theater. Und dies wird entscheidender als der Inhalt. Wir haben einen Medienkanzler gehabt – das sage ich mit einer gewissen Bewunderung ebenso wie mit Kritik. Schröder ist ein Meister gewesen im Beherrschen der Medien, und dennoch hat er sie nicht endgültig beherrschen können, was dann wieder Anlass gibt, Hoffnung zu haben.

2   Medienkompetenz

Medienkompetenz wird zunehmend wichtiger, einerseits, um die Fähigkeit kritischer Aneignung von Medieninhalten zu stärken, andererseits aber auch, um die aktive Seite des Medienumgangs, nämlich nicht nur die Empfänger- sondern auch die Senderkompetenz zu erweitern. Das gilt für die Teilnahme an politischer Kommunikation generell. Medienkompetenz ist heute für mich eine ganz entscheidende Bedingung der Teilnahme an politischer Kommunikation überhaupt, wenn man wirksam werden will.

Wenn ich das recht sehe, kommt das Kompetenztraining auf diesem Gebiet in der Politik häufig zu spät und ist deshalb auch – vielleicht auch zum Glück – nicht selten vergeblich. Mir scheint eine Aufwertung von Medienkompetenztraining, Medienpädagogik in verschiedenen Studiengängen und in der Fortbildung

---

[1]   Es war jene Sitzung am 22. März 2002, in der es um das Zuwanderungsgesetz ging.

dringend angeraten zu sein. Experten verschiedener Fächer für eine aktive Mitwirkung in medial vermittelten politischen Kommunikationen zu gewinnen, ist wichtig. Auch weil wir wissen, wie gerne Experten sich zurückhalten und deshalb die Medien jenem Typus von Mensch überlassen, dem – ob aus Wissenschaft oder Politik – die mediale Präsenz wichtiger ist als die hinreichende Darstellung des Kerns jener Botschaft, für die er das Expertentum zugesprochen bekommt. Wird die Chance medialer Kommunikation durch die Wissenschaft nicht angeeignet und genutzt, droht in immer mehr Kanälen ein immer niedrigeres Quasiexpertentum endgültig Oberwasser zu gewinnen. Die Medien, immer unter Kostenspardruck, könnten dann bald auf den für diverse Politikformate geeigneten, computersimulierten „Mister Allwissend" zurückgreifen, der beliebig große und lange Sprechblasen mit gelehrter Sprache füllt.

Experten verschiedener Fachrichtungen werden dringend gebraucht in dieser Mediengesellschaft. Sie sollten sich möglichst in der Ausbildung die Medienkompetenz aneignen können, die es ihnen gestattet, ihre Kenntnisse in die öffentlichen Diskurse einzubringen. Denn daran fehlt es vor allem. Ich sage das auch für die Politik. Es gibt hervorragende Politiker, die das, was sie zu sagen haben, schlecht ausdrücken können und sie werden damit medial zunächst einmal aussortiert.

Da die Medien einen zunehmenden Einfluss auf Wahrnehmung und anderes haben, wird zunehmend ein Typus in der Politik, auch in der Linkspartei, zum Zuge kommen, der das, was er zu sagen oder nicht zu sagen hat, besonders wirksam sagen kann. Das ist eine Tendenz, die ich mit einer gewissen Befürchtung sehe, aber auch mit Interesse. Denn das könnte ja zu einer Unterhaltsamkeit der Politik geraten, dass man vor Vergnügen gar nicht weg kommt von ihr.

Also an dieser Kommunikationskompetenz fehlt es vor allem. Wir haben eine immer bessere mediale Technik, wir haben immer mehr gut ausgebildete Menschen, wir sprechen immer häufiger von einer Wissensgesellschaft. Davon ist im Programm der Medien leider wenig zu spüren. Wenn es nicht gesetzmäßig so ist, dass immer klügere Menschen immer dümmere Programme brauchen, dann muss der Analyse eine Therapie folgen, die mehr Intelligenz in die Programme bringt. Und das sollten vor allem Intellektuelle tun. Ich werbe deshalb dafür, dass sich immer andere Berufe Medienkompetenz aneignen, weil das außerordentlich wichtig für die Qualität der Diskurse in unserer Gesellschaft ist. Natürlich ist das besonders wichtig für die politische Kommunikation in der Mediengesellschaft.

3 Belebung der Politik

Meine folgenden Überlegungen gründen vor allem auch auf eigenen Erfahrungen. Meine Vorstellungen von produktivem Miteinander und gegenseitiger Befruchtung von Politik und Wissenschaft, gar von einer wissenschaftlichen Grundlegung für die Politik, waren doch reichlich naiv, wie ich erfahren musste. Das hat Gründe, auf die ich in diesem Zusammenhang nicht ausführlich eingehen kann, aber eines habe ich bestätigt gefunden oder hat sich bei mir durch Erfahrung als Auffassung erhärtet: Politik sollte vorrangig von diversen Berufen *auf Zeit* ausgeübt werden, um die erstarrenden und abstumpfenden, routinierten politischen Handlungen zu beleben, zu erneuern.

Ich habe – das ist bekannt – einmal aus eigener Überzeugung nach acht Jahren Parteivorsitz nicht wieder kandidiert, weil acht Jahre nach meinem Dafürhalten reichen. Ich war zweieinhalb Jahre wieder an der Uni, um meine Vorlesungen vorzubereiten, und dann bin ich, halb überredet, halb aus Wut, noch einmal in die Politik zurückgekehrt. Dennoch denke ich, acht Jahre sind ein vernünftiger Zeitraum. Meine Sünde besteht darin, nachgegeben zu haben. Warum? Damals lag die Partei bei drei Prozent, und das hat mir dann auch ein bisschen weh getan, weil ich da so viel Lebensenergie rein gesteckt hatte. Also bin ich noch mal zurück. Aber das ist eigentlich der falsche Weg, und ich werde nicht noch einmal acht Jahre da bleiben.

Ich sehe nämlich eine entscheidende Schwäche des parlamentarischen Systems, das am Beharrungsvermögen und der nicht vorhandenen Flexibilität nicht weniger Parlamentarier direkt leidet. So kommt es, dass Politiker Flexibilität von anderen fordern, nicht aber selbst praktizieren. Sie ahnen richtig, dass ich für ein Modell plädiere, in dem jüngere intelligente Frauen und Männer die Chance haben, in politische Verantwortung zu gehen und als ungebrochene Persönlichkeiten nach einer Zeitspanne wieder in den Beruf zurückzukehren, nunmehr angereichert mit Erfahrungen, wie man kluge Ideen wirksam und meinetwegen auch listig in die Politik einbringt, und zwar so, dass sie eine Chance haben, die Gremien einer und möglichst mehrerer Parteien bis zur Mehrheitsfähigkeit zu passieren. Das ist aber nicht gängige Praxis. Abgesehen von den von Wahl zu Wahl wechselnden Hinterbänklern ist die Politik gegenwärtig eher von einer quasi verbeamteten Klasse von Berufspolitikern geprägt und dominiert, die ihre Stellung und Position rechtfertigen und verbissen verteidigen.

Das ist auch so, weil man gemeinhin annimmt, die Wissenschaft werde durch Berater, durch Studien, durch Veröffentlichungen wissenschaftlicher Forschungsergebnisse, die ja auch von Politikern gelesen werden können, gewissermaßen in die Politik eingeschleust. Und außerdem gibt es Politiker, die, wenn auch vor Jahrzehnten, selbst studiert haben und immer noch von sich selbst meinen, sie seien auf der Höhe ihrer Disziplin. Das ist ein ganz gefährlicher Irrtum. Wissenschaft und Politik, und genau das macht die Schwierigkeit aus, gehören unterschiedlichen Kommunikationszusammenhängen an.

Zusammengefasst: Das Problem der parlamentarischen Demokratie ist: Man kommt schwer rein und man kommt nicht mehr raus, es sei denn, man wird mit der Bahre rausgetragen oder verjagt. Das ist unflexibel, und es wäre gut, wenn Wege gefunden würden, das flexibler zu machen. Dass es keine Schande ist, sondern eine Bereicherung für alle Beteiligten, wenn einer mal vier Jahre im Bundestag ist oder im Landtag oder in kommunaler Vertreterschaft – das meine ich. Die Erstarrung merkt man ja dann auch in der Art und Weise, wie Politik betrieben wird. Und daher rührt auch ihre nicht hohe Achtung.

Politik und Medien gehören – wie gesagt – in unterschiedliche Kommunikationszusammenhänge. Verkürzt, aber im Kern durchaus zutreffend, kann man sagen: In der wissenschaftlichen Kommunikation ist die Logik dominant, in der politischen hingegen die Psychologik. In diesen psychologischen Kommunikationszusammenhängen sind Emotionen, Einstellungen, Wertorientierungen stets Bestandteile der politischen Kommunikation. Als Anmerkung dazu: Die Wahrheit, nach der die Wissenschaft sucht, der sie sich annähern will, die Wahrheit ist das Medium der Wissenschaft. Sie ist nicht das Medium der Medien, wiewohl Medien natürlich auch Wahrheit verbreiten. Das Medium der Medien ist die Information, die durchaus plausibel, da folge ich Luhmann, als Überraschung verstanden werden kann.[2]

Eben weil es diese Differenzen zwischen wissenschaftlicher und politischer Kommunikation gibt, wäre es gut, wenn Wissenschaftler ihre Expertenkenntnisse medienkompetent vermitteln könnten. Nach meiner Auffassung kommt mehr Verstand in die politische Kommunikation nur dann, wenn sich mehr an ihr beteiligen, auch und nicht zuletzt Wissenschaftler.

4 Neue Medien und neue Chancen der politischen Kommunikation

Das parlamentarische System beruht auf der Mehrparteienstruktur, wobei jede von ihnen spezifischerweise an der politischen Willensbildung beteiligt ist und in ihr natürlich auch Wissenschaftler wirken. Andererseits wirkt Demokratie über öffentliche Meinungsbildungsprozesse, die weit über die Parteien hinausgehen. Und endlich, das sei betont, gibt es auch unkomplizierte Medien, die genutzt werden können, ohne die Maschinen der massenmedialen politischen Informati-

---

[2] Wer sich für eine ausführliche Darlegung dieser systemtheoretischen Argumentation interessiert, den kann ich auf die Schriften von Luhmann verweisen. Ich bin kein Systemtheoretiker, aber dort sind Einsichten formuliert, die mich voll überzeugen und die es zu lesen lohnt.

on bedienen zu müssen, nämlich das Internet und überhaupt die neuen Medien in ihrer Gesamtheit, die ja auch für politische Verständigung genutzt werden können. Dies führt zu zwei Kommunikationssystemen innerhalb einer Partei, und das ist auch in meiner Partei so: Die Internetpartei als ein Teil, die Zeitungspartei als der andere Teil – ganz vereinfacht formuliert. Das ist eine tiefe Spaltung. Wenn man die nicht berücksichtigt, dann ist man manchmal verblüfft, wer was weiß, und eigentlich sollten ja Parteien durch einen gewissen gemeinsamen Informationsbestand und kommunikativen Zusammenhalt ausgezeichnet sein.

Wir brauchen wieder Expertenmeinungen in den Medien, in den neuen wie in den alten Medien! Ich will nur an Debatten über Biotechnologie, Gentechnologie, BSE und die Vogelgrippe erinnern, um Defizite und Verwirrungen, Irrtümer und anderes anzusprechen. Wenn auf Dauer nicht mediengerechte oder medienkompetente Fachleute die Kommunikation betreiben, wird sie an Substanz leiden. Medienkompetenz gewinnt man freilich nicht nur in entsprechenden Studiengängen. Es gibt Naturtalente, wie etwa auch im Schauspiel, aber das ist selten. Und es gibt auch die Möglichkeit, sich diese Kompetenz selbst anzueignen und sie individuell auszubilden. Naturtalente sind gegenüber manchen PR gestylten Laienschauspielern in der Politik – zu deren Überraschung – viel wirksamer, und das ist auch gut so. Um nicht falsch verstanden zu werden, selbstverständlich kann man entsprechende Kurse nutzen, nur umgekehrt möchte ich nicht zur weiteren Verbreitung des Irrtums beitragen, man habe immer nur ein Kommunikationsproblem, wenn man politisch nichts oder nur Unsinn zu sagen hat. Das ist so die gängige Ausrede. „Wir konnten das nicht kommunizieren!", das ist der größte Quatsch des Jahrhunderts. Ich spitze das einmal zu. Meistens ist das nicht überzeugend, es ist manchmal nicht logisch, manchmal denken die Leute anders und man findet keinen Weg. Wenn Politik nicht ankommt, heißt es nur: „Wir müssen das besser kommunizieren". Denn das heißt ja, man hat in allem Recht, man muss nur die Methode der Verbreitung dessen, worin man Recht hat, verbessern. Das ist ein beliebter Irrtum. Die beste PR-Schulung bringt nicht die politischen Inhalte. Allerdings kann sie dazu beitragen, mit großer Perfektion und sehr unterhaltsam lange nichts zu sagen.

Aber zurück zu den Neuen Medien: Nie zuvor gab es so viele Chancen politischer Kommunikation wie gegenwärtig. Nachdem im 19. Jahrhundert die in Salons versammelten Privatleute eine bürgerliche Öffentlichkeit konstituierten, sind mit der Entwicklung von Zeitungen, Zeitschriften usw. und audiovisuellen Medien im 20. Jahrhundert, und jetzt besonders deutlich mit dem Internet – der Verbindung vieler Medien mit Computern – völlig neue Möglichkeiten politischer Kommunikation eröffnet. Die Empfänger der Botschaften können reagieren, in kleinem Maßstab freilich, weil das interaktive Fernsehen erst in ganz archaischer Form besteht. Sie können selber senden. Wir haben eine in Quantität und Qualität breite Vielfalt der Möglichkeiten politischer Kommunikation. Das ist auch dann nicht gering zu schätzen, wenn diese Möglichkeiten wesentlich seltener genutzt oder gar ausgeschöpft werden als es wünschenswert erscheint. Naivere Gemüter baden fröhlich in diesen Möglichkeiten und sind nur gelegentlich verwundert, wie wenig davon Gebrauch gemacht wird, dass politisches Wissen im Übrigen keineswegs mit den erweiterten Möglichkeiten wächst. Politische Informiertheit nimmt nicht zwangsläufig zu. Es wird gar eine soziologisch erkennbare Politik- und Politikerverdrossenheit – wie eine Abwehrsperre – wirksam. Wir konstatieren ein fragmentiertes, zerstückeltes, eher widerborstig den neuen Möglichkeiten der Medien ausweichendes Publikum.

Minderheiten besonders Interessierter indessen bilden eine Art kundiges Sonderpublikum, das den zunehmend spezialisierten Politik-Redakteuren der Medien Spickzettel zur Arbeit schreiben könnte. Es gibt eine völlig neue Art Medienmenschen, eine neue Typologie. Es gibt Einzelne, die verfolgen alles, was man sagt, und geben einem dann für den nächsten Auftritt über Internet schon die Hinweise. Es ist verblüffend, was die alles wissen und worauf die alles kommen. Das ist natürlich auch schwierig, weil man das ja lesen, und wenn es geht, auch verarbeiten muss. Das kann man nicht, wenn es zu viel wird. Aber es gibt solche Experten, und ich bewundere manche von ihnen auch angesichts der Vielfalt ihres Wissens und der Ideen, die sie haben.

Viele allerdings nutzen ihre üblichen Informationshappen wie zum Frühstück das frische Brötchen. Dadurch, dass die audiovisuellen Medien in alle Zeitporen des Alltagslebens eingedrungen sind und mit ihren Politikinformationen rund um die Uhr und nahezu überall aufgenommen werden können, entsteht ein gewisses Level des Informiertseins. Das ist nur teilweise dem bewussten Interesse geschuldet. Das Weltgeschehen wird routiniert über Agenturen und Politik-Ressorts mundgerecht weitergeleitet und vorrangig nebenbei routiniert unkonzentriert von den Rezipienten aufgenommen. Ein kleiner Teil wird bewusst gelesen, gesehen und gehört. Im Zusammenwirken von bewusst aufgenommenen Politikhappen und routiniert nebenbei angeeigneten Geräusch- oder Bildkulissen bilden sich die Informationsbestände, aus denen Politikvorstellungen erwachsen. Dies ist ein in hohem Maße beiläufiger Prozess, bei dem nur in besonderen Situationen die Konzentration die Beiläufigkeit ersetzt. Dies soll keine wertende Feststellung, das soll nur eine Beschreibung sein.

5 Risiken der politischen Kommunikation

Ich gehöre nicht zu denen, die meinen, Mensch könne nur dann so richtig leben, wenn er täglich eine Stunde der Politik opfert. Nein, Mensch kann sich weitgehend verweigern, und das sollte nicht beklagt werden. Es hat viele Gründe und ist nicht nur negativ zu sehen: Denn ich halte es für unstrittig, dass ein gewisses Beharrungsvermögen und eine gewisse Widerborstigkeit des Publikums gegenüber den Politikern und den politischen und ideologischen Botschaften wie ein positiver Filter durch die Geschichte wirkt, ein Filter, ohne den große Teile der Bevölkerung allzu schnell in die Irre geleitet werden könnten. Die Resistenz gegenüber Überredungsversuchen der Politik ist als kulturelle Qualität von Menschen bisher viel zu wenig gewürdigt worden.

Die Risiken der heutigen politischen Kommunikation in den Medien liegen darin, dass die Nachrichtenmaschinen wie ihre Nutzer grundlegende Änderungen leicht übersehen können. Kurzfristig bewirken die Medien wenig, längerfristig verändern sie Weltbilder und Wertorientierungen, kulturelle Deutungsmuster und die Alltagskultur, freilich in engem Zusammenhang mit den unterhaltungskulturellen Angeboten der Medien, die sich besonderer Beliebtheit erfreuen und mit Filmen und Fernsehen aller Art, die jene Vielfalt von Formaten hervorbringen, in denen auch Infotainment zu Hause ist. Infotainment, das ist eine Art unterhaltender Präsentation von Information. In der Vielfalt der Talkshows ist das Unterhaltende das einigende Band, zugleich aber auch die strikte Grenzziehung, die den Talk nicht „abgleiten" lässt, gar in einen Diskurs oder eine dialogische Verständigung. Die in die allgemeine Entertainment-Beleuchtung getauchte Information, die nicht nur, aber sehr häufig auch in den diversen Talk-Shows zelebriert wird, wirkt keineswegs aufklärerisch. Im Gegenteil: Für mich sind Talk-Shows das bronzene Denkmal vom Ende der Aufklärung. Man muss auch die Art betrachten, mit der heute die großen Nachrichtenagenturen ihre Informationen Kosten sparend – und das heißt vor allem Personal sparend – täglich zusammenraffen und an möglichst viele Kunden veräußern, welche ihrerseits möglichst billig einkaufen, um Kosten sparend vom Personal her in kleinen Redaktionen große Nachrichtmengen ins Endprodukt stopfen, sei es Rundfunk, Zeitung oder Fernsehen. Das ist die Tendenz.

Dazu vielleicht ein – sicher nicht bedeutsames – Erlebnis: Ich hatte einmal hintereinander zwei Interviews. Das eine war von der Deutschen Welle. Die kamen natürlich mit einem Starreporter. Der hatte eine Redakteurin, es war ein Tonmeister dabei, natürlich ein Kameramann, es war jemand für die Beleuchtung dabei und natürlich für die Maske. Der, der das Auto fuhr, war nicht dabei, aber er stand unten. Und danach kam jemand, der zunehmend typischer wird. Er hatte eine Kamera auf der Schulter. Ein Mikrofon war dort befestigt. Sein Spickzettel, von dem er die Fragen abgelesen hat, war mit einer Klammer an einer Kabelschnur befestigt und zwar in der Höhe, dass er es lesen konnte. Und er fragte allein, nahm allein auf, schnitt allein und versuchte das loszuwerden. Das sind moderne Prototypen. Hinter dem einen steht eine Maschinerie mit sehr vielen

Menschen, andererseits ist da der Einzelne, der das ganze Produkt anbringt. Das Problem ist, die Medien sind auf dem Wege beides zu kaufen. Sie kaufen damit auch die Qualitätsunterschiede, die es da natürlich gibt.

Die Nachrichtenproduktion und -verbreitung spart ihre Qualität zugrunde. Paradoxerweise stellen in solcherart hergestellten Massenproduktionsnachrichtenwaren die meinungs- und gesinnungstriefenden Kommentare Leckerbissen für Kenner dar. Da wird wenigstens mal etwas anderes durchscheinen können. Das damit einher gehende Risiko einer Nivellierung des Nachrichtenniveaus wird in Kauf genommen und durch Spartenkanäle, die sich nur mit politischen Nachrichten befassen, scheinbar wettgemacht. Scheinbar, weil es zweifelsfrei den politisch Interessierten mehr und differenzierte Information bietet, weil dies aber wiederum nur kleine Gruppen sind, während die Masse der Bevölkerung in ein, wie ich behaupten möchte, relativ schlampiges Nachrichtensystem eingebunden ist, in dem der real existierende Journalismus zwischen Beschreibung und Wertung, Nachricht und Kommentar ebenso wenig differenziert wie die Fernsehkonkurrenz der drei großen Fernsehfamilien. Es wird immer weniger Qualität der Berichterstattung gefördert.

Das Paradoxe ist: je mehr Fernsehkanäle, je mehr Nachrichten insgesamt, desto problematischer oder desto oberflächlicher die Grundtendenz. Nahezu nostalgisch gerät man ins Schwärmen, wenn sich in die vielen Kanäle ein guter Dokumentarstreifen verirrt, der an frühere Fernsehkultur erinnert, die gegenwärtig nur in Häppchen vorrangig nach Mitternacht noch geboten wird. Es gab ja gut gemachte Dokumentarfilme bei allen ARD-Sendern. Das wird aber immer seltener. Meistens geht man auf Nummer sicher, wenn man Qualität nach Mitternacht sucht.

Der große Diktator, der Einschaltquote heißt, ebnet das Niveau für visuelle Analphabeten ein. Dazu wird dann mit Reality-TV ein kostengünstiges Boulevardformat gestaltet, das aufwändigere Film- oder Fernsehspielproduktionen ersetzt. Kosten sparend natürlich, koste es was es wolle, und es kostet ja scheinbar nur das Niveau.

Welche kulturellen Folgen das hat, wird sich herausstellen. Ich meine das nicht nur negativ, denn andererseits ist es natürlich auch gut, dass man jederzeit und überall einschalten kann und eine leicht verdauliche Ware zur Ablenkung ins Haus bekommt. Für die Ablenkung ist es gut, für die Zerstreuung, für die Versammlung aber nicht.

6 Veränderung politischer Macht in der Mediengesellschaft

Zu den Nebenwirkungen politischer Kommunikation in der Mediengesellschaft gehört die Dominanz der Medien, ihr Vorrang in strategischen und taktischen Handlungen der politischen Akteure. Die stille Veränderung politischer Macht und ihrer Inszenierung in Medien hat grundlegende Verständigungsmechanismen gewissermaßen nebenbei verschoben. Sicher ist die These von der Selbstauflösung der Politik in ihren medialen Inszenierungen überzogen, aber zunehmend erkennen wir, wie die Politik sich nach den Regeln der Medien verhält. Die Entscheidungen müssen gefallen sein, bevor die *Tagesschau* kommt, damit sie rausgehen. Parteitage, auch von sehr theoretisch ambitionierten Parteien, enden, damit man wenigstens noch in die *Tagesthemen* kommt. Auch *heute* usw. spielen eine große Rolle. Und wenn die Journalisten in größeren Scharen kommen, weiß auch jeder Politiker, was er zu tun hat. Natürlich findet daneben auch die entscheidungsrelevante politische Kommunikation statt, in Gremien und anderswo. Aber die Tendenz ist relativ deutlich. Die Medien bestimmen mehr und mehr den Ablauf, wie bestimmte politische Entscheidungen fallen. Man kann es sich nicht leisten, eine Frage längere Zeit offen zu lassen, obwohl das für die Bürger wie für die Medien und die Politik eigentlich ein fürchterlicher Zusammenhang ist. Die Schnelligkeit der Antworten, nicht die Gründlichkeit ist inzwischen relevant geworden. Dank der Mediengesellschaft sehen wir immer genauer, wer entscheidet oder regiert, und immer verschwommener, was der scheinbar Regierende eigentlich entscheidet.

Im Informationsdschungel der Mediokratie bedeutet Öffentlichkeit keinesfalls automatisch Offenheit. Ganz aktuell will ich mir nur die Anmerkung erlauben, dass es ja von vielen so gesehen wurde, dass Schröder die Teilnahme am Irak-Krieg verhindert hat. Das wurde von vielen Menschen zu Recht positiv gesehen, von mir auch. Nun hat ein Gericht inzwischen festgestellt, dass wir dennoch als Kriegsteilnehmer gelten. Einem Offizier, der verweigert hatte, einen Befehl anzunehmen, wurde ja vom Gericht Recht gegeben, mit der Begründung, es habe sich um einen Krieg gehandelt, eine kriegerische Handlung, an der er sich nicht beteiligen müsse. Und jetzt erfahren wir plötzlich, dass neben diesen vielen logistischen Unterstützungen, die das Gericht als Teilnahme am Kriege in Rechnung stellte, es auch noch Gefangenen- oder merkwürdige CIA-Flieger gegeben hat, die Menschen einfach mitgenommen haben – El Masri zum Beispiel – oder auch andere Dinge getan haben, wer weiß das so genau? Aber jetzt beginnt wieder das Spiel, man wird eine Antwort geben müssen. Und das verläuft dann nach erkennbaren Regeln. Ich wette, dass der Bundesaußenminister sich viel Zeit lässt, ich wette, dass die Untersuchungsausschüsse sich viel Zeit lassen, und ich hoffe, dass dann die Wahrheit gefunden wird. Das weiß man nicht sicher, denn das Interesse an diesen Dingen wird beim nächsten Ereignis auch ganz rasch wieder abklingen. Dann können die Medien aussteigen, auch in der politischen Kommunikation. Wenn es gelingen könnte, Sendungen auch in die allgemeinen, viel gesehenen Fernsehzeiten zu plakatieren, die etwas sachkundig, aber auch kompetent vermitteln, das wäre wichtig. Denn das Ausweichen in die Spartenkanäle wird auf Dauer nichts bringen. Ich finde es hervorragend, dass es *Phönix* gibt, weil ich *Phönix* brauche, aber das ist das Ausweichen. Sorgen macht mir eigentlich die Frage, wie wird man im Schnitt in der Bevölkerung auf relevante politische Vorgänge aufmerksam?

7 Medienpolitik und Wissensklüfte

Vor diesem Hintergrund halte ich es auch für wichtig, dass Medienpolitik als Politik ernst genommen wird. Das ist nach wie vor das fünfte Rad am Wagen. Das haben Glotz und Langenbucher Anfang der 70er Jahre mal in einem Buch geschrieben. Aber das ist so geblieben. Die Medienpolitik aller im Bundestag vertretenen Parteien ist nicht ausgeprägt entwickelt. Es gibt ein Beharrungsvermögen. Die Kultur- und Medienhoheit der Länder wird so hoch gewertet, dass sie praktisch immer weniger greift. Bilden sich die Länder wirklich ein, dass sie die Kulturhoheit haben, nur weil es im Gesetz steht? Das ist abenteuerlich oder interpretationsbedürftig. Die Medien machen ja viel mehr Kultur als jener Kulturausschnitt, der von den Kultusministern der Länder befördert wird. Aber Medienpolitik fristet ein Ehrendasein in allen Parteien und darüber hinaus. Das wird auf Dauer nicht so gehen, zumal wenn jetzt mit den neuen Medien auch ganz neue Kombinationen möglich werden und wir einer Gefahr entgegensehen, die ganz eindeutig als eine Art von kommunikativer Klassenspaltung gesehen werden kann. Es ist klar, an der Ausstattung mit technischen Geräten entsteht eine große Kluft, auch in den reichen Industrieländern. Es macht schon einen Unterschied, was man zu Hause nutzen kann und was man nicht nutzen kann.

52 Prozent der Weltbevölkerung hat noch nie ein Telefon in den Händen gehalten. Ich will jetzt nicht die einzelnen Daten nennen, das würde zu weit führen. Aber die Ausstattung der Haushalte, also der Orte, wo Menschen leben und Kinder groß werden, ist unheimlich differenziert inzwischen. Wir wissen, dass wir 1,7 Millionen Kinder unterhalb der Armutsgrenze in Deutschland haben. Das sind dann meistens auch Kinder, die auf das Allgemeinfernsehen angewiesen sind, wo häufig auch keine Zeitung oder allenfalls eine Zeitung im Haushalt ist. Die sind gegenüber anderen Kindern, die ein breites Angebot haben, nicht nur Bücher, Platten und so weiter und so fort, sondern auch spezielle Zu-

gänge zu den großen Medien, neuen Medien und so weiter, natürlich hoffnungslos im Nachteil. Und es wäre wohl eine Aufgabe, für die ich mich auch gerne einsetzen würde, diesen Kindern, die in ärmeren Verhältnissen leben, öffentlich mehr Möglichkeiten zu bieten.

Damit wird nicht alles gelöst sein. Solch eine Infrastruktur allein reicht nicht aus. Man muss auch die Kulturtechniken erlernen, um die neuen Medien nutzen zu können. Die eigentliche Kluft ist ein Problem auf lange Sicht.

Was diese zweite Seite anbelangt, da geht es um das Problem, dass die Sprachen, die audiovisuellen Sprachen oder auch bestimmte künstlerische Stile von denjenigen, die weniger Möglichkeiten hatten und weniger Bildung, schwerer verstanden werden. Das Drama besteht ja darin, der Wissende weiß, wo er sein Wissen bereichern kann. Der Nichtwissende weiß es nicht. Und das sind Spaltungen, die gegenwärtig, in der gegenwärtigen Kultur, mit den neuen Medien oder mit der Verbreiterung der Medienausstattung nicht automatisch beseitigt werden. Diese Klüfte werden teilweise größer. Es gibt ein höheres Niveau im allgemeinen Durchschnitt, weil ja nun jeder irgendwie Zugang zu einem Fernseher hat, der gehört ja dazu, wie alles andere. Aber in der Art und Weise, wie die Medien genutzt werden, auch für politische Kommunikation, entstehen tiefe kulturelle Klüfte. Und die nehmen zurzeit zu, sie nehmen nicht ab. Das ist nicht nur global, sondern auch innerhalb unserer Gesellschaft so. Und ich glaube, da muss unserer Gesellschaft bzw. den Gesellschaften insgesamt etwas einfallen.

Es ist vielleicht möglich, wenn man beginnt, etwa Medienkompetenz, um das zum Abschluss anzuregen, vielleicht schon in der Schule gründlicher ernst nimmt. Es muss in allen Ausbildungsarten vorkommen, damit ein lockerer Umgang mit den Medien möglich ist. Es geht um einen Umgang mit den Medien, der den eigenen Bedürfnissen und Interessen entspricht.

Literatur

Luhmann, Niklas (1996): Die Realität der Massenmedien. Opladen: Westdeutscher Verlag, 2., erw. Auflage

Meyer, Thomas (2001): Mediokratie. Die Kolonialisierung der Politik durch das Mediensystem. Frankfurt a.M.: Suhrkamp

Sarcinelli, Ulrich/Schatz, Heribert (2001): Mediendemokratie im Medienland? Opladen: Leske+Budrich

Perspektiven der Cyber-Society
Plädoyer für eine kritische und kontextuelle Analyse digitaler Praktiken

Rainer Winter

1 Einleitung

Die deutlich hervortretenden und sich intensivierenden Folgen der Globalisierung zum einen, die Präsenz des Internet zum anderen haben seit den 90er Jahren zu Diagnosen und Analysen geführt, welche die neuen Informations- und Kommunikationstechnologien als Motor gesellschaftlicher Veränderungen ins Zentrum rücken. Hierfür finden sich zahlreiche Beispiele in der Rhetorik des Cyberutopismus und seiner Vorstellung des „information superhighway", aber auch in soziologischen Untersuchungen. So wird die zunehmend postindustrielle globale Ökonomie mit Konzepten wie „Informationsrevolution" (Lyon 1988), „transparente Gesellschaft" (Vattimo 1992), „zweites Medienzeitalter" (Poster 1995), „Zweite Moderne" (Beck 2003), „Netzwerkgesellschaft" (Castells 2001) oder „globale Informationskultur" (Lash 2002) beschrieben und analysiert. Der Computer, das Internet oder das World Wide Web verkörpern die Dynamik technologischer Innovation, die in optimistischen Analysen (wie z.B. dem kosmopolitischen Ansatz) zu progressivem Wandel und einer globalen Demokratie führen sollen, in pessimistischen jedoch eine „neue Kulturindustrie" schaffen, mit der es transnationalen Konzernen gelingen kann, eine globale Hegemonie zu errichten, was in den populären Cyberpunk-Romanen schon vorweggenommen ist.

In meinem Beitrag möchte ich zunächst diese unterschiedlichen Einschätzungen der „Cyber-Society" näher betrachten. Meine leitende These ist dabei, dass diese Diagnosen ihre Gemeinsamkeit darin finden, dass sie digitale Technologien als Ursachen sozialen Wandels betrachten, wobei allzu simplifizierende Formen dieser Auffassung leicht in einen technologischen Fetischismus münden können (Hand/Sandywell 2002: 198; Kellner 2005), der den Herausforderungen der ökonomischen, politischen und kulturellen Globalisierung im 21. Jahrhundert nicht gerecht werden kann. Im weiteren werde ich mich deshalb komplexeren Ansätzen zuwenden, die ausgehend vom Begriff der Information versuchen, die Konturen und Perspektiven der sich herausbildenden „Cyber-Society" zu erfassen, vor allem die Aspekte, die sie von bisherigen Gesellschaftsformationen unterscheiden. Ein zentrales Merkmal, das sich in den Analysen von Ulrich Beck, David Harvey, Manuell Castells oder Jean Baudrillard findet, ist die Entdifferenzierung von ökonomischen, technologischen und kulturellen Kräften, in der die Flows von Informationen, Bildern, Zeichen, Kapital, MigrantInnen und Technologien neue gesellschaftliche Formationen entstehen lassen. An die Stelle einer nationalen, organisierten industriellen Wirtschaft tritt eine globale Dienstleistungsökonomie, die zunehmend einen informationellen Charakter hat, was in den Bereichen der Mikroelektronik und Biotechnologie besonders deutlich wird.

Dabei scheint der Übergang zur globalen Informationskultur im 21. Jahrhundert auch von einer sich ausbreitenden Indifferenz begleitet zu werden. Die Dichotomien Natur/Kultur, Mensch/Maschine, Subjekt/Objekt verlieren zunehmend an Bedeutung. Betrachtet man die riesigen Archive und Datenbanken, die aus der menschlichen Fähigkeit des Gedächtnisses eine technologische und interaktive Kunst machen, kann man sogar den Eindruck gewinnen, dass Informationen, Programme bzw. die digitalen Informationsmaschinen selbst lebendig und eigenmächtig werden, wie es in *2001: Odyssee im Weltraum* oder *Matrix* eindringlich vorgeführt wird. Hellsichtig ging bereits Marshall McLuhan (1964) davon aus, dass wir Medien nicht einfach gebrauchen, sondern dass wir Nutzer in gewisser Weise auch die Inhalte der Medien seien. Was er damit gemeint haben könnte, wird heute in Ansätzen der Medienkunst deutlich, in denen mit der Vorstellung experimentiert wird, dass wir nicht in einer Gesellschaft leben, die digitale Archive nutzt, sondern dass die Gesellschaft selbst ein riesiges digitales Archiv geworden ist, das wohl mit unserer Hilfe handelt, aber längst selbständige Züge angenommen hat (Mulder/Brouwer 2003: 5f.). Digitale Datenbanken sind nicht wie traditionelle Archive hierarchisch und gitterartig angelegt, sondern folgen, wenn man so möchte, einer „differenten Rationalität" (Lash 1999), die sich durch Nicht-Linearität, Flexibilität und Instabilität auszeichnet. Was im Rahmen der Aufklärungsrationalität ein Problem war, Unordnung signalisierte, wird nun zu einer technischen Qualität.

Deshalb werde ich mich im Weiteren der Bedeutung von Informations- und Kommunikationsstrukturen in der heutigen Gesellschaft widmen, in der alle Bereiche digitalisiert werden und soziale Praktiken zunehmend medienvermittelt sind. Die zunehmende Informationalisierung von Netzwerken, die sich in einer Design intensiven Produktion ausdrückt und die Reflexivität sozialer und kultureller Prozesse steigert, führt zu einer globalen Informationsordnung, in der Lebensformen medienvermittelt sind und zu der es kein Außen mehr zu geben scheint. Auch bei diesen Einschätzungen wird aber zu fragen sein, ob die Gefahr des „technologischen Fetischismus" vermieden wird, die droht, wenn die konkreten, alltäglichen Praktiken im Umgang mit Medien und Technologien zu Gunsten von als stabil und invariant angenommenen Eigenschaften der Informationskultur vernachlässigt werden. Abschließend werde ich in Auseinandersetzung mit neueren Arbeiten der Cultural Studies zeigen, welche Perspektiven eine soziale Theorie des Netzes aufweisen muss, die dieser Gefahr entgeht, indem sie die unterschiedlichen Artikulationsweisen bzw. Kontextualisierungen digitaler Technologien ins Zentrum rückt.

2 Zwischen Euphorie und Pessimismus: Der Netzdiskurs und die Zukunft

Das zentrale Versprechen des Internet ist die weitgehend unbegrenzte, schnelle und intensive Zirkulation von Informationen, die zu einer grenzenlosen Welt und einer räumlich unbegrenzten Ökonomie führen soll. Beinahe als Nebenprodukt, als nicht-intendierte Folge entsteht jedoch auch ein sich ausbreitendes Netz freiwilliger Assoziationen, von Interessensgruppen und sozialen Bewegungen, ein elektronisches „globales Dorf", welches die Voraussetzungen für eine „world citizenship" schaffe, die nicht auf einen begrenzten physischen oder geographischen Raum wie eine Stadt, eine Gemeinde oder einen Nationalstaat begrenzt sei und auch die Einschränkungen traditioneller demokratischer Formen durch erhöhte Partizipationsmöglichkeiten überwinde (vgl. Shane 2004; Hand/Sandywell 2002: 197ff.). Nicht nur soziale Bewegungen, auch nationalstaatliche Regierungen und transnationale Regierungsorganisationen wie die UN, die EU, die Nato, die G7 oder die UNESCO knüpfen an dieses vermutete demokratische Potential der digitalen Medien an und entwerfen politische Versionen einer wahrhaft inklusiven, partizipatorischen Demokratie.

Sieht man genau hin, dominiert in dieser Perspektive eher eine praktische und instrumentelle Einstellung gegenüber den neuen Informationstechnologien. Technologisch ermächtigt, sollen die Bürger, so die Vorstellungen von Regierungen, die in der Regel kurzfristige politische Ziele entwerfen, an den neuen Formen computervermittelter sozialer Interaktion teilhaben. Ergänzend wird von Dritte Welt-Hilfsorganisationen, von anti-kapitalistischen und Friedensbewegungen das Netz als strategisches Instrument genutzt, um Informationen zu verbreiten, zu Zwecken der Solidarisierung, Koordination und Organisation.

Auf diese Weise versprechen die technischen Möglichkeiten des Netzes, die deterritorialen, horizontalen und interaktiven Muster des Informationsflusses und der Kommunikation, eine Transformation und Revitalisierung der Öffentlichkeit. So wird ein Bild sich ausbreitender virtueller Gemeinschaften entworfen, die bestehende Gemeinschaften „updaten" und eine Cyber-Republik freiwilliger Assoziationen, Lobbies und Organisationen hervorbringen. Sobald in jedem Haushalt ein Computer steht, der mit dem *World Wide Web* verbunden ist, sind die Möglichkeiten interaktiver staatsbürgerlicher Kommunikation, die in Realzeit ablaufen kann, unbegrenzt. Diese globale Konnektivität soll eine wahrhaft kommunitaristische Kultur selbstreflexiver Subjekte schaffen. In dieser Vision verschmilzt die Vorstellung einer prämodernen Polis mit den globalen Technologien des 21. Jahrhunderts, die einen positiven Einfluss auf das Soziale haben sollen. Zusammenfassend lässt sich festhalten, dass nach diesen optimistischen Auffassungen digitale Informationstechnologien ihrem Wesen nach demokratische Prozesse fördern. In den technischen Strukturen des Internet oder des WWW kommen demokratische Eigenschaften oder Dispositionen zum Ausdruck.

Dem gegenüber stehen jedoch die Analysen, die die dunklen Seiten des digitalen Kapitalismus hervorheben und das Netz als dessen neues Instrument begreifen, das den Informationseliten und der dominanten Klasse erlaube, ihre Macht und Kontrolle wirtschaftlicher und gesellschaftlicher Prozesse zu erweitern. So wird z.B. davon ausgegangen, dass die bestehenden Formen sozialer und kultureller Ungleichheit nun durch neuartige Exklusionsprozesse aus den Informationsnetzen vertieft und ergänzt werden. Darüber hinaus würden im globalen Informationszeitalter transnationale Konzerne einen Cyberimperialismus errichten, der zu einer weitgehenden Homogenisierung führe. Das Netz bringe eine atomisierte Antigesellschaft privater Nutzer hervor, die vor ihren Bildschirmen sitzen und neuen Formen kybernetischer Überwachung unterworfen werden. Hier fördert das Netz nicht die Demokratie, sondern es schwächt und unterbindet sie. Die neuen Eigentums- und Zugangsrechte, die Jeremy Rifkin (2002) so eindrücklich beschreibt, verstärken diese Auffassung von einer entdemokratisierenden Funktion des Internet. Auch hier wird also essentialistisch argumentiert. Es geht um die kausalen Folgen der digitalen Technologien und des Internet. Für eine soziologische Analyse – so meine These – ist es aber erforderlich, essentialistische Betrachtungsweisen zu vermeiden, um den vielfältigen Funktionen, kontextuellen Einbettungen und Artikulationen von Informations- und Kommunikationstechnologien bzw. neuen Medien im Alltag gerecht zu werden. Betrachten wir aber zunächst die Ansätze, die von einer globalen Informationskultur ausgehen. Als Einstieg in deren Diskussion und Analyse möchte ich auf ein aktuelles Medienbeispiel eingehen.

3   „24" als Metapher für die globale Informationskultur

Viele kennen wahrscheinlich die amerikanische Fernsehserie *24*, die bereits mit vielen Preisen ausgezeichnet wurde, deren bisherige Staffeln mit großem Erfolg auch im deutschen Fernsehen liefen. Jack Bauer ist der Leiter einer Anti-Terror-

Einheit in Los Angeles, die ein geplantes Attentat auf einen Präsidentschaftskandidaten afroamerikanischer Herkunft verhindern soll. Bereits in den ersten Szenen der ersten Folge von Staffel 1 wird ein wesentliches Charakteristikum dieser formal innovativen, äußerst spannenden und oft verblüffenden Serie deutlich: die zentrale Bedeutung von Kommunikations- und Informationstechnologien. Nicht nur in Bauers Arbeitsstätte, in der es primär um die Beschaffung, Bearbeitung und Interpretation von Informationen geht, sondern auch bei ihm zuhause findet sich in jedem Zimmer ein Laptop. Zudem nutzt er fast ständig sein Handy. Dann verschwindet seine Tochter in der Nacht. Um einen Hinweis auf ihren Aufenthaltsort zu bekommen, muss das Passwort ihres Mailsystems geknackt werden. Den Zugang zu Informationen zu bekommen, ihr Beschaffen, ihr Raub, Tausch und Kauf dominieren die komplexe, narrative Struktur von *24* und treiben die verästelte Handlung voran. Dabei hat es den Eindruck, dass die Geheimdienste und ihre Gegenspieler, sich bei Bedarf alle „geheimen" und relevanten Informationen zur Verwirklichung ihrer Ziele, wenn auch bisweilen mit Mühe, beschaffen können. In der Serie werden aber auch, so im Nordosten von Hollywood, Personen gezeigt, die am Rande der Gesellschaft leben, ohne Zugang zu den Informationsnetzen, der Möglichkeit beraubt, selbst Informationen zu produzieren, die zirkulieren können und wahrgenommen werden. Diese marginalisierten Personen in den wilden Zonen des entfesselten Kapitalismus (Lash/Urry 1994) repräsentieren in *24* in gewisser Weise das „Andere", den ausgeschlossenen Teil der Informationsnetzwerke.

Auch der Zuschauer ist darauf angewiesen, die Informationen aufzunehmen, die für das Verstehen der vielschichtigen, labyrinthartig strukturierten Handlung und die Spannungsgenerierung entscheidend sind. Der Einsatz von Split-Screens erlaubt die mosaikartige Anordnung verschiedener Handlungsstränge bzw. von differenten Perspektiven. So wird der Zuschauer mit einer Fülle von Informationen konfrontiert, die er rezipieren, bewerten und verarbeiten muss. Er kann sich dabei aber nicht auf eine Einschätzung der Psyche der Charaktere verlassen. Ein großer Teil der Spannung entsteht gerade dadurch, dass bereits zu Beginn deutlich wird, dass viele Figuren etwas anderes vorgeben, als sie sind. Im Sinne von Erving Goffman müssen ihre Techniken der Eindrucksmanipulation, ihre Informationspolitik durchschaut, decodiert werden. Für Jack Bauer ist dies lebenswichtig.

Lässt sich *24* nun als Metapher für die globale Informationskultur lesen, um die es im Weiteren gehen soll? Die Skeptiker werden „Nein" sagen. In gewisser Weise beruhen alle Detektiv- und Agentenromane auf der Suche nach Informationen, die dann verwendet werden, um z.B. jemanden eines Verbrechens, eines Betrugs oder als Doppelagent zu überführen. In Hollywood-Produktionen wurden schon immer die neuesten Technologien vorgeführt, um die Zuschauer auf

kommende Kriege einzustimmen oder sie zum Kauf von Unterhaltungselektronik zu animieren. Trotzdem denke ich, dass die Popularität der Serie mit ihrer
speziellen Informationsweise zusammenhängt, welche die Aufnahme, Auswahl
und schnelle Verarbeitung von Informationen verlangt. Was im Detektivroman
schon angelegt ist, wird nun zum zentralen medialen Prinzip. Während ein De-
tektiv nach Informationen aber noch in sozialen Zusammenhängen sucht, findet
sie Jack Bauer im Informationsnetz. Das Wissen findet sich in den Datenbanken.
Jean-Francois Lyotards (1986) Utopie, dass alle freien Zugang bekommen sollten, hat sich nicht verwirklicht. Nur spezifische Kompetenzen, Kenntnisse und
Positionen verschaffen Zugang. Die Gegenspieler von Bauer täuschen, manipulieren Informationen, funktionieren wie programmierte Maschinen. Ihre wesentliche Motivation ist Gier, Profit, Kapitalakkumulation. Gleichzeitig gibt es
Gruppen, die definitiv ausgeschlossen sind und die auch nicht integriert werden
können. Dabei hat Bauer keine Zeit in Ruhe nach Informationen zu suchen, er
muss schneller als die anderen sein, sich beeilen. Schnelligkeit ist ein weiteres
zentrales Merkmal von *24*, denn Informationen veralten rasch und werden so
bedeutungslos. Die fast immer tickende Uhr macht deutlich, dass die Zeit drängt,
Informationen sofort beschafft werden müssen. Zweifellos ist dies ein Prinzip,
das zunehmend die gesellschaftlichen Bereiche unseres heutigen Lebens bestimmt.

Bevor ich nun auf die sich meiner Ansicht nach in *24* und in unserer Gegenwart abzeichnenden Konturen und Merkmale der globalen Informationskultur
des 21. Jahrhunderts näher eingehe, möchte ich zunächst einige Einwände diskutieren, welche nicht einen „Bruch" hervorheben, sondern die intensive Zirkulation von Wissen und Informationen als Fortsetzung der modernen Gesellschaft
begreifen, der Form von Modernität, die für große Teile der Soziologie bis heute
im Zentrum steht. Ich werde dies vor allem am Beispiel der Theorie von Anthony Giddens zeigen und anschließend mit medientheoretischen Überlegungen
konfrontieren, um das Thema der globalen Informationskultur besser in den
Blick zu bekommen.

4   Die Gegenwart als Fortsetzung der Moderne in der Theorie von Anthony Giddens

Gegen die in der Zwischenzeit häufige Verwendung des Begriffs Informationsgesellschaft wird oft Einspruch erhoben, auch wenn in der Regel nicht bestritten
wird, dass durch die wachsende Verfügbarkeit von Fernsehkanälen, die Zunahme
digitalisierter Unterhaltungselektronik oder die veralltäglichte Nutzung von Mo-
biltelefonen und Internet weltweit eine Fülle von Informationen zirkulieren. Die

Computerisierung aller gesellschaftlichen Bereiche und die Tatsache, dass immer mehr Menschen ihren Lebensunterhalt mit der Bearbeitung von Informationen verdienen, führen dazu, dass stetig komplexere Informationsumwelten geschaffen werden. In den Bereichen der Finanzspekulation, der Produktion von Waren und im Bereich der Kultur werden die informationellen Merkmale unserer Welt besonders deutlich. Wie Jack Bauer leben wir in Medienwelten, in denen es primär um die Symbolisierung, den Austausch und den Empfang von Informationen geht, die uns selbst und andere betreffen. Auch wenn wir bisweilen versuchen, diesen Prozess der Übersättigung unseres Selbst, wie er in der Sozialpsychologie beschrieben wird, zu arretieren, indem wir unsere e-Mails nicht abrufen oder unser Handy ausschalten, lässt sich nicht bestreiten, dass die Gegenwart mehr von Informationen durchdrungen wird als die Vergangenheit, in der wir nur auf den Briefträger gewartet haben.

Trotzdem wird dem Begriff Informationsgesellschaft oft nur ein heuristischer Wert zugeschrieben. Manuell Castells (2001) hat sogar gefordert, ihn ganz aufzugeben. Der Informationsbegriff werde unterschiedlich verwendet, zudem sei unklar, welche einzigartigen Kriterien sich angeben lassen, welche die Informationsgesellschaft auszeichnen. Insbesondere die implizite Hegelianische Annahme, dass eine quantitative Zunahme an Informationen zu qualitativen sozialen Veränderungen führe, sei unhaltbar. Auch Anthony Giddens (1985) hat bereits früh darauf hingewiesen, dass alle Nationalstaaten Informationsgesellschaften seien, da sie routinemäßig Informationen über ihre Bevölkerung und die für sie wichtigen Ressourcen sammeln, aufbewahren und kontrollieren. In dieser Lesart kam es seit der frühen Neuzeit lediglich zu einer quantitativen Zunahme von Informationen, die aber nicht zu einer postmodernen Form von Gesellschaft führen.

Für viele Kommentatoren intensivieren sich die Bedenken, wenn eine Definition des Informationsbegriffs versucht wird. Ähnlich wie ,Kultur' wird auch ,Information' ganz unterschiedlich, auf promiskuitive Weise gebraucht. In einer Analyse bisheriger Forschungen wurden bereits Ende der 80er Jahre 400 verschiedene Definitionen aufgelistet (Zhang 1988). Dabei muss allerdings zwischen technischen Ansätzen, wie sie bei Ingenieuren zu finden sind, die Signale messen, und semantischen Ansätzen, die davon ausgehen, dass Informationen bedeutungsvoll sind, unterschieden werden. Was die semantische Perspektive betrifft, so ist der kleinste gemeinsame Nenner in unserem Alltagsverständnis der, dass Informationen Daten und Ideen sind, die sich voneinander abgrenzen lassen, strukturiert sind, in verschiedenen Formen (Bücher, Video, Disc etc.) gespeichert und kommuniziert sowie auf bedeutungsvolle Weise gebraucht werden können. Wir können dann die Frage stellen, ob sich vielleicht eher ein Wandel dadurch ergeben hat, dass Informationen heute intensiver genutzt werden.

Die posttraditionale Gesellschaft lässt sich dann durch eine intensivierte Reflexivität der Akteure und Institutionen charakterisieren, die auf Informationen und Wissen beruht. Diese können lokal und partikular sein, aber auch auf abstrakten Expertensystemen basieren. In der Wiederaneignung des Expertenwissens durch die Individuen sieht Giddens gerade eine Voraussetzung für die Verwirklichung von „Authentizität" im täglichen Leben der Spätmoderne (Giddens 1996: 168). Für ihn hat die Reflexivität zugenommen, die jedoch, wie er betont, kein neues postmodernes Phänomen darstelle. Die posttraditionale Gesellschaft ist die erste globale Gesellschaft, die eine Vielfalt von Wahlmöglichkeiten, aber auch neue Unsicherheiten schafft. Traditionelle Formen von Sozialität verschwinden oder verändern sich, an ihre Stelle treten reflexiv strukturierte Lebensformen. Dabei ist die von Giddens (1995) vertretene Konzeption von Reflexivität eher kognitiv-instrumentell orientiert, was seine Sicht der neuen Medien entscheidend bestimmt. Staaten versuchen mittels neuer Überwachungstechnologien ihre Kontrollsysteme zu optimieren, Unternehmen sind darauf aus, in einer zunehmend dematerialisierten Ökonomie möglichst schnell und effektiv ihre informationalisierten Produkte in den entsprechenden Nischen abzusetzen. So bestimmen Instrumentalität und Performativität den Umgang mit Informationen, die in Bezug auf ihre Nützlichkeit für bestimmte Zwecke betrachtet werden.

Meine These ist nun, dass in dieser Perspektive, die durchaus kritisch die Risiken und Gefahren der „Spätmoderne" reflektiert, nicht in den Blick geraten kann, wie bedingt durch die Existenz neuer Medien (wie das Internet), allerdings nicht in kausaler Weise, auch neuartige kulturelle und gesellschaftliche Formationen entstehen und eine globale Informationskultur allmählich Gestalt annimmt. Denn in einem instrumentalistisch orientierten Rahmen können die veränderten Grundlagen von Staat, Ökonomie und Gesellschaft nicht problematisiert werden (Poster 2001). Es geht aber gerade darum, den konstitutiven Charakter neuer Medien zu betrachten, ohne aber in eine Position des technologischen Determinismus oder Essentialismus zu verfallen. Hierzu muss untersucht werden, wie sie unterschiedlich kontextualisiert, verknüpft und artikuliert werden. Hierzu möchte ich im Folgenden zunächst spezifische Charakteristika von Informationen und Informations- und Kommunikationsstrukturen näher bestimmen, wie sie in neueren Ansätzen, die Diskontinuität und Wandel betonen, zu finden sind.

5   Auf dem Weg zu einer globalen Informationskultur

Beispielsweise versuchen Scott Lash und John Urry in ihrem einflussreichen Buch „Economies of Signs ans Space" (1994), die gegenwärtige globale Ordnung bzw. Unordnung zu beschreiben, die sich ihrer Ansicht nach aus einer

„Struktur von flows, einer dezentrierten Reihe von Ökonomien von Zeichen im Raum zusammensetzt" (ebd.: 4). Sie betonen die kritische und distanzierte Reflexivität, die Subjekte in dieser neuen Informationsgesellschaft entwickeln müssen, in der die sozialen Strukturen von Nationalstaaten immer mehr durch globale Informations- und Kommunikationsstrukturen ersetzt werden. Die intensivierte Zirkulation von Informationen ist grundlegend für die Steigerung der kognitiven Reflexivität, aber auch der ästhetischen sowie kulturellen Reflexivität. Vielleicht entstehen auf dieser Basis auch neue Formen von Gemeinschaften. Soziale Ungleichheit wird nicht durch die Position in einem Klassensystem bestimmt, sondern durch den Zugang zum Informationsnetz (Poster 1990). Macht gewinnt nun weitgehend informationellen Charakter, sie funktioniert über Exklusion.

Dabei lassen sich die spezifischen Merkmale von Informationen, wie Lash in seinem neuen Buch „Critique of Information" (2002) zeigt, am besten erfassen, wenn wir sie von traditionellen Kategorien wie Erzählungen, Diskursen, Gemälden oder Monumenten unterscheiden (Lash ebd.: 2ff.). Sie haben, wie schon erwähnt, „flow"-Charakter, sind „entbettet", zeichnen sich durch Unmittelbarkeit aus, sind räumlich und zeitlich verdichtet und in Realzeitbeziehungen eingebettet. Wie Jack Bauer in 24 muss ein Trader, der an der Börse mit internationalen Währungen operiert, rasch handeln. Er hat wenig oder gar keine Zeit zur Reflexion. Ähnliches gilt für die Berichterstattung in Nachrichtenmedien, was die Ereignisse am 11. September deutlich machten. Im Gegensatz dazu sind Romane oder Gemälde mehr auf Dauer angelegt. Sie benötigen Zeit, um geschrieben und gelesen bzw. gemalt und betrachtet zu werden. Außerdem sind sie auch einige Jahre nach ihrer Produktion für die Rezipienten noch von Interesse. Hier dominiert also die Erzählung, die Repräsentation, nicht der Informationsgehalt. Im Zeitalter der Information wird Kultur aber immer weniger als Repräsentation erfahren, sie ist keine vom sozialen oder wirtschaftlichen Leben getrennte Sphäre, sondern Prozesse der Entdifferenzierung (vgl. Winter/Eckert 1990) führen dazu, dass sie eher der Technologie immanent ist und so zunehmend als Objekt erfahren wird.

Lash (2002: 68), aber auch Mark Poster (2001) finden die Hinweise für die Entstehung einer neuartigen globalen Informationsordnung gerade darin, dass Informationen und Kommunikationen Netzwerke bilden, Verknüpfungen herstellen und primären Charakter gewinnen. „Informationen und Kommunikationen sind das Material, das Neue und die dritte Natur der globalen Informationsgesellschaft" (Lash 2002: 68). Nicht nur ist „Information" der wichtigste Faktor in der Produktion, Informationalität, die sich durch kurze Dauer und Kommunikation auf Distanz kennzeichnen lässt, erweist sich immer mehr als ein wichtiges Prinzip der Gesellschaft, das sich z.B. in den entstehenden Formen einer Netzwerksozialität kundtut.

Die neue Informationsweise der elektronischen Kommunikation, die de-zentrierende Wirkungen hat, verändert auch die Subjektkonstitution, wie Mark Poster (1990) in Auseinandersetzung mit poststrukturalistischen Ansätzen ge-zeigt hat. In seinen Analysen geht es darum, wie kulturelle Erfahrungen den Raum für Subjektivitätsformen schaffen. Im „zweiten Medienzeitalter" (Poster 1995) werden Subjekte konstituiert, die instabil, vielfältig und diffus strukturiert sind. Die Kultur der neuen Medien lässt sich seiner Ansicht nach nur in den Blick bekommen, wenn untersucht wird, wie die Informationsmaschinen von Druck, Fernsehen und Computernetzwerken unsere symbolischen Praktiken vermitteln, indem sie uns aus unseren territorialen Räumen und unserer phäno-menologischen Zeit herauslösen, um uns auf fremde, ungewohnte und neue Wei-se zu positionieren. Zum Beispiel lässt sich das Fernsehen als Maschine begrei-fen, dessen zentraler Inhalt die Information (Nachrichten, Soaps, Sportereignis-se) ist. Die Informationen verlieren an Wert, nachdem sie mehr oder minder in Realzeit verbreitet wurden. Auch insofern ist *24* eine paradigmatische Serie, welche die Prinzipien dieser Informationsordnung deutlich zum Ausdruck bringt. Leider werden in Posters theoretischen Analysen aber die unterschiedlichen Subjektivierungsformen der verschiedenen Medien nicht ganz klar.

Die Analysen von Lash und Poster stehen in vielem noch in den Anfängen. Sie enthalten jedoch interessante Konzepte und Ideen, die der weiteren Ausarbei-tung bedürfen. Ihre wichtige Bedeutung in unserem Zusammenhang gewinnen sie dadurch, dass sie unser Interesse auf die Konturen der entstehenden Informa-tionsgesellschaft richten, indem sie Soziologie mit Medientheorie verbinden. Trotzdem entgehen auch sie nicht gänzlich der Gefahr des Determinismus, so z.B., wenn sie die deterritorialisierende Kraft digitaler Technologien hervorhe-ben, die neue Lebensformen und Subjektivierungsweisen hervorbringen. Freilich hebt zumindest Lash immer wieder die dialektischen Beziehungen zwischen der neu organisierten Ökonomie des digitalen Kapitalismus, den Technologien, der Kultur und dem Alltagsleben hervor. Um Vorstellungen einer eindimensionalen Hegemonie zu vermeiden, ist es aber erforderlich, die vielfältigen und unter-schiedlichen Formen des Engagements und die singulären Formen des Gebrauchs/der Aneignung neuer Medien zu erforschen. Es sind soziologische Untersuchungen erforderlich, welche die neuen deterritorialisten Formen von Sozialität erforschen, die flüchtiger, anarchischer, dezentrierter und mobiler als frühere Formen sind. Das totalisierende Bild einer indifferenten, globalen Ein-heitskultur verschwindet, wenn diese radikale Pluralisierung medial durchdrun-gener Lebenswelten, die Formen des gesellschaftlichen Wandels und die neuen Machtnetzwerke erforscht werden. Diese Forderung nach einer kontextualisie-renden und relationalen Perspektive möchte ich abschließend vertiefen, indem ich auf den Beitrag von Cultural Studies eingehe, die sich intensiv mit der Mediengesellschaft in den letzten Jahrzehnten des 20. Jahrhunderts beschäftigt haben.

6 Cultural Studies und neue Medien

Cultural Studies lehnen, wie ihre Medienforschungen deutlich machen, deterministische Auffassungen ab (vgl. Winter 2001). Sie bauen auf der Idee auf, dass von den Anfängen von Entwicklungen nicht ihr Ende abgelesen werden kann (Hall 1986; Grossberg 1999). Für Cultural Studies gibt es „keine Garantien". Verknüpfungen und Effekte entstehen durch Artikulationen und sind so kontingent, nicht determiniert. Technologien/Medien sind in ihrer Perspektive eng mit dem Sozialen bzw. Kulturellen verbunden, aber nicht darauf reduzierbar. Strenge Grenzziehungen sind nicht möglich (vgl. Menser/Aronowitz 1996). In gewisser Weise ist die Technologie Kultur und der dominante Diskurs im 21. Jahrhundert. Technologien und Medien werden daher als sozial aktive, hybride Formen begriffen, die Verknüpfungen herstellen, gleichzeitig jedoch von abstrakten Kräften kodiert werden (Wise 1997: 57). In Form und Funktion der Technologien sind sowohl materielle als auch sozial konstruierte Beschränkungen eingeschrieben (Wise 1997: 58). Daher erforschen Cultural Studies nicht, ob digitale Technologien auf kausale Weise kulturellen Wandel bewirken. Diese werden nicht als ursächliche Kräfte aufgefasst, sondern von vornherein als eingebettet in Lebensformen, als kontextuelle Artikulationen, als Apparate oder als Assemblage, die auch einen Raum für „Agency" eröffnen (Slack/Wise 2006. 154ff.). Die Perspektive richtet sich also darauf, wie sich etwas ereignet und vollzieht.

> „Cultural studies always emerges *in the middle of things,* within a certain set of surroundings - historical, temporal, geographic, ethnic, sexual, technological – that is, in a milieu. Cultural studies relates to this milieu by way of the construction of a problematic" (Menser/Aronowitz 1996: 17).

Im Anschluss an Stuart Hall (1986) lassen sich Technologien/Medien als Artikulationen begreifen, als „eine nicht notwendige Verbindung verschiedener Elemente, die, verbunden in einer besonderen Weise, eine spezifische Einheit konstituieren" (Slack 1989). Dies bedeutet, dass die Verbindungen untersucht werden müssen, die eine Technologie konstituieren, und die Praktiken, die sie artikulieren. So enthüllt sich in der umkämpften Geschichte des Internet weniger eine lineare Entwicklung als eine nicht synchrone Konfiguration kontingenter Prozesse (Hand/Sandywell 2002). Es gibt nicht ein singuläres und einheitliches Internet, das auf kausale Weise notwendige Wirkungen erzeugt. Es kommt gerade darauf an, die sozialen Auseinandersetzungen und historischen Konfigurationen zu untersuchen, in denen digitale Praktiken unterschiedliche Gestalt annehmen. So hat z.B. Donna Haraway (1992) gezeigt, wie Menschen und Technologien soziale Beziehungen eingehen, bei denen identifizierbare Grenzen verloren gehen, zudem handeln nicht nur Menschen, wie sie anschaulich darlegt. Im Anschluss an Foucault identifiziert sie eine postmoderne Episteme, ein neues Regime von Macht/Wissen, in der alle Systeme, auch organische, als technologische Systeme verstanden werden. In der neuen „Technoscience" verschmilzt das Natürliche mit dem Künstlichen. Biologische Objekte werden als Informationen zu Technologien und als Trademark oder Patent zum Eigentum. Informationen und Leben werden zu Kapital, die Macht liegt nun in der Möglichkeit der Informationsakkumulation. Was hier entsteht, sind technologische Formen des Lebens, von denen wir ein Teil sind (Lash 2002: 201). Wie sieht es nun aber mit der Handlungsmächtigkeit in diesen neuen informationellen Lebensformen aus?

Im Anschluss an Deleuze und Guattari (1974) unterscheidet Wise (1997), um deterministischen Lesarten zu entgehen, zwischen zwei Formen von „Agency". Die erste nennt er „Technologie", sie ist verkörpert, die zweite ist nicht körperlich: „Sprache". Technologie und Sprache sind miteinander artikuliert und setzen einander voraus. Der soziale Raum lässt sich dann als Ergebnis dieser Artikulation begreifen. Er entsteht durch eine spezifische, kontingente Beziehung zwischen Sprache und Technologie. Wie der referierte Diskurs über den Cyberspace zeigt, wird dieser oft als eine Stufe im Prozess der Demokratie begriffen. Freie Bürger, die mittels Sprache die Maschinen kontrollieren, erforschen ihn, verwirklichen ihre Rechte und streben gesellschaftliche Veränderungen an. Hier wird also die sprachliche über die technologische Handlungsmächtigkeit gestellt. Dabei werden die neuen Medien oft als „unkörperlich" wahrgenommen, als immaterielles Reich der Informationen.

Die Aufmerksamkeit sollte aber auch darauf gerichtet werden, dass Technologien bzw. Medien durchaus „körperlich" handeln (Slack/Wise 2006: 153ff.). Nicht nur ist der soziale Raum von Kommunikationstechnologien durchdrungen wie in 24, deren Materialität, ihre Verknüpfungen und Verbindungen, üben Einflüsse auf die Kommunikation aus, die untersucht werden sollten. So verkörpern sich in den neuen Medien Ideen, aber andererseits stellen sie auch körperliche Ansprüche an ihre Nutzer. Eine virtuelle Gemeinschaft besteht aus einem Netzwerk körperlicher Prozeduren und Praktiken. Freilich finden sich in den verschiedenen Subkulturen im Cyberspace auch viele Beispiele dafür, wie der materielle Körper von den Nutzern zugunsten der digitalisierten Welten zurückgedrängt bzw. vernachlässigt wird.

Für Cultural Studies ist die Frage der „agency" von zentraler Bedeutung, wobei darunter mehr verstanden wird als die Kontrolle eigener Handlungen durch einen freien Willen. Die Handlungsmächtigkeit misst sich an den Möglichkeiten der Intervention in die Prozesse, welche die Realität kontinuierlich verändern und durch die Macht ausgeübt wird (Grossberg 1999). Dies macht auch den ‚konjunkturalen' Aspekt von Cultural Studies deutlich. Die Möglichkeit von „agency" im Kontext neuer Medien muss kontextuell bestimmt werden. So müssen in einem sozialen Raum wie dem Internet die Artikulationen der maschinischen Assemblage (Inhalt) mit der Assemblage der Enunziation (Expression) untersucht werden, wie Wise (1997) zeigt. Dabei soll der von Deleuze und Guattari (1974) entlehnte Begriff der Assemblage („agencement"), der antistruktural gedacht ist und von ihnen am Beispiel der Wunschmaschinen exemplifiziert wird, helfen, Phänomene der Emergenz, der Heterogenität und des Flüchtigen zu erfassen. Eine Assemblage hat keine Essenz, sie produziert qualitative Differenzen. So stellen sich folgende Fragen (vgl. Eckert et al. 1991; Wise 1997: 73): Welche Koppelungen und Rekursionen entstehen? Wie werden die digitalen Technologien genutzt und wie wird über sie gesprochen und nachgedacht? Welche Koppelungen des Maschineartigen kommen zustande, wenn Sprache, Begehren und Technologien zusammenkommen?

Ergänzend beschreibt McKenzie Wark in seinem beeindruckenden „Hacker Manifest" (2005) die emanzipatorischen Möglichkeiten der „Cyber- Society" im 21. Jahrhundert. Er plädiert dafür, die Waren- und Eigentumsfunktion von Informationen, die z.B. in Copyright-Gesetzen verankert ist, zu überwinden und die Virtualität von Information zu entfalten. „Wir sind die Hacker der Abstraktion. Wir erzeugen neue Konzepte, neue Wahrnehmungen, neue Sinneseindrücke, wir er-hacken sie aus Rohdaten" (McKenzie Wark 2005: Eintrag 002). Die Hacker schaffen im Bereich des Virtuellen neue Ausdrucksformen des Tatsächlichen. McKenzie Wark sieht in diesen Formen von Revolte ein transformierendes Potential heranwachsen, das den Konzepten einer Indifferenz und Homogenität der globalen Informationskultur entschieden widerspricht, auch wenn es bisher nur in Ansätzen entfaltet ist.

„Expressive Politik wird erst in dem Augenblick zu einer lebensfähigen Politik, wenn eine Klasse entsteht, die sich eine Freiheit von Eigentum nicht nur im Zusammenhang mit ihrem eigenen Klasseninteresse vorstellen kann, sondern die produzierenden Klassen davon überzeugt, dass dies auch in deren Interesse als Ganzes ist" (McKenzie Wark 2005: Eintrag 256).

Die „Klasse" der Hacker überwindet die künstlich erzeugten Zwänge von Knappheit, wie sie z.B. das Urheberrecht schafft, indem sie mittels neuer Formen der Expression eine subversive und alternative Praxis des Alltagslebens entfaltet. Die Hacker sind so ein Beispiel für die von Michael Hardt und Toni Negri in

„Empire" (2002) beschriebenen neuen Formen von immaterieller Arbeit, die kooperativ und voller produktiver Energie sind.

Zusammenfassend möchte ich festhalten, dass im Kontext neuerer Arbeiten der Cultural Studies die Konturen der globalen Informationskultur zum Thema werden. Kennzeichnend für diese an sozialen und kulturellen Kontexten orientierte Betrachtungsweise ist, hier treffen sie sich durchaus mit den Arbeiten von Lash, dass sich Subjekte, Objekte und Technologien in einer Ebene der Immanenz befinden. Es gibt keine Ziele oder Begründungen von außerhalb, es existieren keine Hierarchien oder ontologische Unterschiede. Instrumentalistische Perspektiven werden dekonstruiert. Digitale Technologien werden als „kontingente Artikulationen nicht synchroner Elemente begriffen, die verschiedene Operationen (Bedeutungen, Metaphern, Handlungen) möglich machen und den Bereich kultureller Praxis erweitern" (Hand/Sandywell 2002: 213). Mit dieser antiessentialistischen Perspektive, die sowohl Euphorie als auch Pessimismus ablehnt und kritisch emanzipatorische Perspektiven herausarbeitet (vgl. Kellner 2005), lassen sich Konturen der gegenwärtigen gesellschaftlichen Transformationen, so die veränderten Möglichkeiten von „agency", in den Blick bekommen. Hierzu sind freilich weitere theoretische Analysen und empirische Forschungen notwendig.

7   Schlussüberlegungen

Der Historiker George Dyson (2001, nach Mulder/Brouwer 2003: 73), der sich in einigen Büchern mit der Geschichte und Vorgeschichte der digitalen Revolution beschäftigt hat, stellt fest, dass sich das globale Netzwerk sowohl aus Prozessoren (Computer, Server, Router etc.) als auch aus einem Netz von Verknüpfungen zwischen diesen Knotenpunkten zusammensetzt. Er fragt, ob nicht vielleicht eher die Menschen die Knotenpunkte sind, die durch die Computer verbunden werden, oder ist es doch umgekehrt? Sind die Computer Knoten, die durch Menschen verknüpft werden? Anders gefragt (nach Mulder/Brouwer 2003: 77): Ist Windows ein System, das Menschen hilft, mit Computern umzugehen? Oder ist es ein System, das Computern hilft, mit Menschen umzugehen? Ist Windows Teil unseres Lebens oder ist es eine Lebensform, von der wir ein Teil sind? Diese Fragen, die von der zunehmenden Schwierigkeit ausgehen, zwischen Menschen und Maschinen zu unterscheiden, werden auch im Science-Fiction Genre gestellt. In den Erzählungen von James Ballard und in Filmen von David Cronenberg werden postapokalyptische Szenarien einer Welt der Indifferenz, der Auflösung von Grenzen und der Simulation entworfen, die jenseits der Moderne zu liegen scheint. Unsere Analyse von Ansätzen der „Cyber-Society" hat gezeigt, dass das Paradigma der globalen Informationskultur noch nicht richtig ausbuchstabiert ist, trotzdem liegen bereits interessante und fruchtbare Perspektiven vor, die versuchen, den neuen Herausforderungen gerecht zu werden. Eine soziologische Analyse digitaler Technologien bzw. neuer Medien sollte nicht deterministisch orientiert sein, sondern deren soziale Einbindung in strategische und praktische Kontexte umfassend untersuchen.

Literatur

Aronowitz, Stanley/Martinsons, Barbara/Menser, Michael (Hrsg.) (1996): Technoscience and Cyberculture. London u.a.: Routledge

Beck, Ulrich (2003): Verwurzelter Kosmopolitismus: Entwicklung eines Konzepts aus rivalisierenden Begriffsoptionen. In: Beck/Sznaider/Winter (2003): 25-43

Beck, Ulrich/Giddens, Anthony/Lash, Scott (1996): Reflexive Modernisierung. Eine Kontroverse. Frankfurt a.M.: Suhrkamp

Beck, Ulrich/Sznaider, Natan/Winter, Rainer (Hrsg.) (2003): Globales Amerika? Die kulturellen Herausforderungen der Globalisierung. Bielefeld: Transcript

Castells, Manuel (2001): Der Aufstieg der Netzwerkgesellschaft. Opladen: Leske u. Budrich

Deleuze, Gilles/Guattari, Félix (1974): Anti-Ödipus. Kapitalismus und Schizophrenie 1. Frankfurt a.M.: Suhrkamp

Dervin, Brenda/Grossberg, Lawrence/O'Keefe, Barbara J./Wartella, Ellen (Hrsg.) (1989): Rethinking Communication. Vol. 2. Paradigm Exemplars. Newbury Park, CA: Sage

Dyson, George (2001): Darwin im Bereich der Maschinen. Die Evolution der globalen Intelligenz. Wien: Springer

Eckert, Roland/Vogelgesang, Waldemar/Wetzstein, Thomas/Winter, Rainer (1991): Auf digitalen Pfaden. Die Kulturen von Hackern, Programmierern, Crackern und Spielern. Opladen: Westdeutscher Verlag

Giddens, Anthony (1985): The Nation State and Violence. Cambridge, MA: Polity Press

Giddens, Anthony (1996): Leben in einer posttraditionalen Gesellschaft. In: Beck/ Giddens/Lash (1996): 113-194

Giddens, Anthony (1995): Konsequenzen der Moderne. Frankfurt a.M.: Suhrkamp

Grossberg, Lawrence (1999): Was sind Cultural Studies? In: Hörning/Winter (1999): 43-83

Hand, Martin/Sandywell, Barry (2002): E-Topia as Cosmopolis or Citadel: On the Democratizing and De-Democratizing Logics of the Internet, or, Toward a Critique of the New Technological Fetishism. In: Theory, Culture & Society, Vol. 19: 197-225

Hall, Stuart (1986): On Postmodernism and Articulation: An Interview with Stuart Hall by Lawrence Grossberg. In: Journal of Communication Inquiry 10 (2): 45-60

Haraway, Donna (1992): Primate Visions. London: Verso

Hardt, Michael/Antonio Negri (2002): Empire. Die neue Weltordnung. Frankfurt a.M./ New York: Campus

Hörning, Karl H./Winter, Rainer (Hrsg.) (1999): Widerspenstige Kulturen. Cultural Studies als Herausforderung. Frankfurt a.m.: Suhrkamp

Kellner, Douglas (2005): Neue Medien und neue Kompetenzen. Zur Bedeutung von Bildung im 21. Jahrhundert. In: Winter (2005): 264-295

Lash, Scott (1999). Another Modernity. A Different Rationality. London: Blackwell

Lash, Scott (2002): Critique of Information. London u.a.: Sage

Lash, Scott/Urry, John (1994): Economies of Signs & Space. London u.a.: Sage

Lievrouw, Leah H./Livingstone, Sonia (Hrsg.) (2006): The Handbook of New Media. Updated Edition. London u.a.: Sage

Lyon, David (1988): The Information Society: Issues and Illusions. Cambridge, MA: Polity Press

Lyotard, Jean-Francois (1986): Das postmoderne Wissen. Wien: Passagen

McLuhan, Marshall (1964): Understanding Media. The Extension of Man. New York: McGraw/Hill

Menser, Michael/Aronowitz, Stanley (1996): On Cultural Studies, Science, and Technology. In: Aronowitz/Martinsons/Menser (1996): 7-30

Mulder, Arjen/Brouwer, Joke (Hrsg.) (2003): Information is Alive: Art and Theory on Archiving and Retrieving Data. Amsterdam: NAI Publisher

Poster, Mark (1990): The Mode of Information. Cambridge, MA: Polity Press

Poster, Mark (1995): The Second Media Age. Cambridge, MA: Polity Press

Poster, Mark (2001). What's Wrong with the Internet? Minneapolis: University of Minesota Press

Rifkin, Jeremy (2002): Access, das Verschwinden des Eigentums. Frankfurt a.m.: Fischer

Shane, Peter (Hrsg.) (2004): Democracy Online: The Prospects for Political Renewal through the Internet. New York: Routledge

Slack, Jennifer (1989): Contextualizing Technology. In: Dervin/Grossberg/O'Keefe/Wartella (1989)

Slack, Jennifer/Wise, McGregor J. (2006): Cultural Studies and Communication Technology. In: Lievrouw/Livingstone (2006): 141-162

Vattimo, Gianni (1992): Die transparente Gesellschaft. Wien: Passagen

Wark, McKenzie (2005): Hacker Manifest. A Hacker Manifesto. München: C.H. Beck

Winter, Rainer (2001): Die Kunst des Eigensinns. Cultural Studies als Kritik der Macht. Weilerswist: Velbrück Wissenschaft

Winter, Rainer (Hrsg.) (2005): Medienkultur, Kritik und Demokratie. Der Douglas Kellner Reader. Köln: Herbert von Halem

Winter, Rainer/Eckert, Roland (1990): Mediengeschichte und kulturelle Differenzierung. Zur Entstehung und Funktion von Wahlnachbarschaften. Opaden: Leske u. Budrich

Wise McGregor J. (1997): Exploring Technology and Social Space. Thousand Oaks u.a.: Sage

Zhang, Yuexiao (1988): Definitions and Sciences of Information. In: Information Processing and Management, 24 (4): 479-491

Distinktionsgewinne – Diskurse mit und über Medien

Lothar Mikos

Das Fernsehen als Leitmedium der Gesellschaft dient als symbolische Ressource in alltäglichen Kommunikationspraktiken, als Mittel der Distinktion. In Diskursen über das Fernsehen ebenso wie in Diskursen im Fernsehen zeigen sich die sozialen Lagen und die sozialstrukturellen Verhältnisse der Gesellschaft. John Fiske hat bereits Ende des vergangenen Jahrhunderts darauf hingewiesen, dass sich in populären Texten die sozialen Auseinandersetzungen zeigen, ja dass populäre Texte selbst Felder sozialer Auseinandersetzung sind (vgl. Fiske 1987: 87ff.; Fiske 1991a: 120ff.). Entgegen seiner Annahme, dass sich dies vor allem in subversiven, eigensinnigen Lesarten der „Leute" (people) zeige (vgl. Fiske 1987: 65ff.; Winter 2001: 211ff.) sowie in den dominanten Ideologien des so genannten Power-Block, finden die sozialen Auseinandersetzungen in erster Linie über distinktive Praktiken statt. Da symbolische Praktiken wie der Medien- bzw. der Fernsehkonsum eng an soziale Praktiken gebunden sind, verorten sich die Fernsehzuschauer und Medienkonsumenten mit ihren Nutzungs- und Rezeptionsgewohnheiten sowie der daran anschließenden Folgekommunikation im sozialen Feld, in das die sozialen Strukturen der Gesellschaft eingelassen sind.

Im Folgenden wird zunächst auf den Zusammenhang von Medien und Gesellschaft und deren soziale Strukturiertheit eingegangen, bevor dann das Konzept der Distinktion nach Bourdieu (1984) und die Distinktionsmittel beschrieben werden. Anschließend werden die Distinktionspraktiken in verschiedenen sozialen Feldern (Fernsehkritik, Fankulturen, Starsystem, Jugendkulturen und Lebensstilen) dargestellt, bevor abschließend generelle Überlegungen zur Bedeutung von Medienkonsum und Medienwissen als Distinktionsressource angestellt werden.

1   Fernsehen als kulturelles Forum in der reflexiven Moderne

Seit seiner Einführung in den 1950er Jahren hat das Fernsehen kontinuierlich an Bedeutung gewonnen, sowohl von der Ausweitung der Programme und Programminhalte als auch von der Nutzung her. Daher kann mit Fug und Recht behauptet werden, dass es sich zum Leitmedium der Gesellschaft entwickelt hat. Aus dem Alltagsleben der Menschen ist es nicht mehr wegzudenken. Das war möglich, weil es einerseits jederzeit verfügbar war – in 97,8 Prozent der deutschen Haushalte steht mindestens ein Fernsehgerät (vgl. Media Perspektiven 2005) – und weil es anderseits deshalb in der Lage ist Öffentlichkeit herzustellen. Auf diese Weise kann sich das demokratische System der Bundesrepublik über das Fernsehen und andere Medien durch eine kritische Öffentlichkeit legitimieren, indem es zur politischen Willensbildung beiträgt. Das geschieht nicht nur über Nachrichtensendungen, politische Magazine und Talksendungen wie *Sabine Christiansen*, sondern auch über populäre Unterhaltungssendungen wie Soap Operas, Krimiserien, Musiksendungen und Reality-Shows, die zu politischen Orientierungen beitragen (vgl. dazu auch Mikos/Töpper 2006). Medien, insbesondere das Fernsehen sind Elemente der gesellschaftlichen Repräsentationsordnung, sie stellen gesellschaftliche Wirklichkeit dar – oder inszenieren sie – und tragen so zur Verständigung der Gesellschaft über sich selbst bei.

Diese große Bedeutung konnte vor allem das Fernsehen erlangen, weil die Gesellschaft sich immer weiter ausdifferenziert und es, wie der Soziologe Jürgen Habermas (1988: 229ff.) angemerkt hat, zur Trennung von System und Lebenswelt kommt. Die Sphären gesellschaftlicher Institutionen (Politik, Kirche, Recht, Wirtschaft etc.) entfernen sich immer mehr von der Lebenswirklichkeit der Menschen. Diese Ausdifferenzierung der Gesellschaft mit der zunehmenden Trennung von System und Lebenswelt treibt die so genannte reflexive Moderne voran (vgl. exempl. Beck/Giddens/Lash 1996). Diese Entwicklung hat eine neue Form der Vergesellschaftung, d.h. des Verhältnisses von Individuum und Gesellschaft, hervorgebracht, die unter dem Stichwort Individualisierung zusammengefasst werden kann (vgl. dazu exempl. Junge 2002; Kippele 1998). Individualisierung meint also gerade nicht die Auflösung von Gesellschaft, sondern stellt einen besonderen Prozess der Entwicklung von Gesellschaftsformationen unter den Bedingungen der reflexiven Moderne dar. Es geht – und das ist häufig ein großes Missverständnis – nicht um einen zunehmenden Individualismus in der Gesellschaft. Individualisierung meint auch keinen Zustand auf einer bestimmten Ebene der gesellschaftlichen Entwicklung, sondern hat prozesshaften Charakter und entwickelt sich dynamisch. Rein formal lässt sich der Prozess der Individualisierung auch als zunehmend stärkere „Differenzierung von Personen gegenüber sozialen Systemen" (Hörning/Michailow 1990: 508) kennzeichnen, die tendenziell eine subjektzentrierte Lebensführung bedingt. Zugleich ist damit die Tendenz zur reflexiven Aneignung von Wissen über die Gesellschaft verbunden (vgl. auch Giddens 1995).

Die Individualisierung von Gesellschaft vollzieht sich auf drei Ebenen, die Beck „Freisetzungsdimension", „Entzauberungsdimension" und „Kontroll- bzw. Reintegrationsdimension" genannt hat (Beck 1986: 206ff.). Diese drei Ebenen der Individualisierung betreffen sowohl die objektiven Lebenslagen als auch das subjektive Bewusstsein der Individuen. Auf der ersten Ebene geht es um die Herauslösung „aus historisch vorgegebenen Sozialformen und -bindungen im Sinne traditionaler Herrschafts- und Versorgungszusammenhänge" (ebd.: 206). Die vorgegebenen sozialen Bindungen gehen in allen gesellschaftlichen Bereichen verloren. Das zeigt sich im Bereich der Arbeit sowohl in wachsender Mobilität als auch in wachsender Flexibilisierung der Arbeitszeit. In der Freizeit und im häuslichen Alltag geht diese Entwicklung mit der Auflösung traditioneller Formen des Zusammenlebens und institutionalisierter Geschlechter- und Generationsbeziehungen, wie sie in der Familie existiert haben, einher. Honneth (1994) bezeichnet diese Entwicklung auch als „Desintegration", und Schulze spricht in diesem Zusammenhang auch von der schwindenden „Bindungswirkung traditioneller Sozialzusammenhänge (Schicht und Klasse, Verwandtschaft, Nachbarschaft, religiöse Gemeinschaft)" (Schulze 1992: 75). Die Ebene der Herauslösung ist verbunden mit der Dimension der „Entzauberung" (Beck): Traditionale Sicherheiten in Bezug auf Handlungswissen, Glauben, leitende Normen und Werte, Interaktionsformen etc. gehen verloren. Neue Formen des Vertrauens als „ontologische Sicherheit" in die Bedingungen des Alltagslebens müssen entwickelt werden (vgl. Giddens 1995: 117ff. und 141ff.), die sich nun nicht mehr nur auf die unmittelbare räumliche und persönliche Umgebung der Subjekte beziehen, sondern auch auf abstrakte Systeme, mit Hilfe derer sich die Subjekte in der Gesellschaft verorten müssen, sowie auf Ressourcen aus weit entfernten Orten, die über Transportwege, Telekommunikation oder Medien zugänglich sind. Über die Medien, gerade auch den Konsum von Fernsehen in Kombination mit Internetaktivitäten entstehen neue Formen der sozialen Einbindung, so genannte „Wahlnachbarschaften" (Winter/Eckert 1990), „Proto-Gemeinschaften" (Willis 1991) oder „Geschmacksgemeinschaften" (Lash 1996), die sich als „Formen posttraditioneller Vergemeinschaftungen" (ebd.: 273) über geteilte Bedeutungen, lebensweltliche Praktiken und gemeinsamen Medienkonsum herstellen.

Der Prozess der Individualisierung, der sich auf diesen drei Ebenen zeigt, ist jedoch in sich widersprüchlich, denn die Ausdifferenzierung von Lebenslagen geht mit einer zunehmenden Standardisierung und Abhängigkeit von Institutionen einher. Daher reproduziert und verstärkt der Prozess der Individualisierung auch soziale Ungleichheit sowie Macht- und Herrschaftsverhältnisse. Derartige individualisierte Gesellschaften sind durch multidimensionale Ungleichheiten sowie vielfältige, verschiedene Lebensformen und Interessenlagen gekennzeichnet, kurz: sie sind plural differenziert. Das zeigt sich sowohl auf der ökonomischen Ebene als auch auf der kulturellen Ebene. Diese plurale Differenzierung drückt sich so in einer Vielzahl von Lebensstilen, sozialen Milieus, Sozialwelten, Sub- und Spezialkulturen und Lebenswelten aus. „Die Pluralisierung von Formen der privaten Lebensführung macht darauf aufmerksam, das Lebensformen gewählt werden *können* – was nicht ausschließt, dass sie häufig auch gewählt werden müssen" (Junge 2002: 41, Hervorh. i.O.). Zugleich verstärken aufgrund dieser Pluralisierung die Institutionen – auch die traditionellen Sozialisationsinstanzen – ihre Bemühungen, die individualisierten Subjekte wieder „unter einen Hut" zu bekommen und einen gesellschaftlichen Konsens vor allem mit Hilfe des Fernsehens und anderer Massenmedien durchzusetzen. Das setzt natürlich Standardisierungen voraus, d.h. die Sinnangebote der Institutionen müssen so allgemein sein, dass sie möglichst viele Menschen ansprechen und zufrieden stellen. Je allgemeiner die Sinnangebote sind, umso größer wird der Aufwand für die Individuen, sie für sich brauchbar und nutzbar zu machen. Individualisierung und Standardisierung bedingen sich gegenseitig und stehen in einem dialektischen Verhältnis zueinander, das sich im dynamischen Entwicklungsprozess der Gesellschaft offenbart. Auf diese Weise sind die Medien, allen voran das Fernsehen, eng mit der gesellschaftlichen Entwicklung verbunden. Ihre Inhalte korrespondieren mit den gesellschaftlichen Strukturen der reflexiven Moderne und werden so zum Feld sozialer Auseinandersetzungen, wie John Fiske (1987) mehrfach betont hat. Die reflexive Moderne ist daher im Wesentlichen durch sieben Merkmale gekennzeichnet: 1) Detraditionalisierung, 2) Deterritorialisierung, 3) Individualisierung, 4) Pluralisierung, 5) Globalisierung, 6) Mediatisierung und 7) Reflexivität.

Die Mediatisierung zeigt sich nicht nur darin, dass alle gesellschaftlichen Bereiche inzwischen von Medien durchdrungen sind, sondern auch darin, dass der gesamte Prozess der reflexiven Modernisierung, „in entscheidendem Maße durch die Kommunikationsmedien gestützt und oft erst auf den Weg gebracht" (Winter/Eckert 1990: 150) wurde. Nur die Medien, vor allem das Fernsehen sind noch in der Lage, die Integration der sich ausdifferenzierenden Gesellschaft zu sichern. In diesem Sinn kann die zunehmende Bedeutung von Informations- und Kommunikationstechniken als strukturelles Merkmal begriffen werden. Zugleich verstärken die Medien jedoch die weitere Segmentierung und Pluralisierung der Gesellschaft. Das trifft auch auf die Medien selbst zu. So differenziert sich das Fernsehen z.B. auf rechtlicher Ebene in öffentlich-rechtliche und privatkommerzielle Programmanbieter, die miteinander konkurrieren; die Zahl der Programmanbieter und damit natürlich auch der empfangbaren Fernsehprogramme steigt im Kampf um die Gunst des Publikums. Spartenkanäle spiegeln den Trend zum spezifischen Zielgruppenfernsehen für abgegrenzte Marktbereiche, z.B. für Sport, Nachrichten, Reise, Jagen und Fischen, Shopping und Musik. Die Ausdifferenzierung des Programmangebotes im Fernsehen entspricht also den Individualisierungstendenzen in der Gesellschaft. Für die Subjekte, die zur Sinnproduktion zunehmend auf sich selbst gestellt sind, wird das Fernsehen zur Vermittlungsinstanz von sinnstiftenden Inhalten, indem es verschiedene Sinnvorgaben als Wahlmöglichkeiten offeriert und damit symbolische Ressourcen für die Identitätsbildung (vgl. Gauntlett 2002: 256) und Distinktionspraktiken bereit stellt. Hierin liegt seine Bedeutung als kulturelles Forum, auf dem die vielfältigen Lebensauffassungen der Gesellschaft thematisiert werden.

Die kulturelle Bedeutung des Fernsehens gründet in einem Doppelaspekt: Es ist zugleich Kommunikationsmedium und „ästhetisches Objekt, als Ausdrucksmittel, mit dessen Hilfe Wirklichkeit erzählend dargestellt und dadurch zum Gegenstand unserer Reflexion werden kann" (Newcomb/Hirsch 1986: 177). Das Fernsehen ist Bestandteil der symbolischen Ordnung einer Gesellschaft, denn Kommunikation ist ein symbolischer Prozess, mit dessen Hilfe die Mitglieder einer Gesellschaft Realität erzeugen und verändern. Das trifft sowohl auf die Individuen als auch auf die gesellschaftlichen Institutionen zu. Das Fernsehen ist Träger der gesellschaftlichen Kommunikation, sowohl in räumlicher als auch in zeitlicher Hinsicht. Einerseits bindet es die einzelnen Subjekte über den symbolischen Prozess der Kommunikation zur Gesellschaft zusammen, andererseits sichert es dadurch auch die historische Kontinuität und den historischen Wandel der Gesellschaft. Es dient also gleichzeitig der Kommunikation innerhalb einer bestehenden Gesellschaft und der Überlieferung im Rahmen der historischen Entwicklung von Gesellschaftsformationen. Das Fernsehen ist gewissermaßen das kulturelle und soziale Gedächtnis einer Gesellschaft. Dieser räumliche und zeitliche Doppelaspekt der Funktion des Fernsehens verweist auch auf den inhaltlichen Doppelaspekt: es dient sowohl der Kommunikation als auch der Information oder anders ausgedrückt: es dient der Herstellung von Beziehungen und der Akkumulation von Wissen, die beide wiederum ein gewisses Distinktionspotential in sich bergen.

Das Fernsehen ist nun aufgrund seiner Ausdifferenzierung in der Lage, gewissermaßen als „Gesamtöffentlichkeit" der Gesellschaft – oder eben als ihr kulturelles Forum zu fungieren, indem es die vielfältigen Lebensauffassungen der verschiedenen Lebensformen in seinen Programmen präsentiert. Es bietet also keine geschlossene Weltanschauung, sondern repräsentiert die Vielfalt der Lebenswelten und Lebensstile sowie die Phantasien, Wünsche, Sehnsüchte und kollektiven Mythen der Individuen in ausdifferenzierten, pluralen Gesellschaften. Strukturell ist dies darauf zurückzuführen, dass das Fernsehen wie alle anderen Medien auch zu den generalisierten Formen der Kommunikation gehört, die den aufwendigen Mechanismus der Koordination gesellschaftlicher Kommunikation entlasten. Nach Habermas lösen sie die

„Kommunikationsvorgänge aus der Provinzialität raumzeitlich beschränkter Kontexte und lassen Öffentlichkeit entstehen, indem sie die abstrakte Gleichzeitigkeit eines virtuell präsent gehaltenen Netzes von räumlich und zeitlich weit entfernten Kom-

munikationsinhalten herstellen und Botschaften für vervielfältigte Kontexte verfügbar halten" (Habermas 1988, Bd. 2: 573).

Zugleich binden sie die räumlich voneinander getrennten Nutzer im Moment der
Rezeption zu einer neuen Form der Vergemeinschaftung zusammen, im Fall des
Fernsehens zur Fernsehgemeinde. Die Präsentation der vielfältigen Themen
sichert die Kontinuität der Überlieferung und die Kohärenz des alltagsprakti-
schen Wissens. Auf diese Weise trägt das Fernsehen zur symbolischen Verständigung der Gesellschaft über sich selbst bei und reproduziert so Kultur.

Unter Kultur werden dabei nicht im traditionellen Sinn allein die geistigen
Werte einer Gesellschaft verstanden, sondern in Anlehnung an den Kulturbegriff
der Cultural Studies und der Arbeiten symbolischer Anthropologen wie Clifford
Geertz (1987) wird Kultur hier als soziale Praxis und als ganze Lebensweise
(Williams 1972: 389) gesehen – und soziale Praxis ist symbolische Praxis. Die
Fernsehzuschauer können sich mit ihren individuellen Lebensgeschichten in die
kollektiven Lebensformen der Gesellschaft, wie sie auf dem kulturellen Forum
präsentiert werden, integrieren. Dies ist aber nur möglich, weil das Fernsehen
nicht Realität abbildet, sondern weil es aufgrund der Verhaftung in lebenswelt-
chen Kontexten lediglich subjektiv sinnhafte Erscheinungsformen des Wissens
von Welt abbildet. Auf diese Weise ist es eng mit den Erfahrungsbereichen der
Zuschauer verbunden, und die Thematisierung der vielfältigen Lebensauffassungen erlangt im Rahmen „jenes System(s) von wahrnehmungs- und handlungslei-
tenden Themen des Alltagslebens [...], das dem Mediengebrauch seinen subjektiven Sinn gibt" (Weiß 2001: 14), Bedeutung.

Im Kontext der Globalisierung führt dies dazu, dass Medienprodukte weltweit als globale Ressource zur Verfügung stehen. Medien verbinden Menschen
auf der ganzen Welt miteinander. In fast jedem Winkel der Erde sind die Filme,
Fernsehsendungen, Popstars oder Podcasts aus allen anderen Teilen der Welt zu
empfangen. Medien- und Konsumprodukte sind daher weitgehend global verfügbar. Damit ist aber bisher lediglich die Angebotsseite in den Blick geraten.
Die Nutzung und Aneignung der globalen Medien- und Konsumprodukte findet
jedoch in lokalen Kontexten statt, das heißt, dass die Menschen überall auf der
Welt die Filme, Fernsehsendungen, Popstars oder Podcasts in ihren jeweiligen
Lebenszusammenhang und ihren Alltag integrieren. Das geschieht vor allem
durch direkte, soziale Kommunikation vor Ort. Denn es sind die Gespräche im
Alltag, „durch die translokale, medienvermittelte Ressourcen in einem sozialen
Prozess in die Alltagswirklichkeit integriert werden" (Hepp 2004: 380). Globale
Medienprodukte kommen damit nur in den Teilen der Welt an, in denen die
Menschen auch etwas mit ihnen anfangen können:

„Sind bestimmte mediale Repräsentationen lokal nicht anschlussfähig, d.h. sind sie ausgehend von bestehenden lokalen Diskursen überhaupt nicht in die Sinnwelt des Lokalen integrierbar, so liegt es nahe, dass solche medialen Repräsentationen nicht zur Kenntnis genommen bzw. abgelehnt werden – oder da, wo dies nicht geschieht, in hohem Maße umgedeutet in den lokalen Alltag integriert werden" (ebd.: 380f.).

So kann die gleiche Heldin aus einer Familienserie in verschiedenen lokalen Kontexten eine ganz andere Bedeutung haben, weil sich die Lokalitäten, in denen die Serie rezipiert wird, durch ihre Diskurse über Familie, Ehe, Partnerschaft, Rollenbilder etc. unterscheiden. Zugleich besteht nicht nur die Alltagswelt in den verschiedenen Lokalitäten nationaler Kontexte aus je verschiedenen Mediennutzungsgewohnheiten und Medienhandlungspotentialen, sondern dies trifft auch auf die pluralen Lebenswelten der westlichen Gesellschaften zu. Gerhard Schulze (1992) hat in der „Erlebnisgesellschaft" eindrucksvoll die verschiedenen alltagsästhetischen Schemata beschrieben, die in einzelnen Milieus eine Rolle spielen. Lebensformen und Lebensstile in der reflexiven Moderne sind immer auch mit bestimmten Medienvorlieben und Medienaneignungsstilen verbunden, denn „Lebenswelten sind Medienwelten" (Baacke/Sander/Vollbrecht 1990). Hier zeigt sich bereits das Distinktionspotential, dass in den Medien und ihren Produkten sowie deren Nutzung und Aneignung liegt.

2 Mediale Distinktionen im sozialen Feld

Um die Rolle von Medien und Medienprodukten sowie deren Nutzung und Aneignung unter dem Gesichtspunkt der Distinktion näher zu betrachten, muss zuvor das Konzept der sozialen Felder und der Distinktion nach Pierre Bourdieu (1984, 1985) beschrieben werden. Der französische Soziologe hat Formen der sozialen Strukturierung von Gesellschaften beschrieben, die sich nicht allein entlang traditioneller Klassen- und Schichtstrukturen bestimmen, sondern entlang einer Dialektik von subjektivem und objektivem Kapital, das die Position von Subjekten, also Menschen, in sozialen Feldern, den sozialen Räumen der Gesellschaft bestimmt. Nach Bourdieu lässt sich

„die soziale Welt in Form eines – mehrdimensionalen – Raums darstellen, dem bestimmte Unterscheidungs- bzw. Verteilungsprinzipien zugrunde liegen; und zwar die Gesamtheit der Eigenschaften (bzw. Merkmale), die innerhalb eines fraglichen sozialen Universums wirksam sind, das heißt darin ihrem Träger Stärke bzw. Macht verleihen. Die Akteure oder Gruppen von Akteuren sind anhand ihrer *relativen Stellung* innerhalb dieses Raums definiert" (1985: 9f., Hervorh. i.O.).

Die Stellung im sozialen Raum ergibt sich aus Distinktionsmerkmalen, die sich sowohl auf verschiedene Kapitalsorten als auch auf damit zusammenhängende Lebensweisen bzw. Lebensstile beziehen.

Im Wesentlichen unterscheidet Bourdieu (1983) vier Kapitalsorten: ökonomisches, kulturelles, soziales und symbolisches Kapital; einer weiteren Kapitalsorte, dem physischen Kapital oder Körperkapital, weist er nur untergeordnete Bedeutung zu. Im Verlauf des Lebens erwerben die Menschen diese Kapitalsorten. Kulturelles Kapital wird in drei verschiedenen Formen erworben, 1) als institutionalisiertes Kapital in Form von Schulabschlüssen und Bildungstiteln, 2) als objektiviertes Kapital in Form von Büchern, Kunstwerken, Instrumenten etc. und 3) als inkorporiertes Kapital in Form von kulturellen Fähigkeiten und Wissensformen. Das soziale Kapital stellt das Netz von sozialen Beziehungen dar, die jemand hat und ist die „Gesamtheit der aktuellen und potentiellen Ressourcen, die mit dem Besitz eines dauerhaften Netzes von mehr oder weniger institutionalisierten Beziehungen gegenseitigen Kennens oder Anerkennens verbunden sind" (ebd.: 190). Die Zugehörigkeit zu sozialen Gruppen kann in diesem Sinn als soziales Kapital gesehen werden. Ökonomisches Kapital liegt in Form von Geld und Eigentum vor. Der Besitz dieser drei verschiedenen Kapitalsorten kann zu symbolischem Kapital werden, wenn mit dem Besitz von ökonomischem, kulturellem oder sozialem Kapital Formen der Anerkennung verbunden sind, d.h. Prestige, Macht, Ruhm oder Ehre (vgl. zu den Kapitalsorten bei Bourdieu auch Fröhlich 1994: 34ff.). In diesem Sinn stellen die Kapitalsorten eine Form sozialer Energie dar, die von Gruppen und Individuen angeeignet werden kann.

Die Position der Menschen im sozialen Raum kann anhand des Gesamtumfangs an Kapital, „über das sie verfügen" sowie „je nach Zusammensetzung dieses Kapitals, das heißt je nach dem spezifischen Gewicht der einzelnen Kapitalsorten, bezogen auf das Gesamtvolumen" (Bourdieu 1985: 11) bestimmt werden. In einem bestimmten sozialen Feld, z.B. der Wissenschaft, bestimmt sich die Position einer Wissenschaftlerin sowohl daran, wie viel ökonomisches, kulturelles, soziales und symbolisches Kapital sie erworben hat, aber auch wie dieses Gesamtkapital zusammengesetzt ist. Wer einen Professorentitel hat, kaum Bücher besitzt, Kunst sammelt, viel weiß, aber keiner Gruppe angehört und Einzelgänger ist, hat eine andere Stellung als jemand, der in vielen Gruppen aktiv ist, einen Doktortitel hat und viele Bücher besitzt. In den einzelnen sozialen Feldern sind verschiedene Anforderungen an Kapitalbesitz eingeschrieben, d.h. wer Wissenschaftler werden will, muss sich bestimmte Formen des Kapitals aneignen, ebenso wer Mitglied in einer Fangruppe von Horrorfilmfreunden werden will. Die erworbenen Kapitalsorten schlagen sich jedoch auch im so genannten Habitus oder Lebensstil der Menschen wieder. In diesem Sinn spricht Bourdieu dann auch von einer „Komplizenschaft" von Habitus und Feld, denn bestimmten sozialen Feldern sind bestimmte Habitusformen bzw. Lebensstile eingeschrieben. Lebensstile und soziale Felder sind durch distinktive Praktiken bestimmt, denn einerseits stellt der Lebensstil den „einheitlichen Gesamtkomplex distinktiver Präferenzen" (Bourdieu 1984: 283) dar, auf der anderen Seite ist der soziale Raum sowohl von verschiedenen sozialen Feldern durchzogen, die sich auf verschiedene ökonomische, soziale und kulturelle Praktiken gründen, als auch innerhalb der einzelnen sozialen Felder durch verschiedene distinktive Präferenzen. Aus letzterem resultiert die Dynamik der sozialen Felder. Bourdieu stellt fest,

„daß ebenso viele Räume für Präferenzen bestehen wie Gegenstandsbereiche stilistischer Möglichkeiten. Ob Getränke (verschiedene Mineralwasser, Weine, Aperitifs) oder Autos, Zeitungen, Wochenzeitschriften, Ferienorte und Ferienformen, Hauseinrichtung und Gartengestaltung, ganz zu schweigen von politischen Programmen: jedem dieser Bereiche sind jene distinktiven Merkmale beigegeben, mit deren Hilfe die grundlegenden gesellschaftlichen Unterschiede fast ebenso vollständig zum Ausdruck gebracht werden können wie durch die äußerst komplexen und verfeinerten Ausdruckssysteme, die von den legitimen Künsten bereitgestellt werden. Es liegt auf der Hand, welche nahezu unerschöpfliche Fülle an Möglichkeiten die Gesamtheit dieser Einzelbereiche dem Streben nach Unterscheidung in die Hand gibt" (ebd.: 355).

Allerdings eignen sich besonders die Kulturgüter zur Unterscheidung,

„weil in ihnen die Distinktionsbeziehung objektiv angelegt ist und bei jedem konsumtiven Akt, ob bewußt oder nicht, ob gewollt oder ungewollt, durch die notwendig vorausgesetzten ökonomischen und kulturellen Aneignungsinstrumente reaktiviert" werden (ebd.).

Distinktion dient sowohl als Mittel der Abgrenzung als auch als Mittel der Vergemeinschaftung. Distinktionsmerkmale einen Gruppen nach innen, weil ihre Mitglieder den gleichen Lebensstil pflegen, sie dienen aber genau deshalb auch zur Abgrenzung von anderen Gruppen, die eben einen anderen Lebensstil pflegen.

Die verschiedenen Lebensstile und Lebensformen zeigen sich auch im Konsum von Kulturgütern, zu denen zweifellos die Medien und ihre Produkte gehören. Da deren Inhalte und Darstellungsweisen mit den sozialen Strukturen der reflexiven Moderne korrespondieren und die Medientexte als Felder sozialer Auseinandersetzungen gelten können, sind in ihnen Distinktionsbeziehungen bereits angelegt. Soziale Unterschiede in der Gesellschaft bzw. unterschiedliche Positionen im sozialen Raum in verschiedenen sozialen Feldern manifestieren sich in Filmen, Fernsehsendungen, Comics, Computerspielen, Büchern, Pop- und Rockmusik, Internetforen etc. Die Unterschiede zwischen Individuen und Gruppen können sowohl durch die Produktion von Kulturgütern als auch durch deren Aneignung aufrechterhalten werden. Die Aneignung von kulturellem Kapital durch populäre und elitäre Medientexte schafft auf diese Weise Distinktionsgewinne und kann, wie oben im Hinblick auf die post-traditionalen Gemeinschaften beschrieben auch soziales Kapital generieren. Wie Professionalisierungstendenzen in Subkulturen zeigen, kann über das soziale Kapital auch wieder ökonomisches Kapital generiert werden. Distinktionsgewinne lassen sich über die Diskurse mit und über Medien gewinnen, denn sie sind strukturell in diesen Diskursen angelegt.

3 Medien und Distinktion in einzelnen sozialen Feldern

Im Folgenden werden einige soziale Felder betrachtet, um zu verdeutlichen, wie sich dort über den Medienkonsum und die Mediendiskurse Distinktionsgewinne erzielen lassen. Die Betrachtung kann allerdings die einzelnen Felder nur schlaglichtartig berühren, da eine umfassende Analyse und Darstellung den Rahmen dieser Arbeit bei weitem sprengen würde.

Kerstin Goldbeck (2004) hat in ihrer Analyse der Fernsehkritiken zu populären Fernsehsendungen wie *Gute Zeiten, Schlechte Zeiten* und *Wer wird Millionär?* gezeigt, wie das Diskursmuster öffentlich-rechtlicher Rundfunk = gut, privat-kommerzieller Rundfunk = schlecht die Kritiken zu den genannten Sendungen beeinflusst und die Fernsehkritiker in den Konflikt geraten, dass sich mit einer Sendung wie *Wer wird Millionär?* keine Distinktionsgewinne erzielen lassen, weil sie auf einem privaten Sender läuft. Die Abwertung der Daily Soap funktioniert im Rahmen des Diskursmusters sehr gut, so dass sich aus deren Ablehnung durchaus ein Distinktionsgewinn ziehen lässt. Das soziale Feld Fernsehkritik lebt von alten Diskursmustern der Hochkultur, die alles Triviale abwerten, indem sie Kunstgenuss dem populären Vergnügen gegenüberstellen. Der Kunstgenuss in Form von Bildung, Kultur und Information findet sich demnach bei den öffentlich-rechtlichen Sendern, während die Unterhaltung dort zwar auch vorkommt, in ihrer trivialen Variante als Trash-Fernsehen jedoch den privat-kommerziellen Sendern vorbehalten bleibt. Besonders beliebt ist dieses diskursive Distinktionsmittel bei den Kulturkritikern, die durch das Privatfernsehen den Untergang des Abendlandes heraufziehen sehen. Ihnen gilt das Fernsehen generell als verdächtig, es wird allgemein der Unterhaltung zugerechnet. Auf diese Weise wird das Medium stigmatisiert (vgl. Mikos 2006). Das Fernsehen wird vor allem dafür verachtet, dass es den Menschen Vergnügen bereitet und scheinbar nicht den Ansprüchen hoher Kunst und Kultur genügt. Die Unterscheidung zwischen Hochkultur und Massenkultur, zu der das Fernsehen zählt, beruht auf der „manichäischen Entgegensetzung der einsamen Geistesklarheit des Intellektuellen einerseits und der Stumpfsinnigkeit des ‚Massenmenschen' andererseits" (Eco 1984: 23), mit welcher nach Kant (1977) der „Reflexions-Geschmack" der bürgerlichen Intellektuellen vom „Sinnen-Geschmack" der Massenmenschen unterschieden wird (vgl. auch Bourdieu 1984: 761ff.). In der Tradition der Aufklärung kann für die herrschenden bürgerlichen Eliten nur Information bzw. Bildung das Maß aller Dinge sein, das Fernsehen als Unterhaltungsmedium unterläuft diesen Anspruch, weil die populären und ästhetischen Vergnügungen der Massen sich dem rationalen Diskurs widersetzen. Die Unterscheidung spielt auch in alltäglichen Geschmacksurteilen eine Rolle, wie z.B. die von Harald Schmidt ausgelöste Debatte über das „Unterschichtenfernsehen" gezeigt hat. Zwar haben sich in der globalen Medienwelt die Unterschiede verringert, Hoch- und Massenkultur vermischen sich immer mehr, doch das Stigma des Populären und Vergnüglichen, des nivellierten Massengeschmacks, das dem Fernsehen anhaftet, ist geblieben. Dieses Diskursmuster hat sich fest im Bewusstsein der Menschen verankert. Das führt dazu, dass Menschen, die fernsehen, ein schlechtes Gewissen haben, weil sie einer vermeintlich minderwertigen Tätigkeit nachgehen. Zugleich schämen sie sich öffentlich kundzutun, dass sie ferngesehen haben. Kulturelle und soziale Scham resultieren aus Unterlegenheitsgefühlen, die durch Distinktionen hervorgerufen werden (vgl. Neckel 1993). Die Macht der Kultur- und Fernsehkritik hinterlässt so eine Vielzahl sich schämender Fernsehkonsumenten mit schlechtem Gewissen.

Ähnlich verhält es sich mit der Filmkritik, die von so genannten Cineasten dominiert wird. Da Film gegenüber dem Fernsehen auch als Kunst gilt, ist der Distinktionswille integraler Bestandteil der Lebensphilosophie und des Lebensstils des Cineasten. Aber selbst im Bereich des Films werden klare Distinktionslinien gezogen. Mainstream-Filme aus Hollywood werden abgewertet, der europäische Kunst- und Autorenfilm dagegen aufgewertet. Zugleich wird über Filmwissen und Spezialkenntnisse bei Genrefilmen kulturelles Kapital angehäuft, das anschließend lässig zur Distinktion eingesetzt werden kann. Gleichzeitig verachtet der Cineast das Fernsehen (siehe oben) und andere populäre Medien. Die angesehenen Filme und der Film als Medium werden hingegen im Rahmen eines Niveaudiskurses aufgewertet. Das akkumulierte Filmwissen verschafft den Cineasten ihre Position im sozialen Raum. Aber auch der „normale" Filmfan zieht Distinktionsgewinne aus seiner kulturellen Praxis. So können Genrefilme, mehr noch Fernsehserien, einen wesentlichen Beitrag leisten, sich von anderen zu unterscheiden. Es ist eben in bestimmten Lebensstilen und in Milieus nicht egal, ob man Liebesfilme mag oder Science Fiction- und Fantasy-Filme, oder ob man

Desperate Housewives mag oder *Für alle Fälle Stefanie*. Gerade Fernsehserien und Filmserials laden dazu ein (populär-) kulturelles Kapital anzuhäufen. Dieses populärkulturelle Kapital dient nach außen als „Fanausweis" – damit lässt sich beweisen, dass man Fan der Serie ist. Zugleich gilt es nach innen zur sozialen Strukturierung der Fangruppe, es findet eine interne Distinktion durch eine Hierarchie von Wissen statt.

Fangruppen können als Geschmacksgemeinschaften im Sinn von Lash (1996: 273) gelten: „Einer Geschmacksgemeinschaft anzugehören, die als wirkliche Gemeinschaft besteht, bedeutet gemeinsame Bedeutungen, Praktiken und Verpflichtungen." Die Fangruppe definiert sich daher durch eine gemeinsame kulturelle und soziale Praxis, und darüber wiederum ihre Position im sozialen Raum. Innerhalb der Gruppe sind es wiederum die Kapitalsorten, die über die Positionierung des einzelnen Fans sorgen. Akkumuliertes popkulturelles Kapital verschafft Ansehen, generiert also symbolisches Kapital. Die Zusammengehörigkeit der Gruppe kann sich dabei auch aus der Aufwertung des allgemein Abgewerteten ergeben, wie das in zahlreichen populären Musikstilen wie Heavy Metal, Punk, Gothic, Gangsta Rap, Industrial etc. und ihren Fans der Fall ist. Distinktionsgewinne entstehen hier durch eine Differenzästhetik (vgl. Mikos 2003). Damit wird letztlich ein Distinktionsraum geschaffen, aus dem das Vergnügen resultiert, das Vergnügen anders zu sein. Das zeigt sich besonders deutlich in jugendlichen Subkulturen, die sich nicht nur gegen eine Mainstream-Kultur abgrenzen, sondern auch innerhalb ihrer eigenen Gemeinschaft Distinktionen schaffen, und so zur sozialen und kulturellen Hierarchisierung beitragen. So tragen in der HipHop-Kultur die Raps von Migranten, die in ihrer Herkunftssprache rappen, deutlich zur Distinktion bei, sie grenzen sich gegen die heimischen Rapper im gleichen sozialen Umfeld ab. Die gleiche Funktion hat für die DJs die Verwendung von Samples (Versatzstücken) von traditioneller Musik aus ihren Heimatländern, die zu einer deutlichen Unterscheidung von anderen DJs beiträgt. Die kulturellen Ressourcen ihrer Herkunftskultur werden als kulturelles Kapital eingesetzt, das sich deutlich von dem in ihrer aktuellen Szenewirklichkeit abhebt und so zu einem wesentlichen Mittel des Distinktionsgewinnes wird.

4   Schlussbemerkungen

Die Beispiele haben deutlich gemacht, wie der Erwerb von kulturellem Kapital über die Aneignung von populären Medientexten zur Distinktion beiträgt, und damit die Position im sozialen Raum bestimmt. Kulturgüter und Medienprodukte eignen sich besonders für Distinktionsgewinne, weil Distinktionen in ihnen strukturell angelegt sind. Als Teil der Repräsentationsordnung der Gesellschaft stellen sie Felder sozialer Auseinandersetzung dar, die in die diskursiven Praktiken, die selbst von Distinktionen geprägt sind, eingebunden sind. Mit Hilfe des Medienwissens lässt sich (populär-) kulturelles Kapital generieren und als Distinktions- und Kommunikationsressource benutzen. In den Gesellschaften der reflexiven Moderne mit ihren pluralen Lebensformen und Lebensstilen kann das Wissen in unterschiedlichen Szenen und Milieus auch verschieden eingesetzt werden und so zu einer jeweils unterschiedlichen Positionierung im sozialen Raum in den verschiedenen sozialen Feldern führen. Zwar gibt es generell Homologien zwischen der Lebensweise und dem Medienkonsum, doch können bestimmte Medienprodukte und das aus ihnen generierte Wissen bzw. kulturelle Kapital in je verschiedenen Szenen und Milieus zu einer jeweils anderen Form symbolischen Kapitals gehören, oder anders ausgedrückt: Während sie in der einen Szene das Ansehen heben, wird in einer anderen Szene damit eher eine Abwertung bis hin zu kultureller Scham verbunden. Auf der anderen Seite wird dadurch deutlich, dass sich einzelne Individuen über den Medienkonsum, weil er tendenziell allgemein verfügbar ist und sich damit leicht zur Aneignung von Wissen eignet, gleichzeitig in verschiedenen post-traditionalen Gemeinschaften verorten, die wiederum in verschiedenen Positionen des gesamtgesellschaftlichen sozialen Raumes angesiedelt sind. So ist es in den pluralen Gesellschaften der reflexiven Moderne, die durch eine Vermehrung der sozialen Felder im sozialen Raum gekennzeichnet sind, möglich, sich als Individuum gleichzeitig in verschiedenen Szenen und Milieus zu verorten, z.B. Wissenschaftler zu sein, Serienfan und Anhänger von Industrial-Musik. Durch den Erwerb von ökonomischem, kulturellem und sozialem Kapital wird es in den pluralen Gesellschaften möglich, verschiedene Lebensstile zu kombinieren. Die Wahlmöglichkeiten für das Individuum sind gestiegen. Dadurch wird zugleich die interindividuelle Konkurrenz größer (vgl. Winter/Eckert 1990: 149), die wiederum einen größeren Zwang zur Distinktion bewirkt. Die stilistischen Möglichkeiten, die zur Distinktion eingesetzt werden können, vermehren sich immer weiter.

Die Ausdifferenzierung der Gesellschaften der reflexiven Moderne führt dazu, dass die Medien, allen voran das stets verfügbare Fernsehen, eine immer größere Bedeutung erlangen. In den Medien werden nicht nur die vielfältigen sozialen Felder, Szenen und Lebensstile präsentiert, sondern über ihre Aneignung und den damit verbundenen Diskursen strukturieren sie über Distinktionsgewinne den sozialen Raum, in dem sich die einzelnen Individuen und sozialen Gruppen verorten. Das ist möglich, weil, wie Bourdieu (1984: 355) bemerkt hat, in den Kulturgütern – und damit auch in den Medien und ihren Inhalten – Distinktionen objektiv angelegt sind. Zugleich stellen sie Felder sozialer Auseinandersetzung (Fiske 1987) dar. Allein durch die z.B. im Diskurs über das Fernsehen angelegte Distinktion der Abwertung von Unterhaltung und Trivialem verortet sich das fernsehende Individuum im sozialen Raum und wird mit sozialer und kultureller Scham konfrontiert. Der Medienkonsum, vor allem die Nutzung des Fernsehens ist so eng mit der sozialen und kulturellen Praxis der Individuen in der Gesellschaft verbunden und wesentlicher Bestandteil des Alltagslebens (vgl. Bachmair 1996; Mikos 2004, 2005). Denn über die Nutzung der Medien und die Anknüpfung an die mit ihnen verbundenen Diskurse generieren die Individuen nicht nur ihr Verhältnis zur Welt, sondern über die darin eingeschriebenen Distinktionsbeziehungen und den daraus resultierenden Distinktionsgewinnen auch ihre Position im sozialen Raum.

Literatur

Baacke, Dieter/Sander, Uwe/Vollbrecht, Ralf (1990): Lebenswelten sind Medienwelten. Lebenswelten Jugendlicher 1. Opladen: Leske + Budrich
Bachmair, Ben (1996): Fernsehkultur. Subjektivität in einer Welt bewegter Bilder. Opladen: Westdeutscher Verlag
Beck, Ulrich (1986): Risikogesellschaft. Auf dem Weg in eine andere Moderne. Frankfurt a.M.: Suhrkamp
Beck, Ulrich/Giddens, Anthony/Lash, Scott (1996): Reflexive Modernisierung. Eine Kontroverse. Frankfurt a.M.: Suhrkamp
Berger, Peter A./Hradil, Stefan (Hrsg.) (1990): Lebenslagen, Lebensläufe, Lebensstile. Göttingen: Otto Schwartz & Co.
Bourdieu, Pierre (1983): Ökonomisches Kapital, kulturelles Kapital, soziales Kapital. In: Kreckel (1983): 183-198
Bourdieu, Pierre (1984): Die feinen Unterschiede. Kritik der gesellschaftlichen Urteilskraft. Frankfurt/M.: Suhrkamp, 3. Aufl.
Bourdieu, Pierre (1985): Sozialer Raum und „Klassen". Leçon sur la leçon. Frankfurt a.M.: Suhrkamp.
Eco, Umberto (1984): Apokalyptiker und Integrierte. Zur kritischen Kritik der Massenkultur. Frankfurt a.M.: S. Fischer
Eco, Umberto (1984): Einleitung. In: Eco (1984): 15-35
Fiske, John (1987): Television Culture. London/New York: Methuen
Fiske, John (1991): Understanding Popular Culture. London/New York: Routledge
Fiske, John (1991a): Popular Texts. In: Fiske (1991): 103-127
Fröhlich, Gerhard (1994): Kapital, Habitus, Feld, Symbol. Grundbegriffe der Kulturtheorie bei Pierre Bourdieu. In: Mörth/Fröhlich (1994): 31-54
Gauntlett, David (2002): Media, Gender and Identity. An Introduction. London/New York: Routledge
Gebauer, Gunter/Wulf, Christoph (Hrsg.) (1993): Praxis und Ästhetik. Neue Perspektiven im Denken Pierre Bourdieus. Frankfurt a.M.: Suhrkamp
Geertz, Clifford (1987): Dichte Beschreibung. Beiträge zum Verstehen kultureller Systeme. Frankfurt a.M.: Suhrkamp

Giddens, Anthony (1995) Konsequenzen der Moderne. Frankfurt a.m.: Suhrkamp

Goldbeck, Kerstin (2004): Gute Unterhaltung, schlechte Unterhaltung. Die Fernsehkritik und das Populäre. Bielefeld: Transcript

Habermas, Jürgen (1988): Theorie des kommunikativen Handelns. Band 2: Zur Kritik der funktionalistischen Vernunft. Frankfurt a.m.: Suhrkamp

Hasebrink, Uwe/Mikos, Lothar/Prommer, Elizabeth (Hrsg.) (2004): Mediennutzung in konvergierenden Medienumgebungen. München: Verlag Reinhard Fischer

Hepp, Andreas (2004): Netzwerke der Medien. Medienkulturen und Globalisierung. Wiesbaden: VS Verlag

Hörning, Karl H./Michailow, Matthias (1990): Lebensstil als Vergesellschaftungsform. Zum Wandel von Sozialstruktur und sozialer Integration. In: Berger/Hradil (1990): 501-521.

Honneth, Axel (1994): Desintegration. Bruchstücke einer soziologischen Zeitdiagnose. Frankfurt a.m.: Fischer

Junge, Matthias (2002): Individualisierung. Frankfurt/New York: Campus

Kant, Immanuel (1977): Kritik der Urteilskraft. Werkausgabe, Bd. X. Frankfurt a.m.: Suhrkamp, 2. Aufl.

Kippele, Flavia (1998): Was heißt Individualisierung? Die Antworten soziologischer Klassiker. Opladen/Wiesbaden: Westdeutscher Verlag

Kreckel, Reinhard (Hrsg.) (1983): Soziale Ungleichheiten. Göttingen: Otto Schwartz & Co

Lash, Scott (1996): Reflexivität und ihre Doppelungen: Struktur, Ästhetik und Gemeinschaft. In: Beck/Giddens/Lash (1996): 195-286

Media Perspektiven (2005): Daten zur Mediensituation in Deutschland 2005. Frankfurt: Media Perspektiven

Mikos, Lothar (2003): Bad Music oder die Lust am Trash – Differenzästhetik in der popkulturellen Praxis. In: Neumann-Braun/Schmidt/Mai (2003): 226-245

Mikos, Lothar (2004): Medienhandeln im Alltag – Alltagshandeln mit Medienbezug. In: Hasebrink/Mikos/Prommer (2004): 21-40

Mikos, Lothar (2005): Alltag und Mediatisierung. In: Mikos/Wegener (2005): 80-94

Mikos, Lothar (2006): „Ist der Ruf erst ruiniert..." Die Stigmatisierung des Fernsehens. In: TV Diskurs, 10, 2: 30-35

Mikos, Lothar/Töpper, Claudia (2006): Jugend, Medien, Politik. In: TelevIZIon, 19, 2 (im Druck)

Mikos, Lothar/Wegener, Claudia (Hrsg.) (2005): Qualitative Medienforschung. Ein Handbuch. Konstanz: UVK/UTB

Mörth, Ingo/Fröhlich, Gerhard (Hrsg.) (1994): Das symbolische Kapital der Lebensstile. Zur Kultursoziologie der Moderne nach Pierre Bourdieu. Frankfurt/New York: Campus

Neckel, Sighard (1993): Soziale Scham: Unterlegenheitsgefühle in der Konkurrenz von Lebensstilen. In: Gebauer/Wulf (1993): 270-291

Neumann-Braun, Klaus/Schmidt, Axel/Mai, Manfred (Hrsg.) (2003): Popvisionen. Links in die Zukunft. Frankfurt a.m.: Suhrkamp

Newcomb, Horace M./Hirsch, Paul. M. (1986): Fernsehen als kulturelles Forum. Neue Perspektiven für die Medienforschung. In: Rundfunk und Fernsehen, 34, 2: 177-190

Schulze, Gerhard (1992): Die Erlebnisgesellschaft. Kultursoziologie der Gegenwart. Frankfurt a.m./New York: Campus

Weiß, Ralph (2001): Fern-Sehen im Alltag. Zur Sozialpsychologie der Medienrezeption. Wiesbaden: Westdeutscher Verlag

Williams, Raymond (1972): Gesellschaftstheorie als Begriffsgeschichte. Studien zur historischen Semantik von „Kultur". München: Rogner & Bernhard

Willis, Paul (1991): Jugend-Stile. Zur Ästhetik der gemeinsamen Kultur. Hamburg/Berlin: Argument

Winter, Rainer (2001): Die Kunst des Eigensinns. Cultural Studies als Kritik der Macht. Weilerswist: Velbrück Wissenschaft

Winter, Rainer/Eckert, Roland (1990): Mediengeschichte und kulturelle Differenzierung. Zur Entstehung und Funktion von Wahlnachbarschaften. Opladen: Leske + Budrich

Die fetten Jahre sind vorbei
– oder kommen sie in einer anderen Form wieder?

Brigitte Hipfl

1   Vorbemerkung

Der Film *Die fetten Jahre sind vorbei* (Regisseur Hans Weingartner, 2004) wurde in den Medien hoch gelobt – „Relevantes und gelungenes Unterhaltungskino, wie man es sich öfters wünschen würde" (Die Presse, 21.5.2004) – und von der Fachjury mehrfach prämiert. Der Film wurde beim Deutschen Filmpreis 2005 in der Kategorie bester Spielfilm mit Silber ausgezeichnet, erhielt beim Filmfest München den Förderpreis Deutscher Film für Regie, Drehbuch und Hauptdarsteller und lief als viel diskutierter deutscher Beitrag 2004 bei den Filmfestspielen in Cannes. Auch international hat der Film viel Aufmerksamkeit erhalten und wurde in einschlägigen US-amerikanischen Filmreviews sowie in der renommierten Zeitschrift „The New Yorker" rezensiert. Für Lehrer und Lehrerinnen, die mit dem Film in der Schule arbeiten wollen, wurden auf der österreichischen Projektseite „kino macht schule" bzw. von Ingrid Arnold (2004) für die Bundeszentrale für politische Bildung in Bonn in einem Filmheft Informationen über den Film zusammengestellt. Ist es nicht erstaunlich, dass ein Film, der „mit einem ‚linken' Ausweg … aus den erstarrten, doch immer krisenhafteren Verhältnissen … sympathisiert" (RP Online, 29.10.2005) und als „anti-kapitalistischer Sturm und Drang" (Jürgen Fauth o.J.) bezeichnet wird, so gut ankommt? Das starke Echo weist darauf hin, dass *Die fetten Jahre sind vorbei* offensichtlich Fragen und Themen behandelt, die viele Menschen gegenwärtig beschäftigen.

Ich verstehe den Film als „signs of the times" (vgl. Kellner 2003: 17), und zwar konkret als ein Bild der Lebenssituation junger Menschen unter den gegenwärtigen gesellschaftlichen Bedingungen, das mit seinem Fokus auf die Unbeschwertheit der Akteure und auf ihr kreatives und widerständiges Potential im Vergleich zu dem in den öffentlichen Diskursen vermittelten Bild der Jugend ermächtigend wirkt. Meine Diskussion des Films verfolgt das Ziel, mit einer vertieften Auseinandersetzung die ja eigentlich wohlbekannte Einsicht zu verstärken, dass sich gerade Medienprodukte besonders gut dafür eignen, sich mit gesellschaftlichen Bedingungen und Machtstrukturen auseinanderzusetzen. In meinem „close reading" des Films stütze ich mich auf die Cultural Studies als einen Zugang, in dem die politische Dimension der medial angebotenen Bedeutungen ernst genommen wird. Zusätzlich orientiere ich mich an den methodischen Vorschlägen zur Analyse visueller Kultur von Gillian Rose (2001). Um das Spezifische an den Bedeutungsangeboten des Films deutlich zu machen, kontrastiere ich sie mit den Ergebnissen der Shell Jugendstudie 2006, die als regelmäßig durchgeführte repräsentative Erhebung ein guter Indikator für die Werte und Befindlichkeiten Jugendlicher in Deutschland sind.

Mein Beitrag soll auch als ein Plädoyer dafür verstanden werden, das Augenmerk wieder stärker auf die kritische Auseinandersetzung mit den Medienangeboten zu richten. Das ist meiner Einschätzung nach aufgrund der „Wende zum Publikum", die sich in der Medienforschung in einer Intensivierung der empirischen Arbeiten zur Medienrezeption und in der Medienpädagogik in einer verstärkten Auseinandersetzung mit den verschiedenen Interpretationen und Bedeutungszuschreibungen niedergeschlagen hat, in letzter Zeit etwas zu kurz gekommen. Aber gerade in der gegenwärtigen Situation, in der beispielsweise immer wieder beklagt wird, dass die starke Konkurrenz unter immer zahlreicher werdenden Fernsehkanälen in einer Verflachung der Angebote resultiert, wird eine verstärkte kritische Auseinandersetzung mit Medieninhalten umso wichtiger um sich in fundierter Weise in die öffentliche Diskussion zur Verbesserung der Qualität einmischen zu können.

2   Theoretisch-methodischer Bezugsrahmen

Die Cultural Studies verfolgen das Ziel, durch den genauen Blick auf die Machtverhältnisse und all die Prozesse, mit denen Normalität hergestellt und um unsere Zustimmung gerungen wird, die Welt, in der wir leben, begreifbar und kritisierbar zu machen und damit zu einer Erweiterung unserer Handlungsfähigkeit beizutragen. Ein gewisser Eklektizismus ist dabei insofern ein Charakteristikum der Cultural Studies, als es zur Erreichung dieses Ziels notwendig ist, ständig nach Theorien und Konzepten zu suchen, die uns helfen, diese Prozesse besser zu verstehen. Entsprechend werde ich in den folgenden Ausführungen auch andere kulturtheoretische Ansätze bei meinem Versuch, die gesellschaftliche und kulturelle Relevanz dieses Films herauszuarbeiten, beiziehen. Ich hoffe, dass meine Lesart des Films *Die fetten Jahre sind vorbei* die Nützlichkeit und den Ertrag einer derartigen Vorgangsweise verdeutlichen kann.

Was den Umgang mit Medienangeboten betrifft, fordern uns die Cultural Studies auf, die Position eines Kulturkritikers / einer Kulturkritikerin einzunehmen und kritisch zu prüfen, wie und in welcher Weise in dem jeweiligen Medienbeispiel spezifische gesellschaftliche Fragen und Problemlagen behandelt

werden, aber auch, wie sie aufgenommen und rezipiert werden. Diese Vorgangsweise ermöglicht es uns, die Rolle einzelner Medienangebote in dem ständigen „Kampf um Bedeutungen", der unsere Kultur ausmacht, besser zu verstehen. Die Cultural Studies lehren uns auch, dass erfolgreiche Medienprodukte
(wie etwa Filme) immer eine Vielzahl an Bedeutungen zum Inhalt haben, die den
Zuschauern und Zuschauerinnen die unterschiedlichsten Anknüpfungspunkte
bieten, sich in den Film einzulassen bzw. ihn mit Genuss anzuschauen. Trotz der
Polysemie, die solche Produkte auszeichnet, d.h. trotz der vielen möglichen Interpretationen, Bedeutungszuschreibungen und Formen von Vergnügen, die
solch ein Film seinen Konsumenten eröffnet, soll jedoch nicht übersehen werden, dass der Bedeutungsrahmen eines Films von zwei Momenten bestimmt ist –
den Produktionsbedingungen und den Repräsentationen der Inhalte. In den Cultural Studies wird betont, alle drei Momente – Produktion, Repräsentation, Rezeption – einer genauen Analyse zu unterziehen. Gillian Rose (2001: 17f.) sieht
das genauso, führt aber noch eine zusätzliche Differenzierung ein, indem sie
vorschlägt, bei jedem dieser drei Momente noch verschiedene Modalitäten zu
berücksichtigen. Sie unterscheidet drei Modalitäten, die bei einer kritischen Analyse visueller Inhalte miteinbezogen werden sollen: Einmal die technologische
Seite, die als Basis dafür fungiert, welcher Art die filmischen Inhalte sind und
wie sie wahrgenommen werden (können). Die zweite Modalität ist für Rose die
der Komposition, also die Frage, in welche Form bestimmte Inhalte in einem
Film gebracht werden, damit sie für die Zuschauer und Zuschauerinnen bearbeit-
bar werden. Als drittes ist die gesellschaftliche Modalität zu berücksichtigen, die
den gesamten Bereich der ökonomischen und politischen Verhältnisse sowie der
kulturellen Praktiken umfasst, die als kulturelles Bedeutungsrepertoire dafür
fungieren, wie ein bestimmter Film verstanden und welcher Sinn ihm zugeschrieben wird.

Die Untersuchung der technischen Modalität beinhaltet auf der Produkti-
onsebene etwa die Frage danach, wie ein bestimmter Film hergestellt wurde. Auf
der Ebene der filmischen Repräsentationen geht es um die visuellen Effekte, die
durch die verwendete Technik eintreten, während die Rezeptionsebene die unterschiedlichen Möglichkeiten der Nutzung aufgrund der jeweils verfügbaren Technologie umfasst. Die zweite Modalität, die Komposition, wird für die Seite der
Produktion häufig als eine Frage des Genres diskutiert – auf welche Konventionen von Erzählweisen wird zurückgegriffen? Von besonderer Bedeutung ist der
Aspekt der Komposition für die Ebene des Films. Hier geht es nämlich um die
Frage, wie durch die Verwendung filmischer Gestaltungsmittel wie Licht, Kame-
raposition, Ton etc. und durch die Organisation räumlicher Blickstrukturen bestimmte Bedeutungen erzeugt werden. Die inzwischen zu Klassikern avancierten
Arbeiten von John Berger (1984) und Laura Mulvey (1980) haben uns auf die

sexuelle Politik aufmerksam gemacht, die in den Blickstrukturen zum Ausdruck kommt. Am Beispiel gemalter Bilder bzw. des klassischen Hollywoodkinos haben sie die für die westliche Kultur traditionelle Struktur mit dem Mann in der aktiven Rolle als Träger des Blicks und der Frau als Objekt des männlichen Blicks aufgezeigt. Für den Rezeptionsprozess sind die formalen Kompositionselemente im Film insofern bedeutsam, als sie den Zuschauern und Zuschauerinnen quasi Anweisungen geben, wie das Gezeigte zu sehen und zu verstehen ist. An dieser Stelle wird es jedoch sehr komplex, denn die Bedeutungen, die die Zuschauer und Zuschauerinnen tatsächlich entwickeln, sind immer auch mitbestimmt von ihrem eigenen Blick, der nie ein „natürlicher", sondern immer ein je nach den historischen, geographischen, kulturellen und sozialen Bedingungen spezifischer Blick ist (vgl. Rose 2001: 16). Die dritte Modalität umfasst die gesellschaftlichen Bedingungen, die insofern von Relevanz sind, als sie als Kontext für die Produktion, aber auch für die Repräsentationen und die Rezeptionsformen fungieren. Gleichzeitig nehmen Filme immer auch spezifische Positionen ein, mit denen sie gesellschaftliche Diskurse aufrechterhalten und stützen, oder sie problematisieren bzw. in Frage stellen können. Es können auch alternative oder Gegendiskurse präsentiert werden.

Dieses Raster bildet den Hintergrund meiner Analyse des Films, jedoch werden nicht alle Punkte systematisch abgearbeitet. Vielmehr ist der Fokus aufgrund der für diesen Sammelband zentralen Frage nach den Machtverhältnissen auf die gesellschaftliche Modalität gerichtet und es werden nur Punkte angesprochen, die dafür von Relevanz sind.

3   Jugend und Politik – ein schwieriges Verhältnis

Ich werde nun in einem ersten Schritt kurz die Produktionsseite in den Blick nehmen und lasse den Regisseur Hans Weingartner zu Wort kommen. Seine Intention war, einen politischen Film zu machen:

> *„Die fetten Jahre sind vorbei* hat viel mit den letzten zehn Jahren meines Lebens zu tun, in denen ich mehrfach versucht habe, politisch aktiv zu werden, und mehrfach gescheitert bin. Ich wollte immer Teil einer Jugendbewegung sein, aber ich habe nie wirklich eine gefunden. Ich war Punk als Punk schon vorbei war, ich war Hausbesetzer als es damit schon zu Ende ging. Ich glaube wir leben in einer Zeit, in der viele junge Menschen den Wunsch nach politischer Veränderung in sich tragen, aber nicht wissen, wie sie ihm zum Durchbruch verhelfen sollen. Es fehlen die Reibungsflächen und es fehlt die Gruppendynamik", sagt Hans Weingartner (kino macht schule o.J.: 4).

Weingartner zieht Parallelen zu den jungen Hauptfiguren in dem Film:

> „Ich war auch einmal ein sehr wütender junger Mann, wie Jan. So Anfang 20 wollte ich immer ‚Revolution sofort!', ‚Weltumsturz!'. Ich hatte immer das Gefühl, die Welt ist total ungerecht und kaputt und eigentlich ist niemand mehr darin glücklich" (kino macht schule o.J: 5).

Weingartners biografisch gefärbter Film vermittelt uns ein Bild der Gefühlswelt junger Menschen, das sich krass von den Diagnosen unterscheidet, die vor allem ein zunehmendes Desinteresse junger Menschen an Politik konstatieren und beklagen. Letzteres bestimmt auch die Diskurse zur Jugend, die derzeit in den Medien zirkulieren. Das Verhältnis Jugendliche - Politik findet deshalb soviel öffentliche Aufmerksamkeit, weil die politischen Orientierungen und Verhaltensweisen der Jugend vielfach „als Gradmesser für die zukünftige Entwicklung einer Demokratie" (Roller/Brettschneider/van Deth 2006: 7) gesehen werden. Vor dem Hintergrund gelten etwa die geringe Wahlbeteiligung junger Menschen und ihre kritische Haltung gegenüber Institutionen des politischen Systems als Ausdruck von Politikverdrossenheit und alarmierendes Anzeichen einer Gefährdung der Demokratie. Auch die Ergebnisse der Shell Jugendstudie 2006 machen deutlich, dass Jugendliche politischen Parteien das geringste Vertrauen entgegenbringen und dass mehr als die Hälfte der Befragten kein Interesse an Politik haben. Bevor uns Ergebnisse dieser Art dazu verführen, Jugendliche als gesellschaftlichen Problemfall zu sehen, sind zwei wichtige Aspekte mit einzubeziehen. Einmal die Tatsache, dass die Zuschreibung von Politikverdrossenheit an Jugendliche übersieht, dass es auch bei Erwachsenen eine zunehmende Distanzierung gegenüber der Politik als System gibt. Entsprechend beschreiben Roller, Brettschneider und van Deth das Verhältnis der Jugendlichen zur Politik auch als „voll normal!".

> „Das bedeutet, dass sich die politischen Einstellungen und das politische Verhalten der Jugendlichen in den letzten Jahren nicht deutlich anders – oder gar schlechter – als die Einstellungen und das Verhalten der Erwachsenen entwickelten" (Roller/Brettschneider/van Deth 2006: 18).

Die AutorInnen weisen hier auf ein Problem hin, das häufig bei der Interpretation von Jugendstudien auftritt: Die gewonnenen Resultate werden mit einer Art Idealbild von Jugendlichen verglichen, nicht aber mit Resultaten von Erwachsenen. Dies ist erstaunlich, wenn man bedenkt, dass wir in einer Kultur leben, in der die Unterschiede zwischen Heranwachsenden und Erwachsenen immer mehr erodieren (wie dies z.B. Joshua Meyrowitz (1987) anschaulich als Effekt des Fernsehens beschrieben hat). Daraus ist jetzt aber umgekehrt auch wieder nicht zu folgern, dass wir uns mit der distanzierten Haltung zur Politik nicht weiter auseinanderzusetzen haben. Vielmehr sind wir gefragt, diese Entwicklungen zuerst im Kontext der aktuellen sozio-ökonomischen Situation zu verstehen und einzuordnen und dann zu überlegen, was dies in pädagogischer Hinsicht bedeutet.

So spielt die soziale Schichtzugehörigkeit der Jugendlichen eine wesentliche Rolle dabei, ob sich junge Menschen für gesellschaftliche Zusammenhänge interessieren und auch selbst aktiv werden. Zieht man die Resultate der Shell Jugendstudie 2006 zu Rate, dann stammen engagierte Jugendliche aus gehobenen Schichten, sind entweder GymnasiastInnen oder StudentInnen und leben in aktivitätsfördernden sozialen Räumen. Eine Bedingung bei diesen Aktivitäten ist aus der Sicht der Jugendlichen, „dass man sich auch persönlich zugehörig fühlt". Aus medienpädagogischer Perspektive nicht uninteressant ist die Tatsache, dass für diese jungen Menschen der Medienkonsum eine geringe Rolle spielt.

Der Film *Die fetten Jahre sind vorbei* repräsentiert eine Gruppe engagierter junger Menschen und ihre Schwierigkeiten, Wege zu finden, ihr politisches Interesse praktisch umzusetzen. Zugleich spricht er ein Spannungsverhältnis an, das bei der Überlegung, sich einer politisch aktiven Gruppierung anzuschließen, immer besteht – die Spannung zwischen individueller Freiheit und Unterordnung unter Gruppenziele, die sehr anschaulich von Zygmunt Bauman in seinem Buch „Community" (2001) beschrieben wird. Diese Spannung wird unter den gegenwärtigen Bedingungen noch stärker erlebt. Denn wir befinden uns in einer Welt, in der mit Robert McChesney (2000: 7) „der Neoliberalismus ... das vorherrschende Paradigma der politischen Ökonomie" geworden ist und Individualismus, Flexibilität und Konkurrenz die dominanten Bestimmungselemente erfolgreicher Subjektpositionen darstellen. Unter den Bedingungen prekärer Arbeitsverhältnisse wird uns gleichzeitig nahe gelegt, dass jede/r nur die ihr/ihm gebotenen Chancen richtig nutzen muss. Vor dem Hintergrund der völligen Konzentration auf ein möglichst erfolgreiches „In-Szene-Setzen" der eigenen Person bleibt nur wenig Platz für die Anderen bzw. für gemeinsame Aktionen mit Anderen. Dies hat nicht nur Richard Sennett anschaulich in dem Buch „Der flexible Mensch" (1998) beschrieben, wir beobachten es auch ständig in den diversen Reality-TV-Shows und Casting-Shows. Dort sehen wir, dass selbst die Teamaktivitäten in erster Linie zur Vorführung der eigenen besonderen Qualitäten und gleichzeitig zur Überwachung und Kontrolle der übrigen Teammitglieder, die immer zueinander in Konkurrenz stehen, genutzt werden. In diesem Kontext bekommt die Frage der politischen Handlungsfähigkeit besondere Relevanz.

Der Regisseur von *Die fetten Jahre sind vorbei* hat eine klare Vorstellung, woran sich die Handlungsfähigkeit orientieren sollte: „Wie kann ich als junger Mensch, hier und jetzt, am Zustand der Welt etwas ändern?" (kino macht schule o.J: 6). In gewisser Weise stellt der Film auch eine Bearbeitung seiner eigenen traumatischen Erfahrungen als Hausbesetzer in Berlin dar, als er am eigenen Leib den Zusammenstoß von politischem Aktivismus und symbolischer Ordnung erlebte, indem er von der Polizei abgeführt und wie ein Krimineller behandelt wurde. Mit seinem Film verknüpft Weingartner die Hoffnung, junge Menschen dazu zu aktivieren, ihre eigenen verborgenen und verdeckten revolutionären Energien zu suchen. Auch die Art und Weise, wie die Spielhandlung gefilmt wurde, soll nach Meinung des Regisseurs diese politischen Intentionen stützen. So wurde eine digitale Handkamera verwendet, die den Protagonisten folgt und die Zuschauer und Zuschauerinnen nie in die für die meisten Unterhaltungsfilme übliche Allmachtsposition versetzt, schon voraussehen zu können, was als nächstes passiert. Der Regisseur bricht also auch auf der filmischen Ebene mit den dominanten Konventionen.

4 Die fetten Jahre sind vorbei – Personen und Handlung

Im Film wird die Frage gesellschaftlichen Engagements anhand der drei jungen Hauptfiguren Jan, Peter und Jule, die alle Anfang zwanzig sind, in Berlin leben und als Antiglobalisierungsgegner aktiv sind, zum Thema gemacht. Aber neben den herkömmlichen Protestformen haben Jan und Peter, die gemeinsam in einer etwas heruntergekommenen Wohnung leben, noch eine andere Methode der Kritik an der immer größer werdenden gesellschaftlichen Kluft zwischen arm und reich entwickelt: Jan, der das „politische Hirn" und gleichzeitig auch so etwas wie revolutionäre Empörung und Energie verkörpert, hat in dem VW-Bus der beiden eine Überwachungskamera installiert, mit der sie die Villen von Reichen beobachten. In der Nacht brechen sie mithilfe von Peters Kenntnissen über die von ihm installierten Alarmanlagen in diese Häuser ein, aber nicht um, wie sie betonen, etwas zu stehlen, sondern um eine surrealistisch anmutende Aktion zu setzen: Sie verstellen die Möbel, indem sie sie z.B. zu einer Pyramide auftürmen, die Musikanlage in den Kühlschrank stellen und Sammelobjekte ins WC geben. Und sie hinterlassen graffiti-ähnliche Statements wie: „Die fetten Jahre sind vorbei", unterzeichnet von „den Erziehungsberechtigten". Jule, Peters Freundin, arbeitet in einem Nobel-Restaurant als Serviererin und muss ihr gesamtes Geld für Rückzahlungen in der Höhe von 94.500 Euro für einen von ihr verursachten Auffahrunfall mit Totalschaden des Mercedes eines reichen Managers verwenden. Als sie aufgrund von Mietrückständen ihre Wohnung verliert, bietet Peter ihr an, bei ihm und Jan einzuziehen. Beim Ausmalen ihrer alten Wohnung – um die Kaution zurückzubekommen – erhält Jule Unterstützung und Hilfe von Jan, und zwar nicht nur beim Malen, sondern auch in ideologischer

Hinsicht. Jan analysiert und charakterisiert Jules Situation – unter dem großen
Druck, Geld zu verdienen um ihre Rückzahlungen abzuleisten, arbeitet sie teilweise unter entwürdigenden Bedingungen als Serviererin und hat dabei ihre
eigenen, selbst definierten Zukunftsperspektiven verloren – als typisch für die
gesellschaftlichen Ungerechtigkeiten, die momentan herrschen. Die beiden erkennen, dass sie ähnliche Werte vertreten, und als Jule das Problem anspricht,
dass es gegenwärtig keine Jugendbewegung gibt, weil alles schon einmal in der
Vergangenheit ohne viel Erfolg ausprobiert wurde und sie nirgendwo etwas
findet, an das sie glauben kann, weiht Jan sie in die heimlichen anarchistischen
Aktionen von ihm und Peter ein. Jan zeigt Jule den Bus und fährt mit ihr zu den
Häusern, die er mit Peter ins Visier genommen hat. Als Jule bemerkt, dass sie
sich in der Nähe des Hauses befinden, das dem Manager gehört, dem sie ihre
Schulden zurückzahlen muss, überredet sie Jan, gemeinsam in die luxuriöse
Villa einzusteigen. Dort geraten die Dinge etwas außer Kontrolle, die beiden
verlieben sich ineinander, vergnügen sich im Swimmingpool und werden dann
vom heimkommenden Besitzer überrascht. Der einzige Ausweg, den sie gemeinsam mit dem zu Hilfe gerufenen Peter sehen, ist, den Manager namens Hardenberg als Geisel zu nehmen. Gemeinsam fahren sie in die Berge zu einer Almhütte, die Jules Onkel gehört. An diesem abgeschiedenen Ort durchläuft jede/r von
ihnen eine Art Identitätskrise. Peter wird mit der Liebesbeziehung zwischen Jule
und Jan konfrontiert, alle drei müssen daraufhin ihre Beziehungen untereinander
überdenken. Außerdem erfahren sie, dass Hardenberg in seiner Jugendzeit der
1968er Studentenrevolution angehörte und Ansichten vertrat, die sich mit ihren
decken. Hardenberg selbst beginnt über seine eigene Situation als erfolgreicher
Manager nachzudenken, der in Arbeit, Geld und bürgerlichen Normen gefangen
ist und hängt nostalgisch den revolutionären Ideen von einst nach. Er reflektiert
auch darüber, wie einfach es im Alltag ist, davon abzukommen – durch Verlo-
ckungen der Konsumgesellschaft und durch die kleinen Gewohnheiten, die sich
langsam einschleichen. Letztendlich erneuern und bekräftigen Jan und Peter ihre
Freundschaft und beschließen dann, gemeinsam mit Jule, Hardenberg nach seiner Zusicherung, die Polizei nicht einzuschalten, wieder frei zu lassen. Das Film-
ende ist offen und mehrdeutig – man sieht Hardenberg im Polizeiauto, während
schwer bewaffnete Polizisten in die Wohnung der beiden jungen Männer ein-
dringen, wo sie aber nur eine sehr ambivalente Nachricht vorfinden: Manche
Menschen ändern sich nie. Zur gleichen Zeit sind die drei auf Hardenbergs Jacht
(vielleicht) zu der Mittelmeerinsel unterwegs, auf der sich nach Jans Recherchen
die Fernseh-Satelliten befinden, die einen Großteil der europäischen Fernsehsta-
tionen versorgen. Wir werden im Unklaren gelassen, ob Hardenberg die drei
jungen Aktivisten betrogen hat, ob sie ihn hineingelegt haben, oder ob sie gemeinsam die Polizei ausgetrickst haben.

Bei der Analyse der gesellschaftlichen und politischen Dimensionen des Films beziehe ich mich auf einige ausgewählte Aspekte wie Gemeinschaft, politisches Engagement und Form der Gesellschaftskritik, sowie auf die Generationenfrage. Meiner Meinung nach eröffnen uns diese Aspekte einige – vielleicht auch unerwartete – Antworten auf die Frage, warum dieser Film so positiv aufgenommen wurde.

5 Die Geschichte einer Gemeinschaft

In einer Zeit, die so dominiert wird von der neoliberalen Logik des Individualismus, von der uns ständig über die Medien vermittelten Rede, dass es an jedem einzelnen/jeder einzelnen liegt, hart genug zu arbeiten um sich gegen die Anderen durchsetzen zu können, erzählt uns der Film die Geschichte einer funktionierenden Gemeinschaft. Gemeinschaft steht, so Zygmunt Bauman (2001), für all das, was im Zuge der Individualisierungsprozesse und Auflösung traditioneller Zugehörigkeiten, die erst in den letzten Jahren in all ihren Auswirkungen deutlich und spürbar geworden sind, verloren gegangen ist. Entsprechend repräsentiert Gemeinschaft das, „was uns fehlt, um uns sicher zu fühlen und ein Gefühl des Vertrauens zu verspüren" (Bauman 2001: 3, eigene Übersetzung). Bei den heutigen Jugendlichen schlägt sich die Suche nach Gemeinschaft und Zugehörigkeit in den ständig wechselnden Cliquen, Jugendszenen, Fangruppen etc. nieder. Klaus Neumann-Braun und Birgit Richard (2005: 9) sprechen in dem Zusammenhang davon, dass die „Wirs" bei Jugendlichen immer wieder wechseln und machen anhand der in ihrem Sammelband herausgegebenen Beiträge deutlich, dass die Medien und die Warenwelt den Jugendlichen ständig mit ihren Angeboten auch vorübergehende Erfahrungen von Zugehörigkeit versprechen. In dem Film wird diese Suche nach Gemeinschaft durch Jule thematisiert. Ihr geht es allerdings um eine Gemeinschaft, die nicht von Medien oder Markt, sondern von den Anliegen und Bedürfnissen Jugendlicher selbst bestimmt ist. Ihr fehlt eine Jugendbewegung, die ihr etwas bietet, an das sie *glauben* kann. Sie nimmt zwar an Protestaktionen gegen Sweatshops und die Ausbeutung von Kinderarbeit in der Dritten Welt teil, das ist ihr aber nicht genug. Jules Situation ist eine Ausprägung der für Jugendliche charakteristischen Lebenslage, die gekennzeichnet ist durch die Spannung zwischen den durch die Erwachsenen repräsentierten Werte und Lebensperspektiven und den mit der eigenen Referenzgruppe verknüpften Vorstellungen. Konkret wird das bei Jule im Film anhand zweier miteinander konkurrierender gesellschaftlicher Anrufungen nachvollziehbar. Das Konzept der Anrufung stammt von Louis Althusser (1977), der den Prozess gesellschaftlicher Subjektivierung damit erklärt, dass wir auf gesellschaftliche

Subjektpositionen reagieren und sie auf diese Weise einnehmen und verkörpern. Dieser Vorgang basiert auf spezifischen Vorstellungen der Art und Weise unserer Beziehung zur Gesellschaft. Jule wird einmal von der vorherrschenden symbolischen Ordnung in ihrer gegenwärtigen historisch-spezifischen Ausprägung angerufen – und zwar als Individuum, dem vermittelt wird, dass es bei Einhaltung der gesellschaftlichen Regeln das Leben nach eigenem Gutdünken gestalten kann. Am Beispiel von Jule können wir mitverfolgen, wie ein Ereignis oder Missgeschick (in ihrem Fall der Autounfall) die Optionen, die ihr zur Verfügung stehen, auf drastische Weise reduziert und sie dazu zwingt, eine Beschäftigung als Kellnerin anzunehmen, um überhaupt daran denken zu können, im Laufe der nächsten Jahre ihre Schulden zurückzuzahlen. Jule lebt alleine und ist völlig auf sich gestellt, hat keine Unterstützung von irgendjemandem in dieser symbolischen Ordnung, die den Individualismus so zelebriert. An ihrem Beispiel sind auch die strukturellen Ungleichheiten und Ungerechtigkeiten erkennbar, die hinter der Illusion der gleichen Chancen für alle, die uns die dominante Ideologie vorgaukelt, wirksam sind. Jule erlebt dies einerseits auf schmerzhafte Weise bei ihrer Arbeit, wo sie von kapriziösen Gästen und einem ausbeuterischen Chef erniedrigt wird. Andererseits werden strukturelle Unterschiede bei ihrem Autounfall nicht berücksichtigt – Hardenberg benötigt ihr Geld nicht wirklich und hätte leicht eine andere, für sie nicht so identitätszerstörerische Lösung finden können.

Und dann gibt es noch eine zweite Anrufung bei Jule, und das ist die des politischen und gesellschaftskritischen Engagements. Aber auch diese stellt ihr vorerst keine befriedigende Subjektposition zu Verfügung. Erst als Jan über seine politischen Ansichten spricht und damit das repräsentiert, was Sigmund Freud (1921/1974) die „zentralen Ideen" einer Gemeinschaft oder Bewegung nennt, kann Jule sich mit diesen Vorstellungen und Ideen identifizieren. Dies hat zur Folge, dass sie die Welt, und vor allem ihre eigene Position in dieser Welt, in einem ganz anderen Licht sieht und sie auch auf die erste Anrufung nicht mehr reagiert. Nun sind es die gesellschaftskritischen Ideen, die Jan vorgestellt hat, die als Jules Ich-Ideal fungieren, als die Werte und Normen, an denen sie sich ausrichtet und die damit zur Grundlage ihrer Identität auf gesellschaftlich-symbolischer Ebene werden. Jan fungiert dabei als Vorbild in dem Sinne, dass er ihr den Glauben an diese Bewegung gibt. Denn wie Slavoj Zizek (2002) ausführt, bedeutet „an etwas glauben" immer, an den Glauben von einem anderen zu glauben. Jan ist hier die Person, die an Ideologiekritik und politischen Aktivismus glaubt und es Jule auch vorlebt. Wie sich im Verlauf des Films zeigt, ist Jan der Kopf dieser Gemeinschaft, der aber nicht in einer hierarchischen, autoritären Weise agiert. Der Film zeigt uns die Vision (oder vielleicht Utopie) einer Gemeinschaft, die sich den Krisen, die durch die Aktionen einzelner Mitglieder

ausgelöst werden, stellt und damit gegenseitiges Vertrauen und Solidarität erzeugt. Das ist ein Gegenmodell zu den Beispielen von Gruppenaktivitäten, die
wir gegenwärtig in den Casting-Shows und anderen Reality-TV-Programmen
beobachten können. Dort sind zwar auch gemeinsame Aktionen gefragt, aber die
Gruppenzusammensetzungen verändern sich laufend, da aufgrund des zugrunde
liegenden Prinzips der Konkurrenz immer einzelne Mitglieder ausscheiden. In
diesen Sendungen, die uns die Wirkweise neoliberaler Lebensformen eindrucksvoll vorführen, geht es nicht um Gemeinschaft, im Gegenteil, diese wird funkti-
onalisiert und in den Dienst der Anstrengungen der Einzelnen gestellt, dem hoch
dotierten Ziel, als Sieger aus dem Ganzen hervorzugehen, näher zu kommen. Die
drei jungen Akteure in dem Film dagegen bewältigen ihre Krisen und Herausforderungen gemeinsam und bleiben zusammen. Es gibt nicht einen Sieger und
zwei Verlierer, sondern alle drei haben gewonnen – nämlich eine Form von Gemeinschaft, in der sie sich an bestimmten politischen Prinzipien orientieren und
sich gleichzeitig füreinander verantwortlich fühlen. So etwas ist bei den Gemein-
schaftsformen, die derzeit den Jugendlichen über die Medien zur Verfügung
gestellt werden – wie etwa Fan-Communities oder Gilden in Online-Rollen-
spielen – kaum der Fall. Dort ist es sehr einfach, sich ein- und auszuklinken, ein
Faktum, das nach Bauman (2001: 71) charakteristisch ist für die unverbindli-
chen, vorübergehenden und folgenlosen Bindungen, die für die von ihm als „ästhetische Gemeinschaften" bezeichneten Bindungen gelten. In dem Film wird ein
Gegenentwurf vorgelegt, der sich klar von dieser neoliberalen Ideologie individueller Wahlfreiheit, Flexibilität und Unverbindlichkeit abgrenzt.

6   Politisches Engagement und Gesellschaftskritik

Aus der Perspektive des Regisseurs soll der Film *Die fetten Jahre sind vorbei* die
Zuschauer und Zuschauerinnen aufrütteln und ein Bewusstsein für gesellschaftliche Machtverhältnisse und Ungleichheiten schaffen. Damit stellt sich der Film
gegen den Mainstream der gegenwärtigen Jugendlichen, von denen, so die Ergebnisse der jüngsten Shell Jugendstudie, sich nur rund ein Drittel überhaupt für
Politik interessiert. Jan dagegen liefert im Film differenzierte Gesellschaftskritik
und entwickelt darüber hinaus sehr eigenwillige Protestformen, die er dann gemeinsam mit seinem Kumpel Peter ausführt. Für Regisseur Weingartner sind die
Aktionen der jungen Protagonisten ein Beispiel für „poetischen Widerstand".
Und entsprechend wirken die politischen Aktionen in dem Film auch – die klug
geplanten und ästhetisch raffiniert umgesetzten Interventionen, die ohne zerstörerische Gewaltanwendung auskommen, beeindrucken und gewinnen leicht unsere Zustimmung.

Es scheint fast, als könnten Jans und Peters Aktionen als ein Beispiel einer „Kultur der Revolte", die Julia Kristeva für so wichtig hält, gelesen werden. Kristeva vertritt in ihrem Buch „The Sense and Non-sense of Revolt" (2000) die Position, dass eine gesunde und sich entwickelnde Gesellschaft unbedingt einer Kultur der Revolte bedarf um damit das Überleben unserer Zivilisation zu sichern. Hat eine Gesellschaft das nicht, dann stagniert sie, und das Leben wird zu einem Leben des Todes, bestimmt von physischer und moralischer Gewalt und Barbarei. Sie verortet diese Kultur der Revolte in unserem ästhetischen Erbe, in der Literatur und Kunst, die es uns ermöglichen, so etwas wie eine „wirkliche Erfahrung" zu machen – nämlich die Konfrontation mit etwas Unbekanntem, das Aufzeigen von den unsichtbar gemachten gesellschaftlichen Zwängen, die Dekonstruktion von vorgegebenen Kategorien, Denkformen, Diskursen etc. Kristevas Plädoyer ist von der Sorge geleitet, dass unsere gegenwärtige Gesellschaft – eine Konsumgesellschaft, bestimmt von medialen Spektakeln – diese revolutionäre, politische Seite zu verlieren droht. Douglas Kellner (2003: 176f.) zieht eine etwas weniger pessimistische Schlussfolgerung, wenn er meint, dass wir zur Kenntnis nehmen müssen, in einer Welt medialer Spektakel zu leben, und gefordert sind, uns zu überlegen, was dies für politische Interventionen bedeutet. Seiner Meinung nach ist es notwendig, sich gerade dieser Mittel zu bedienen und so etwas wie Gegenspektakel zu entwickeln. Berühmte Vorbilder dafür sind die so genannten Situationisten um Guy Dubord, die in Frankreich in den 1960er Jahren zum Beispiel mit dem Umschreiben von Werbebotschaften auf Werbeplakaten im öffentlichen Raum diese Botschaften in plakativer Weise dekonstruierten. Später zeigen sich ähnliche Muster etwa im „culture jamming", wie es von Naomi Klein (2000: 279f.) am Beispiel New York beschrieben wird. Kritische Straßenkünstler parodieren Werbeplakate und fördern damit die diesen Plakaten zugrunde liegenden Wahrheiten zutage.

Die Aktionen von Jan und Peter stehen meiner Meinung nach in dieser Tradition, aber in Reaktion auf die jüngsten kulturellen und gesellschaftlichen Entwicklungen wird eine andere Form gewählt. Ulrich Beck (1986) hat die gegenwärtige Gesellschaft als eine „Risikogesellschaft" charakterisiert, und meint damit das Gefühl der Menschen, immer stärker nicht direkt greifbaren Risken ausgesetzt zu sein. Durch die ständige mediale Thematisierung von Problemen und Gefahren wird dies noch verstärkt. Allen Feldman (2005) spricht in dem Zusammenhang von einer „Ikonographie der Bedrohung". Umso stärker ist demnach auch der Wunsch der Menschen, Maßnahmen zu setzen, um sich gegen diese Bedrohungen und Verunsicherungen zu schützen und abzusichern. So wird versucht, durch aufwändige Alarmanlagen den eigenen Wohnbereich als einen sicheren, privaten Raum zu gestalten. Genau dort setzen die politischen Aktionen von Jan und Peter an. Sie benutzen optische Technologien als strategische Instrumente (Feldman 2005: 205) – so haben sie in den VW-Bus hinter dem VW-Zeichen eine Kamera eingebaut, benutzen eine Infrarotkamera und schalten die Sicherheitssysteme von Häusern aus – um in diese privaten Räume einzudringen. Dort kreieren sie ein Spektakel der Bedrohung (indem sie die Möbel umgruppieren und ihre Botschaft an der Wand hinterlassen) und vermitteln damit auf eindringliche Weise, dass eine klare Trennung zwischen öffentlicher Bedrohung und sicherem Privatbereich trotz all der aufwändigen Sicherheitsmaßnahmen nicht aufrechtzuerhalten ist.

7 Die Generationenfrage – das Verhältnis der Jugendlichen zu ihrer Elterngeneration

Im Film geht es nicht nur um das politisch-kritische Engagement junger Menschen, auch das Verhältnis zur Generation ihrer Eltern wird thematisiert. Dabei zeigt sich erneut ein deutlicher Unterschied zur Art und Weise, in der diese Beziehung in der Shell Jugendstudie 2006 beschrieben wird. Dort wird eine starke Familienorientierung bei den heutigen Jugendlichen konstatiert, die mit davon bestimmt ist, dass die Familie als wichtiger sozialer Rückhalt und als Garant von Sicherheit gesehen wird. Die drei jugendlichen Hauptfiguren in dem Film leben völlig losgelöst von ihrem familiären Hintergrund und versuchen, ihr Leben aus eigener Anstrengung zu meistern. Eltern kommen gar nicht vor, die Generation der Eltern wird jedoch repräsentiert durch den Manager Hardenberg. Dieser tritt im Film zuerst im Zusammenhang mit Jules Autounfall als unmenschliche, unsoziale und nur auf die eigenen Interessen fokussierte Person in Erscheinung, die sich später jedoch als Aktivist der 1968er Bewegung entpuppt. Es werden die Parallelen thematisiert, die zwischen den Anliegen der 68er und denen der drei jungen Menschen bestehen. Und der Film liefert auch eine Antwort auf die Frage, was aus den Idealen der 68er Generation geworden ist. Hardenberg erklärt am Beispiel seiner eigenen Lebensgeschichte, dass es gerade die kleinen, alltäglichen Dinge sind, die langsam und schleichend, ohne dass man es so richtig bemerkt, eine Veränderung bewirken. Konkret war das z.B. der Wunsch, auch einmal ein ordentliches Auto zu haben oder einen richtigen Urlaub machen zu können, der dazu geführt hat, das Angebot einer gut bezahlten Arbeitsstelle anzunehmen. Was Hardenberg hier anspricht, ist fast wie ein Lehrstück für die gesellschaftliche Wirkweise dominanter Diskurse und Ideologien, die sich gerade in dieser unspektakulären Weise über selbst definierte soziale Praktiken der Menschen durchsetzen und aufrecht halten.

Das Verhältnis zwischen den beiden Generationen ist in dem Film ausgeglichen. Beide Generationen sind mit Lebenskrisen konfrontiert. Wir lernen Jule zu

Beginn als eine Person kennen, die ihre Pläne und Träume nach dem Autounfall aufgeben musste und ihre Existenz nur mehr als harten Überlebenskampf erlebt. Später wird Hardenbergs Leben durch die Entführung grundlegend erschüttert. Aus den Konversationen, die sich dann auf der Almhütte zwischen den beiden Generationen entwickeln, gewinnen beide neue Einsichten.

Aus psychoanalytischer Perspektive leistet der Film aber noch etwas, indem er auf einer subtileren Ebene eine Verbindung zwischen den beiden Generationen herstellt. Ich beziehe mich dabei auf eine Aussage von Slavoj Zizek:

> „Wenn mir eine ethische Möglichkeit, etwas zu tun, das ‚alles verändern würde‘, missglückt, dann wird mich die Nichtexistenz dessen, was *ich getan haben sollte,* ständig verfolgen. Obwohl das, was ich nicht gemacht habe, gar nicht existiert, bleibt sein Geist in gespenstischer Weise bestehen" (Zizek 2002: 22, eigene Übersetzung).

Ein ähnliches Argument stammt von Eric Santner (zit. in Zizek 2002: 22), der darauf verweist, dass gegenwärtige revolutionäre Interventionen vergangene Ansätze und Misserfolge wiederholen, aber gleichzeitig rückwirkend die Funktion erfüllen, diese zu erlösen. Vor diesem Hintergrund kann der Film *Die fetten Jahre sind vorbei* auch als ein Angebot der Versöhnung und Erlösung der 68er Generation durch den politischen Aktivismus der heutigen Jugendgeneration interpretiert werden.

Darüber hinaus werden die Jugendlichen in dem Film trotz ihres gesellschaftskritischen Engagements auch als unbekümmerte Jugendliche repräsentiert. Sie unterscheiden sich hiermit grundlegend von den Trends, die als Ergebnisse der Shell Jugendstudie 2006 zusammengefasst werden. Dort heißt es nämlich: „Unbekümmertheit und Unbeschwertheit – nach Definition der Jugendlichen ‚eigentlich‘ Kennzeichen der Jugendphase – sind wenig zu spüren." Die Jugendlichen der Shell Studie machen sich Sorgen um die Zukunft, verfolgen bescheidene Wünsche und sind ordnungs- und leistungsorientiert.

8   Zu den (medien-) pädagogischen Dimensionen des Films

Die fetten Jahre sind vorbei eignet sich in mehrfacher Hinsicht sehr gut für die medienpädagogische Arbeit – und zwar insbesondere für die Auseinandersetzung mit dem Zusammenspiel von Medien, Macht und Gesellschaft. Denn in dem Film werden gesellschaftliche Machtverhältnisse, Antagonismen und Ungleichheiten aufgegriffen und Möglichkeiten der Veränderung thematisiert. Der Film stellt sich explizit gegen gesellschaftlich dominante Diskurse wie etwa die Zelebrierung von Individualismus und Selbstinszenierungen. Auch Medienkritik ist ein Thema in dem Film und kann hinsichtlich der zugrunde liegenden Annahmen hinterfragt und in den Kontext anderer Ansätze von Medienkritik gestellt werden. Und nicht zuletzt können die unterschiedlichen Interpretationen und Vergnügensformen zum Gegenstand medienpädagogischer Auseinandersetzung gemacht werden.

Zum Abschluss möchte ich noch auf die Signatur der beiden Akteure Jan und Peter als „die Erziehungsberechtigten" Bezug nehmen. Sie haben sich damit selbst legitimiert, erzieherisch auf andere einzuwirken und haben dafür einen radikalen Weg gewählt, bei dem zwar keine zerstörerische, wohl aber eine subtile Form von Gewalt angewendet wird. Folgen wir Etienne Balibar (2002: 140), dann ist jede Form von Erziehung gewalttätig in dem Sinne, dass es in der einen oder anderen Weise zu einer Art Umformung kommt. Denn Erziehung beinhaltet immer „eine Dekonstruktion einer bereits bestehenden Identität und die Rekonstruktion einer neuen Identität" (eigene Übersetzung). Balibars zentrales Argument ist, dass es keine völlige Gewaltfreiheit gibt, auch wenn einzelne Menschen oder Gemeinschaften auf Ideale wie Gerechtigkeit oder Gemeinschaft hinarbeiten. Immer wenn solche Ideale angestrebt werden, ist auch bis zu einem bestimmten Grad Gewalt involviert. Natürlich gibt es Abstufungen im Ausmaß der Gewalt, absolute Gewaltfreiheit gibt es in dem Sinne jedoch nicht. Die verschiedenen Formen von Gewalt kommen auch in dem Film deutlich zum Ausdruck. Hier wird uns zudem noch vorgeführt, wie schnell und leicht eine an und für sich als „gewaltlos" geplante Aktion „kippen" kann. Gleichzeitig beinhaltet jede Intervention in einen bestimmten sozio-symbolischen Kontext ein radikales Risiko. Jacques Derrida (1991) spricht in dem Zusammenhang vom Wahnsinn einer Entscheidung: „Das ist immer ein Schritt in das Offene, Unbekannte, es gibt keine Garantie, was dabei letztendlich herauskommt."

Literatur

Althusser, Louis (1977): Ideologie und ideologische Staatsapparate. Hamburg/Westberlin: VSA

Arnold, Ingrid (2004): Die fetten Jahre sind vorbei. Filmheft. Bonn: Bundeszentrale für politische Bildung

Balibar, Etienne (2002): Politics and the Other Scene. New York: Verso

Bauman, Zygmunt (2001): Community. Seeking Safety in an Insecure World. Cambridge/Oxford: Polity Press

Beck, Ulrich (1986): Risikogesellschaft. Auf dem Weg in eine andere Moderne. Frankfurt a.M.: Suhrkamp

Berger, John (1984): Sehen. Das Bild der Welt in der Bilderwelt. Reinbek: Rowohlt

Chesney, Robert W. (2000): Einleitung. In: Chomsky (2000): 7-19

Chomsky, Noam (2000): Profit Over People. Neoliberalismus und Globale Weltordnung. Hamburg/Berlin: Europa Verlag

Derrida, Jacques (1991): Gesetzeskraft: der „mystische Grund der Autorität". Frankfurt a.M.: Suhrkamp

Fauth, Jürgen (o.J.): The Edukators. Echt Krass, Mann! Online: http://worldfilm.about.com/od/germanfilms/fr/theedukators.htm (10.10.2005)

Feldman, Allen (2005): On the Actuarial Gaze. From 9/11 to Abu Ghraib. In: Cultural Studies, Vol. 19, No. 2: 203-226

Freud, Sigmund (1921/1974): Massenpsychologie und Ich-Analyse. Studienausgabe, Bd. IX, Frankfurt a.M.: Fischer: 61-134

Kellner, Douglas (2003): Media Spectacle. London/New York: Routledge

kino macht schule (o.J.): Die fetten Jahre sind vorbei. Online: http://www.kinomachtschule.at/ (15.10.2005)

Klein, Naomi (2000): No logo: taking aim at the brand bullies. Toronto: Knopf

Kristeva, Julia (2000): The Sense and Non-Sense of Revolt: The Powers and Limits of Psychoanalysis. New York: Columbia University Press

Meyrowitz, Joshua (1987): Die Fernseh-Gesellschaft. Wirklichkeit und Identität im Medienzeitalter. Weinheim/Basel: Beltz

Mulvey, Laura (1980): Visuelle Lust und narratives Kino. In: Nabakowski/Sander/Gorsen (1980): 30-46

Nabakowski, Gislind/Sander, Heike/Gorsen, Peter (Hrsg.) (1980): Frauen in der Kunst. Bd. 1, Frankfurt a.M.: Suhrkamp

Neumann-Braun, Klaus/Richard, Birgit (2005): Wir sind anders als wir. Einleitung. In: Neumann-Braun/Richard (2005): 9-17

Neumann-Braun, Klaus/Richard, Birgit (Hrsg.) (2005): Coolhunters. Jugendkulturen zwischen Medien und Markt. Frankfurt a.M.: Suhrkamp

Roller, Edeltraud/Brettschneider, Frank/van Deth, Jan W. (2006): Jugend und Politik – Der Beitrag der Politischen Soziologie zur Jugendforschung. In: Roller/Brettschneider/van Deth (2006): 7-19

Roller, Edeltraud/Brettschneider, Frank/van Deth, Jan W. (Hrsg.) (2006): Jugend und Politik: „Voll normal!". Der Beitrag der politischen Soziologie zur Jugendforschung. Wiesbaden: VS Verlag

Rose, Gillian (2001): Visual Methodologies. An Introduction to the Interpretation of Visual Materials. London/Thousand Oaks/New Delhi: Sage

Sennett, Richard (1998): Der flexible Mensch. Die Kultur des neuen Kapitalismus. Berlin: Berlin Verlag

Shell Jugendstudie 2006. Online: http://www.shell.com/home/Framework?siteId=de-de&FC2=/de-de/html/iwgen/leftnavs/zzz_lhn12_6_0.html&FC3=/de-de/html/iwgen/about_shell/Jugendstudie/2006/Jugendstudie2006_start.html (22.9.2006)

Zizek, Slavoj (2002): Welcome to the Desert of the Real. Five Essays on September 11 and Related Dates. London/New York: Verso

Die Macht der Erinnerung – Involvement und Reflexion
Aspekte einer strukturalen Medienbildung am Beispiel Film

Winfried Marotzki

Der Titel des Beitrags impliziert die Annahme, dass Erinnerungen und die Vorgänge des Erinnerns für uns Menschen sehr wichtig sind. Menschen, denen Erinnerungen vollständig abhanden kommen, denen kommt auch ihre Vergangenheit abhanden. Menschen, denen ihre Vergangenheit abhanden kommt, kommt letztlich ihre Identität abhanden (z.b. nach einem Unfall). Die Identität eines Menschen beruht offensichtlich auf bestimmten Mustern der Erinnerung. Identität impliziert eine Konfiguration von Erinnerungsmustern. Erinnerungsmuster sind Resultate von Biographisierungsprozessen und werden mehr oder minder stark intersubjektiv ratifiziert. Diese interaktive Ratifizierung kann auch verwehrt werden; die Erinnerungsmuster eines Menschen werden in diesem Fall von anderen nicht geteilt. Wiederum in anderen Fällen gibt es sozusagen einen Kampf um Erinnerung, wenn Menschen gleiche oder ähnliche Sachverhalte vollkommen unterschiedlich erinnern. Wiederum in anderen Fällen hat die Erinnerung Macht über uns, nämlich dann, wenn sie uns – oft gegen unseren Willen – überkommt, uns gleichsam heimsucht. Im Falle der Erinnerung an traumatische Situationen wird diese Macht, die die Erinnerungen über uns ausüben, besonders deutlich. Dann kommt es darauf an, über Erinnerungsarbeit das *Involvement,* das durch die Kraft der Erinnerung erzeugt wird, zu mindern. *Reflexion* ist der Mechanismus, der dieses vermag. Deshalb kann die Macht der Erinnerung zwischen den Polen von Involvement und Reflexion thematisiert werden. In diesem Beitrag interessiert mich die Frage, wie mithilfe von audiovisuellen Medien Involvementstrukturen bearbeitet und Reflexionskulturen aufgebaut werden können.

Ich werde im Folgenden zunächst einige allgemeine Ausführungen zur Grammatik von Erinnerungsarbeit machen und dann im zweiten Schritt die Funktion von Medien in diesem Prozess skizzieren. Drittens werde ich dann anhand des Films *Ararat* von Atom Egoyan (2002) exemplarisch einige strukturale mediale Optionen herausarbeiten, die der Herstellung einer medial erzeugten Reflexionskultur dienen.

1   Einige Aspekte der Grammatik von Erinnerungsarbeit

Paul Ricoeur hat in seinem Spätwerk, nämlich in den Schriften, die im Umkreis seines Hauptwerkes „Gedächtnis, Geschichte, Vergessen" (2004) erschienen sind, immer wieder herausgearbeitet, dass Erinnerungsarbeit zugleich auch biographische Arbeit eines Verlustes darstellt. Ricoeur bezieht sich bei der Exposition dieses Gedankens auf die dafür einschlägigen Schriften von Sigmund Freud, nämlich zum einen auf „Erinnern, Wiederholen und Durcharbeiten" (Freud 1914) und zum anderen auf „Trauer und Melancholie" (1917). Er sieht eine grundlegende Verwandtschaft zwischen Erinnerungsarbeit und Trauerarbeit. Trauer ist gemäß der bekannten Definition von Sigmund Freud die Reaktion auf einen Verlust. Vergangenheit stellt prinzipiell einen Verlust dar, denn sie ist nicht mehr. Insofern ist nach Ricoeur Erinnern immer auch die Bearbeitung eines Verlustes. In diesem Sinne sagt er: „Die Trauerarbeit ist der Preis der Erinnerungsarbeit, und die Erinnerungsarbeit ist der Gewinn der Trauerarbeit" (Ricoeur 2004a: 106).

Der Übergang von der Trauer zur Melancholie ist fließend. Freud nimmt eine klare analytische Unterscheidung vor, indem er sagt, dass bei der Trauer die Welt verarmt und leer, bei der Melancholie dagegen das Ich niedergeschlagen sei. Dabei ist auch ihm klar, dass es fließende Übergänge in beide Richtungen gibt. Ricoeur zielt auf den gleichen Sachverhalt, argumentiert aber etwas anders. Unter den Spuren der Identität, die in der Erinnerungsarbeit freigelegt werden, würden sich auch Verletzungen und Kränkungen, manchmal auch Traumata finden. Sie sind nach Freud die Ursachen dafür, dass Erinnerungsarbeit im Verdrängen oder im Agieren gefangen gehalten werden kann. Verlust, Verletzungen, Kränkungen und ggf. auch Traumata müssen in irgendeiner Form bearbeitet werden.

Aber warum muss überhaupt erinnert werden? Nach Ricoeur muss die Vergangenheit auf Distanz gebracht werden. Er spricht deshalb auch davon, dass es in der Erinnerungsarbeit um die Eroberung der zeitlichen Distanz gehe. Gelinge es nicht, Vergangenheit in diesem Sinne zu distanzieren, beeinträchtige sie mein Vermögen, Zukunft zu entwerfen. Freud spricht in diesem Fall davon, dass agiert werde (Wiederholung) und dadurch die Lebenskraft des Menschen eingeschränkt werde, weil ein Teil der Energie für das Agieren benötigt werde und insofern nicht anderweitig zur Verfügung stehe. Die Vergangenheit werde zur Last für die Gegenwart und Zukunft.[1] Erinnerungsarbeit, um Lebenskraft zu gewinnen, wird also immer dann wichtig, wenn uns die Vergangenheit gleichsam Energien ge-

---

[1]   Ricoeur thematisiert diesen Sachverhalt mit den Kategorien Schuld und Verzeihung. „Die Schuld ist die Last, welche die Vergangenheit der Zukunft aufbürdet. Das Verzeihen möchte diese Last leichter machen" (Ricoeur 2004a: 56).

raubt hat, die uns dann für das Leben nicht zur Verfügung stehen. Das auf Distanzbringen der Vergangenheit ist nicht Vergessen, sondern die Distanz ermöglicht es uns, eine Haltung zu ihr einzunehmen. Das ist eine wesentliche Funktion dessen, was wir *Reflexion* nennen. Erinnern und Reflexion sind nicht identisch aber sie liegen dicht beieinander und bedingen sich. Durch Erinnerung muss Vergangenheit präsent gemacht werden, damit Reflexion, also der Aufbau einer bewussten Haltung, ermöglicht wird.

Erinnern ist eine Form des Thematisierens. Welche Formen gibt es, um Vergangenheit in einer Weise zu thematisieren, so dass Reflexion ermöglicht wird? Ich will bei der Erörterung dieser Frage zwei Einschränkungen machen, die notwendig sind, um sie in diesem Beitrag bearbeiten zu können. Die erste Einschränkung besteht darin, dass ich mich auf Vergangenheiten beziehen will, die für Menschen eher einen traumatischen Charakter haben. Die zweite Einschränkung zielt darauf, dass ich nach audiovisuellen Thematisierungsformaten frage, also danach, wie mit Medien traumatische Vergangenheiten thematiert werden (können). Ich wähle dabei exemplarisch das Medium Film. Bevor ich exemplarisch meine Filmanalyse vorstelle, möchte ich kurz allgemein auf einige Aspekte medialer Thematisierung eingehen.

2 Mediale Thematisierungen

In Anschluss an die bekannten Thesen von Marshall McLuhan kann gesagt werden, dass Medien die Grundkoordinaten für die Sinneswahrnehmung verändern und damit die Konstruktionen von Wirklichkeit und der kulturellen Ordnung. Diese These lenkt die Aufmerksamkeit auf die Formbeschaffenheit der Medien: „Gesellschaften sind immer stärker von der Beschaffenheit der Medien, über die die Menschen miteinander kommunizieren, geformt worden, als vom Inhalt der Kommunikation" (McLuhan 2001: 176; orig. 1967). Die Frage medienspezifischer Raum-Zeit-Relationen steht auch im Zentrum des Gesamtwerkes von Harold Adams Innis (1997). Seine Studien stehen für eine „universalgeschichtlich konzipierte Untersuchung der Einflüsse und Effekte von Kommunikationsmedien auf die Formen sozialer Organisation" (Barck 1997a: 3). Sein analytischer Fokus war auf die „Grammatik der Medien" (ebd.: 10) gerichtet. Damit ist das medienspezifische Rearrangement von Grundkoordinaten der Orientierung des Menschen gemeint. So geht Innis davon aus, dass neue Medien nicht nur die Inhalte, die Menschen kommunizieren, und die Ziele, die sie damit zu erreichen suchen, transformieren, vielmehr auch die Kommunikationsformen grundlegend wandeln.

Es geht also nicht (nur) um Inhalte, sondern ganz wesentlich um die Form des Mediums. In sie ist eine sozialisatorische Wirkmächtigkeit eingeschrieben. Moderne Medienarchitekturen, also das Ensemble der Medien, das uns alltäglich umgibt, ermöglichen demzufolge jeweils spezifische Erfahrungen und verfügen über spezifische Bildungsmöglichkeiten. Obwohl Innis letztlich kulturkonservativ argumentiert, ist sein grundlegender Gedanke für mich interessant: „Jedes einzelne Kommunikationsmittel spielt eine bedeutende Rolle bei der Verteilung von Wissen in Zeit und Raum" (Innis 1949/1997: 95). Deren Verhältnis zueinander ist konfigurales Kennzeichen bestehender kultureller Ordnung.

Wenn man diese Überlegungen für die empirische Medienanalyse ernst nimmt, folgt daraus das Konzept einer Formal- oder Strukturanalyse. Das Konzept einer *strukturalen Medienbildung* lenkt somit die Aufmerksamkeit auf die Formelemente der Medien und fragt danach, wie durch sie Reflexion ermöglicht werden kann. Reflexionsoptionen sind also in die Formstrukturen der Medien eingeschrieben. Diese Position des Neoformalismus (oder von mir auch verkürzt als *Struktural er Ansatz* bezeichnet) knüpft an eine alte, aber in ihrem Gehalt nicht veraltete Debatte in der Literaturwissenschaft an, nämlich an den Russischen Formalismus (vgl. Erlich 1955/1987). Es handelt sich um eine von ca. 1915 bis 1930 in St. Petersburg und Moskau vorangetriebene Debatte. Zu den bekanntesten Vertretern gehörten Roman Jakobson, Victor Sklovskij, Boris Eichenbaum u.a. Die Grundannahme ist die, dass Poetizität sich nicht so sehr über den Inhalt der Sprache erfassen lasse, sondern dass der Sprache selbst eine Kraft inne wohne, die in Form verschiedener Intensitätsgrade zum Ausdruck komme. Erlich (1955/1987) gibt in seiner Monographie über den Russischen Formalismus einen sehr guten Überblick über die Entstehungsgeschichte und die Hauptpositionen. Er legt dar, dass diese grundlegende Idee bereits im russischen Futurismus zu finden sei und zitiert Krucenych mit den Worten:

„Das echt Neue in der Literatur hängt nicht vom Inhalt ab (...) Die alte Welt in neuem Licht gesehen, kann ein sehr interessantes Zusammenspiel ergeben (...) Die neue Form bringt auch einen neuen Inhalt hervor (...) Die Form bestimmt den Inhalt" (Krucenych, zit. n. Erlich 1955/1987: 49).[2]

Folgt man diesem Primat der Form vor dem Inhalt, dann ist klar, dass Analysen künstlerischer Objektivationen (also auch audiovisuelle Objektivationen) zu aller erst Formalanalysen sein müssen. Innerhalb dieser Debatte sind diese grundlegenden Prinzipien auch anhand audiovisueller Objektivationen, also am Beispiel

---

[2] Die (mediale) Form müsse sich von der Bedeutung emanzipieren (Revolte gegen die Bedeutung). Das Kunstwerk wird primär als ein Gemachtes gesehen; damit rückt ein gewisser handwerklicher Charakter in den Vordergrund.

des Films, diskutiert worden (vgl. beispielsweise Tynjanov 1927; überblicksartig: Beilenhoff 1974). In der internationalen filmtheoretischen Diskussion der letzten Jahre ist es insbesondere die Position von David Bordwell und Kristin Thomson (2001), die sich explizit in diese Tradition einordnen. Im Vordergrund ihres Modells der Filminterpretation steht das Interesse an den formalen Baustrukturen eines Films, also an der Narrationsstruktur, der mise-en-scene, des editing etc. Die folgende Filminterpretation ist ganz wesentlich durch die skizzierten Grundannahmen und durch das Filminterpretationsmodell von Bordwell und Thomson geprägt.

3 Strukturale Filmanalyse: *Ararat* (2002)

Gemäß der o.g. Einschränkungen wähle ich einen Film, in dem es um traumatische Erinnerungen geht. Im Zentrum des Interesses stehen die formalen Mittel, durch die Involvement bearbeitet und eine Reflexionskultur hergestellt wird. Ich wähle einen Film aus dem Genre der so genannten „Völkermordfilme". Filme wie *Schindlers Liste* (Spielberg 1993) oder *Der Pianist* (Polanski 2002), um nur zwei aktuelle Beispiele zu nennen, thematisieren den Holocaust. Filme, wie etwa *The Killing Fields – Schreiendes Land* (Roland Joffé 1984), thematisieren die Ereignisse in Kambodscha unmittelbar vor und nach dem Fall Pnom Penhs und der Machtübernahme durch die Roten Khmer. *Hotel Ruanda* (Terry George 2004) thematisiert den Völkermord der Hutu am Stamm der Tutsi. Diese Beispiele mögen reichen. Ihnen ist gemeinsam, dass sie Vergangenheit thematisieren, indem sie bewusst die Macht der Bilder und der Audiovisualität aufbieten, um den Zuschauer mitzureißen und ihn betroffen zu machen (hohes Involvement). Die Vergangenheit wird also gleichsam nahe gebracht, aber nicht im Sinne Ricoeurs auf Distanz. Der Zuschauer wird emotional hineingezogen, dadurch in eine Betroffenheitsposition (hohes Involvement) gebracht, aber eben nicht in eine Reflexionsposition. Das ließe sich in einer detaillierten Filmanalyse zeigen. Mich interessieren aber Filme, die den Betrachter versuchen in eine Reflexionsposition bringen und wähle dafür den Film *Ararat* (2002) von Atom Egoyan, der den Völkermord an dem armenischen Volk in den Jahren 1915 bis 1920 thematisiert.

Atom Egoyan, 1960 geboren, ist selbst Sohn eines Flüchtlingspaares aus Armenien. Er ist nicht in seiner Heimat geboren, sondern in Kairo und in Kanada aufgewachsen. Er zählt heute zu den bekanntesten Autorenfilmern Kanadas. In vielen seiner bisherigen Filme spielt das Thema der Erinnerung und des Ge-

dächtnisses eine zentrale Rolle[3]. In seinem Film *Ararat* bearbeitet er mit filmischen Mitteln die Frage, wie ein so grauenvolles Ereignis wie der Völkermord
am armenischen Volk, den die Türkei in den Jahren 1915 bis 1920 verübt hat
und bei dem über 1,5 Millionen Armenier getötet worden sind, überhaupt medial
thematisiert werden kann. Soll man in „Hollywoodmanier" eine individuelle
Geschichte erzählen? Soll man eher dokumentarisch vorgehen? Soll man Zeit-
zeugen befragen?

Die Türkei erkennt bis heute das Massaker an den Armeniern nicht als Völkermord an und sie hat bis zum Jahr 2005 erfolgreich verhindert, dass Histori-
kerkommissionen sich an die Aufarbeitung dieser Geschichte machen. Der Deutsche Bundestag hat im Jahr 2005, zum 90. Jahrestag des Genocids, darüber eine
Debatte geführt. Die Drucksache 15/4933 trägt den Titel „Gedenken anlässlich
des 90. Jahrestages des Auftakts zu Vertreibungen und Massakern an den Armeniern am 24. April 1915 – Deutschland muss zur Versöhnung zwischen Türken
und Armeniern beitragen". Lewey (2005) hat versucht, die Frage, ob es sich bei
den Ereignissen in den Jahren 1915 bis 1920 in Armenien um einen Genozid
handelt oder um eine mehr oder minder berechtigte „Umsiedlung" differenziert
zu untersuchen und findet durchaus auch Aspekte, die dazu Anlass geben, die
Genozidthese zu differenzieren (vgl. Jäckel 2006). Es überwiegt aber – jedenfalls
in den Europäischen Staaten – die Interpretation, dass es sich um einen Völkermord gehandelt hat (vgl. Kämmerer 2006; Altwegg 2006). Wie man sich auch in
der Interpretation dieser historischen Ereignisse orientieren mag, klar und un-
bestritten ist, dass es sich für die armenische Bevölkerung um traumatische Erlebnisse und Erinnerungen handelt. Egoyans Interesse geht in die Richtung, zu
erproben, wie diese Ereignisse medial zu thematisieren sind, so dass eine „Aufarbeitung" dieser Vergangenheit auf der Basis einer elaborierten Reflexionskultur möglich wird.

3.1 Die Narrationsstruktur

Die erste formale Eigenschaft des Films *Ararat* von Atom Egoyan finden wir in
seiner Kompositionsstruktur. Sie ist extrem geschachtelt, so dass wir ein System
der ständigen inhaltlichen Relativierungen, Verweisungen, Anspielungen und
Brechungen vorfinden. Die Narrationsstruktur zeichnet sich dadurch aus, dass
sich die Handlung auf fünf verschiedene Ebenen verteilt.

---

[3] *Felicia, mein Engel*, 1999; *Das süße Jenseits*, 1997; *Exotica*, 1994; *Calendar*, 1992/93; *Der Schätzer*, 1991; *Traumrollen*, 1989; *Familienbilder*, 1987; *Die nächsten Angehörigen*, 1984.

3.1.1   Ebene 1: Zollbeamter – Sohn

Der Film beginnt in einer der ersten Szenen mit dem letzten Arbeitstag eines kanadischen Zollbeamten. Dieser hat einen Sohn (Philip), der von seiner Frau getrennt lebt. Dessen Sohn Tony lebt bei Philip. Philip selbst lebt in einer gleichgeschlechtlichen Partnerschaft mit Ali, der Muslim ist. Diese Familienkonstellation ist für den Zollbeamten schwer zu akzeptieren und es kommt zu einer Auseinandersetzung, in der Philip – im Auto sitzend – seinen Vater vor eine Alternative stellt: „Entweder bemühst Du Dich, Deine Einstellung zu ändern oder Du bist in unserer Wohnung nicht mehr willkommen" (13:38 ff.). In einer Überblendung werden wir an den Arbeitsplatz des Zollbeamten am Flugplatz geführt. Die Handlungen, die hier stattfinden, bilden die zweite Ebene des Films. Die skizzierte erste Ebene thematisiert den Rahmen der Biographisierungsprozesses des Zollbeamtens. Angestoßen durch die geschilderten familiären Konstellationen, die ihm Schwierigkeiten bereiten, versucht er generell zu verstehen, wie es zu solchen Schwierigkeiten kommen kann, was Menschen generell umtreibt, was sie generell zu Handlungen motiviert. Raffi erzählt beispielsweise, dass er ohne Wissen seiner Mutter in die Türkei geflogen ist, um sich dort auf die Suche nach seinen Wurzeln zu machen. Der folgende Dialog zeigt die offensichtliche Bezugnahme, die der Zollbeamte zwischen dem Sachverhalt, den Raffi schildert, und seiner eigenen biographischen Situation vornimmt.

R.:   Eine Woche später flog ich in die Türkei.
Z.:   Weiß sie, dass Sie die Insel besuchten?
R.:   Wer?
Z.:   Ihre Mutter.
R.:   Nein, das weiß sie nicht
Z.:   Haben Sie mit ihr gesprochen?
R.:   Nein. (5 Sek. Pause; Kameraschwenk auf den Zollbeamten; Großaufnahme)
Z.:   Man verliert leicht den Kontakt
        (10 Sek. Pause. Zollbeamter steht auf und geht um seinen Schreibtisch herum
        zum Fenster) (01:24:11ff.).

Am Schluss des Films werden wir wieder zurückgeführt zu der Szene, in der der Zollbeamte mit Philip im Auto sitzt (1:40-1:42). Wir erfahren, dass der Zollbeamte alles, was wir zwischenzeitlich im Film erfahren haben, seinem Sohn erzählt. Raffi, ein junger Mann armenischer Herkunft, ist auf dem Rückflug aus der Türkei von dem Zollbeamten am Flughafen beim Drogenschmuggel ertappt worden. Raffi erzählt dem Zollbeamten seine Geschichte und der Zollbeamte lässt ihn laufen. Philip kann dies nicht verstehen und macht seinem Vater Vorwürfe. Schauen wir uns diesen Schlussdialog an, denn er zeigt uns, wie die ganze

komplexe Geschichte, die uns der Film präsentiert, in einen Biographisierungs-
prozess gleichsam als Rahmenhandlung eingebettet ist.

Ph.: Du hast ihn gehen lassen?
Z.: Ich habe ihm vertraut.
Ph.: Er hat Dich die ganze Zeit angelogen, seine Geschichte verändert.
Z.: Je mehr er redete, desto näher kam er der Wahrheit, bis er sie schließlich
    sagte. Ich konnte ihn nicht für seine Ehrlichkeit bestrafen.
Ph.: Aber er hat Drogen geschmuggelt.
Z.: Er dachte nicht, dass es Drogen waren.
Ph.: Woher weißt Du das?
Z.: Er glaubte nicht, dass er so etwas je tun könnte.
Ph.: Vater, was ist nur über Dich gekommen?
Z.: Du, Philip. Ich dachte an Dich.
    (01:40:50ff.)

Der Zollbeamte, der den Konflikt mit seinem Sohn verstehen will, leistet Erinnerungsarbeit, indem er einen Jungen, nämlich Raffi, der ihn an seinen Sohn erinnert, verstehen will. Er will verstehen, was Menschen umtreibt, um sich auf diese
Weise eine (kleine) Chance zu erarbeiten, das Verhältnis zu seinem Sohn zu
normalisieren. In gewisser Weise ist es auch Erinnerungsarbeit, die hier vorliegt,
aber gleichsam eine „Erinnerungsarbeit im Spiegel". Es sind zwar vollständig
andere Biographien, in die der Zollbeamte hier „eintaucht", aber sie dienen nur
als Folie, um die condition humaine besser verstehen zu können, um dadurch
auch das Verhältnis zu seinem Sohn bearbeiten zu können. Es ist im Freudschen
Sinne Trauerarbeit, die vom Zollbeamten geleistet wird, denn er läuft Gefahr, ein
geliebtes Objekt, nämlich seinen Sohn, zu verlieren.

3.1.2   Ebene 2: Raffi am Flughafen

Wie eben bereits angedeutet, werden wir im Anschluss an die Familienszene an
den Arbeitsplatz des Zollbeamten am Flughafen geführt. Es ist sein letzter Arbeitstag. Wir sehen Raffi mit seinem Gepäckwagen sich dem Ausgang nähern.
Raffi kommt aus der Türkei zurück nach Kanada. Er hat in der Türkei angeblich
Filmaufnahmen gemacht für einen Film, der in Kanada gedreht werde. Der Zollbeamte erhält von einem Mitarbeiter einen Hinweis, vermutlich aufgrund Noti-
zen in einer Personalakte, aus der er wohl in Form einer Routineabfrage Informationen bekommen hat. Raffis Vater gilt offiziell als Terrorist, weil er in den
neunziger Jahren einen türkischen Diplomaten ermorden wollte und dabei selbst
ums Leben kam. Weiterhin erhält er Informationen, dass Raffis Stiefschwester

Cilia wegen Drogenhandel und Scheckkartenbetrug inhaftiert ist. Der Zollbeamte hält Raffi fest, weil er vermutet, dass dieser in den mitgeführten Filmrollen Rauschgift schmuggelt. Die Schachteln, in denen sich angeblich Filmrollen befinden, können jedoch nicht geöffnet werden, weil dadurch die Filme vernichtet würden. Der Film, in den die von Raffi in der Türkei gemachten Aufnahmen integriert werden sollen, wurde jedoch vor einem Jahr in Toronto gedreht und kürzlich abgeschlossen; insofern erscheint es dem Zollbeamten unplausibel, dass Raffi jetzt noch in der Türkei für diesen Film Aufnahmen macht. Der Zollbeamte erfragt Details und interessiert sich offensichtlich immer mehr für den „Fall". Er fragt, worum es in dem Film gehe. Raffi erzählt von dem Völkermord der Türken an den Armeniern und wie dieser im Film dargestellt werden soll. Der eigentliche Grund, weshalb Raffi in die Türkei reiste, war jedoch, dass er auf Spurensuche gehen wollte. Er wollte gleichsam seinen Wurzeln nachspüren und hält diese in Form eines Videotagebuchs fest, das er dem Zollbeamten vorführen muss. Es beginnt folgendermaßen:

> „Hier bin ich, Mama, Ani; in einer Traumwelt. Hier wären wir alle drei beisammen: Papa, Du und ich. Ich denke an all die Geschichten, die ich über diesen Ort gehört habe; die ruhmreiche Hauptstadt unseres Königreichs; uralte Geschichte, wie die Geschichte von Papa, der ein Freiheitskämpfer war und wohl dafür kämpfte, das hier zurückzuerobern. Als er starb, ist auch in mir drin etwas gestorben. Welche Gefühle sollten diese Ruinen in mir wachrufen? Glaube ich, sie seien im Laufe der Zeit verfallen oder sie seien vorsätzlich zerstört worden? Beweisen sie das Geschehene? Soll ich Wut empfinden? Werde ich je die Wut empfinden, die er empfand, als er versuchte, jenen Mann zu töten. Warum war er bereit, uns dafür aufzugeben? Was ist sein Vermächtnis an mich? Warum kann ich aus seinem Tod keinen Trost schöpfen? Wenn ich das sehe, wird mir bewusst, wie viel wir verloren haben; nicht nur das Land und die Menschenleben, sondern jegliche Möglichkeit, die Erinnerung zu bewahren. Nichts beweist, dass hier je etwas geschehen ist" (01:03:48ff.).

Aufgrund eines Netzes von Inplausibilitäten wächst in dem Zollbeamten die Gewissheit, dass sich in den Filmrollendosen Rauschgift befindet, das Raffi nach Kanada schmuggeln soll, ohne dass er dies weiß. Er lässt Raffi trotzdem laufen. Der Zollbeamte öffnet eine Filmdose und findet tatsächlich Heroin. So kann Ani Raffi vom Flughafen abholen.

3.1.3   Ebene 3: Filmdrehen

Im Toronto der Gegenwart will der armenischstämmige Regisseur Edward Soroyan einen Film über den Genozid an den Armeniern im Jahre 1915 drehen,

auch deshalb, weil seine Mutter damals ums Leben gekommen ist. Ich skizziere
zum besseren Verständnis kurz den historischen Kontext dieser Ereignisse.

Nach dem Scheitern der türkischen Offensive gegen Russland im Januar
1915 machte die Staatsführung des Osmanischen Reichs die Armenier für die
militärischen Probleme in Ostanatolien verantwortlich und beschloss deren Deportation, von vielen als Beschluss zur Vernichtung der Armenier interpretiert.
Die armenischen Soldaten der türkischen Armeen wurden entwaffnet, in Arbeits-
truppen zusammengefasst und schließlich fast alle ermordet. Am 24. und 25.
April 1915 wurden über 200 armenische politische, wirtschaftliche und kulturelle Führer, die sich in Konstantinopel aufhielten, verhaftet, deportiert und später
ermordet. Bis Juli des Jahres wurden die Armenier in ihren Siedlungsgebieten an
sieben Orten konzentriert. Sie wurden entweder gleich dort von türkischen Polizisten und Soldaten oder kurdischen Hilfstruppen ermordet oder auf Befehl von
Innenminister Talaat ab dem 27. Mai 1915 auf Todesmärsche durch die Wüste
nach Aleppo geschickt, bei denen – je nach Schätzung – etwa 800.000 bis
1.500.000 Armenier ums Leben kamen. Hunderttausende Armenier, die den
Genozid überlebten, mussten emigrieren. Diese Todesmärsche werden in dem
Film, den Soroyan dreht, immer wieder thematisiert. Er lokalisiert den Ort der
Handlung in Van, einem ostanatolischen Städtchen, in dem die Übergriffe besonders stark waren, in der aber auch Widerstand organisiert wurde. Die Vertei-
diger der Stadt Van halten bis zur „Befreiung" durch russische Truppen am
19.5.1915 gegen die zum Zwecke der Deportation angreifenden osmanischen
Truppen durch. „Sie waren Helden" sagt Raffi an einer Stelle des Films.

Soweit die kurze Skizze des historischen Hintergundes, auf den sich der
Film, den Soroyan zu drehen beabsichtigt, bezieht. Er stützt sich dabei auf die
Autobiografie des amerikanischen Arztes Clarence Ussher, der zur Zeit des Mas-
sakers in Van stationiert war, und auf die Erinnerungen seiner Mutter. Durch
Ani, deren Vorträge er hört, kommt er auf die Idee, die Geschichte Arshile Gor-
kys, eines arminischen Künstlers, in seinem Film zu verarbeiten. Ani, Raffis
Mutter, selbst armenischer Abstammung, eignet sich als Beraterin, weil sie an
einer Hochschule Professorin für Kunstgeschichte ist und sich auf den armeni-
schen Maler Arshile Gorky spezialisiert hat. Über sie erhält Raffi eine kleine
Beschäftigung beim Drehen des Films. Ali, der Lebensgefährte von Philip, der
Sohn des Zollbeamten, erhält in dem Film die Rolle des türkischen Effendi Jev-
det Bey. Immer wieder wird in dem Film *Ararat* gezeigt, wie Soroyan seinen
Film dreht. Mehrfach wird zwischen dem Film und dem Inhalt des Films von
Soroyan hin und her geschwenkt.

3.1.4　Ebene 4: Der Film Edward Soroyans

Mit Hilfe des Films, den Edward Soroyan dreht, wird die Ebene des Völkermordes selbst thematisiert. Aus ihm werden verschiedene thematische Stränge ausschnitthaft gezeigt.

(a) Zum einen ist es Arshile Gorky im Atelier. Arshile Gorky (1904-1948) ist ein realer armenischer Künstler, der 1904 in der Provinz Van in Armenien geboren wurde und 1948 starb. Er hieß mit richtigem Namen Vostanik Adoyan. 1915 kam seine Mutter auf einem Marsch Deportierter ums Leben. Er selbst überlebte und emigrierte 1920 in die Vereinigten Staaten von Amerika. Dort nahm er den Namen Arshile Gorky an und begann ein neues Leben. 1924 begann er in New York Kunst zu studieren. In den 30er und 40er Jahren kam er in Kontakt mit den Surrealisten, insbesondere freundete er sich mit Andre Breton an. 1941 heiratete er Agnes Magruder und hatte zwei Töchter: Maro (1943) und Nastasha (1945). Das für den Film *Ararat* bedeutsame Bild *Der Künstler und seine Mutter* stammt aus dem Jahre 1926. Es ist im Film der zentrale Biographisierungsanlass für Arshile Gorky. Viele Szenen zeigen, wie er an dem Bild arbeitet und wie er mit seinen Gedanken in die Vergangenheit schweift, um sich immer wieder Facetten seiner Biographie in Erinnerung zu rufen. Die Bedeutung Gorkys innerhalb des Films wird allein schon dadurch unterstrichen, dass er selbst, sein Atelier und das Bild *Der Künstler und seine Mutter* aus dem Jahre 1926 den Hintergrund der Exposition des Films bilden.

In der Haupthandlung des Films, den Soroyan dreht, soll der kleine Junge Gorky einen Brief Clarence Usshers durch die feindlichen Linien schmuggeln und die Amerikaner darüber informieren, dass in Van amerikanische Staatsbürger in Gefahr sind. Er wird aber mit dem Sohn eines Photographen gefasst. Dieser wird gefoltert und später getötet. Arshile Gorki wird zu Ussher zurückgeschickt mit einem Dokument, in dem Ussher erklären soll, dass er und damit die amerikanische Enklave auf türkischen Schutz verzichtet. Unterschreibt er nicht, werde der Kommandant türkische Truppen in die Enklave einmarschieren lassen. Das hätte gleichsam die Funktion eines trojanischen Pferdes. Welche Option dieser Zwickmühle auch gewählt wird, in jedem Fall scheint Van verloren. Diese Handlungsebene, die im Jahr 1915 angesiedelt ist, wird in Soroyans Film kontrastiert mit einer späteren Zeit, in der Gorky erwachsen ist und als Maler in seinem Atelier an dem Bild *Der Künstler und seine Mutter* arbeitet. Erinnerungen tragen ihn immer wieder zurück zu der Haupthandlung des Films im Jahre 1915.

(b) Ein damit verknüpfter Handlungsstrang des Films von Soroyan sind die Todesmärsche und die Gräuel, die damit verbunden waren: Erniedrigungen, Erschießungen, Vergewaltigungen, Folter und Tod.

Diese vier Ebenen des Films bilden die Narrationsstruktur. Zwischen ihnen
wird hin- und her geschnitten, so dass eine kunstvolle, äußerst komplexe Ge-
samtkomposition entsteht. Dabei gibt es einige formale Spezifika, die ich im
Folgenden diskutieren möchte.

3.2 Reflexionsoptionen durch Modalisierungen

Medien haben allein schon aufgrund ihrer „entgegenständlichenden Funktion",
wie es Tynjanov (1927) formuliert, eine distanzierende Funktion. Wir wissen,
dass ein Bild eben nicht die Wirklichkeit ist. Da es aber darauf verweist, spüren
wir gleichsam die Kraft der Wirklichkeit, die uns in ihren Bann zieht (Involvement). Je größer das Involvement ist, desto geringer ist die Kraft der Reflexion,
das wusste schon Berthold Brecht in seiner Theorie des Epischen Theaters und
versuchte über den so genannten V-Effekt (Verfremdungseffekt) das Involvement herabzusetzen, um der Reflexion der Zuschauer Raum zu geben. Schauen
wir uns einige filmische Mittel an.
    Es gibt verschiedene formale Möglichkeiten, das Involvement zu reduzie-
ren. Eine klassische Möglichkeit möchte ich anhand des Films *Ararat* als „Modalisierung" diskutieren. Mit diesem Begriff wird traditionellerweise der Wechsel des Wirklichkeitsmodus bezeichnet, also z.B. sprachlich der Wechsel von der
Tatsachen- in die Möglichkeitsform (Indikativ vs. Konjunktion). Modalisierungen liegen aber auch vor, wenn wir von der Wirklichkeitsebene in die Spielebene
oder in die Traumebene wechseln. Modalisierungen bezeichnen also den Wandel
von Wirklichkeitsverhältnissen (vgl. Marotzki 1990: 128ff.). Im Film ist eine
Modalisierung immer mit einem Rahmenwechsel verknüpft, aber nicht jeder
Rahmenwechsel hat eine modalisierende Funktion. Schauen wir uns einen solchen einfachen Rahmenwechsel ohne modalisierende Funktion an.
    Unter einem Rahmenwechsel ohne modalisierende Funktion verstehen wir,
dass sich in einer neuen Szene, dadurch dass sich der Kontext des Dargestellten
ändert, auch der Sinn der Szene ändert. Wie sehen beispielsweise, wie Charly
Chaplin in dem Film *Moderne Zeiten* (1936) durch die Straßen schleicht. An ihm
fährt ein Lastwagen vorbei, der Langholz geladen hat. An dem Balken, der am
weitesten nach hinten herausragt, ist eine Warnflagge befestigt, die abfällt. Charly läuft, hebt sie auf und schwenkt sie über dem Kopf hin und her, um dem Fah-
rer zu signalisieren, dass er die Fahne verloren hat (Rahmung 1). Wir sehen
dann, wie um die Ecke ein Demonstrationszug von Arbeitern kommt, die auch
Fahnen schwenken. Charly läuft mit seiner schwenkenden Fahne vor ihnen her,
ohne es anscheinend zu bemerken (Rahmung 2). Durch diesen Kontextwechsel
erhält die Szene eine andere Bedeutung. Wir sehen Charly Chaplin vor der De-

monstrationsgruppe, eine Fahne schwingend, marschieren. Dadurch entsteht der Eindruck, er sei der Anführer dieser Demonstration. Diesen Eindruck gewinnen auch die herbeireitenden Polizisten, die ihn verhaften. Durch diesen klassischen Rahmenwechsel ändert sich also der Sinn der Szene vollständig, nicht aber die Wirklichkeitsebene, denn der Film zeigt die beiden Szenen in einem identischen Raum-Zeit-Gefüge.

Ein Rahmenwechsel mit modalisierender Funktion liegt vor, wenn durch den Rahmenwechsel deutlich wird, dass wir uns jetzt auf einer anderen Wirklichkeitsebene befinden, oder dass das, was wir eben gesehen haben, nicht Wirklichkeit war, wie wir angenommen haben, sondern beispielsweise ein Traum oder ein Film.

Im Film Ararat werden Modalisierungen als filmtechnische Mittel der Thematierung von grauenhaften Erlebnissen verwendet, um dem Zuschauer die Chance zu geben, sich zu entziehen und Distanz aufzubauen. Ich möchte drei Modalisierungsarten, die wir in diesem Film finden, diskutieren.

(1) Einfache, nachträgliche Modalisierung

Wir sehen den kleinen Gorky mit Sevan, einem anderen Kind (Sohn des Photographen), vor den Toren der Stadt Van (00:42:00 ff.), wie sie durch die feindlichen Linien durchgedrungen sind, um einen Brief an die Amerikaner zu überbringen. Sie werden gefasst und verhört. Die Verhörszene wird unvermittelt brutal eingeleitet, indem der Effendi Sevan am Fuß hält und zu einem Soldaten sagt: „Denk dran, es direkt in die Ferse zu nageln, nicht in die Fußsohle. Dort sind keine Knochen und es würde abfallen". Es wird nicht klar, was mit „es" gemeint ist, doch dadurch wird das Schockierende dieser Szene wohl nur noch gesteigert. Sevan wird unter lautem Geschrei abgeführt. Wir sehen das Dienstzimmer, in der Zentralperspektive einen Holztisch, auf dem einige Gegenstände verteilt sind, rechts sitzend Effendi Jevdet Bey in herrschender Pose und links vom Tisch sitzend, in sich zusammen gesunken, mit hängendem Kopf den jungen Gorki. Während des folgenden Monologs hören wir das Geschrei von Sevan im Hintergrund, der offensichtlich gefoltert wird. Jevdet Bey hält das Schreiben in der Hand, das der junge Gorki überbringen sollte:

> „Ein Hilfegesuch an die Christen. Fühlt sich euer Missionar so sehr bedroht? Wir haben Euch Griechen und Armeniern Macht und Freiheit gegeben. Ihr solltet dankbar sein! (laut gesprochen, mit der Hand auf den Tisch schlagend)" (5 Sek. Pause). Er hält ein Photo hoch: „Ist das deine Mutter?" (Der Junge nickt) „Sie gab dir dieses Photo als Andenken an sie. Sieh es dir an. Diese Frau hat dich dazu erzogen, dich uns überlegen zu fühlen. Sie hat dich gelehrt, dass Türken rachsüchtig und dumm sind, dass wir blutrünstig sind. Nun werde ich dich etwas lehren. Das, was mit dei-

nem Volk geschehen wird, ist eure eigne Schuld. So sehr ihr auch über euren Propheten Jesus Christus sprecht, tief in eurem Herzen glaubt ihr an nichts, außer an Handel und Geld. Meine Straßen sind überfüllt mit euren Märkten und Geldleihern. Eure Habgier hat Korruption und Verderben über uns gebracht. Nun geratet ihr selbst ins Verderben" (00:44:08ff.).

Die Szene ist beklemmend, auch deshalb, weil der Effendi die Worte flüsternd zwischen den Zähnen hervor presst. Dann schwenkt die Kamera. Während Jevdet Bey zur Seite greift und ein Stück Papier Sevan herüberreicht, das allerdings auf den Boden fällt, sehen wir auf Grund des Kameraschwenks das Set. Wir sehen, wie der Regisseur Soroyan und seine Mitarbeiter gebannt und offensichtlich betroffen diese Szene verfolgen. Diese neue Rahmung verändert den Sinngehalt der Szene, weil sie ihn anders rahmt. Konnte sich vorher Involvement aufbauen, weil sich der Zuschauer des Films von Egoyan in diese Erniedrigungsmechanismen hineingezogen fühlt, so wird er jetzt zur Distanzierung genötigt, weil er durch diese andere Rahmung die unabweisbare Information bekommt, dass es sich in dem Film von Egoyan um eine Szene in einem Film (von Soroyan) gehandelt hat. Diese nachträgliche Modalisierung hat also distanzierenden Charakter, weil sie den Strom des Involvement gleichsam verfremdet, durchaus in dem Sinne wie Viktor Sklovskij (1916) es verstanden hat, wenn er schreibt: „die Kunst ist ein Mittel, das Machen einer Sache zu erleben" (Sklovskij 1916: 15). Der „Automatismus der Wahrnehmung" soll gleichsam unterbrochen werden.

(2) Ebenenwechsel und Modalisierung

Modalisierungen können filmtechnisch gesehen natürlich auch mit normalen Ebenenwechseln kombiniert werden. Die Kombination verstärkt die distanzierende Kraft. Exemplarisch rekonstruiere ich eine Szenenkombination, die sich durch mehrfachen Ebenenwechsel und abschließende Modalisierung auszeichnet. Auf diese Weise wird der Zuschauer „sanft geführt", wenn das bei solchen Themen überhaupt möglich ist.

　　Am Flughafen liest Raffi dem Zollbeamten aus dem Buch von Clarence D. Ussher *An American Physician in Turkey* (1917) vor, wie eine deutsche Frau ihm erzählt, was sie gesehen hat:

> „Auf einem Aschefeld, wo armenisches Leben starb, war eine deutsche Frau. Sie versuchte die Tränen zurückzuhalten, als sie mir die Gräueltaten beschrieb, die sie gesehen hatte. ‚Ich muss erzählen, was ich sah, damit alle erfahren, was Menschen einander antun'" (01:19:30ff.).

Während Raffi dieses vorliest, schwenkt und zoomt die Kamera auf das Buch. Dann erfolgt der erste Ebenenwechsel: Wir sehen Ussher und die deutsche Frau, die ihm von Gräueltaten erzählt. Es wird zurück auf Raffi geschnitten, dann auf den Zollbeamten (beides Großaufnahmen) und wieder auf die Ebene Usshers. Von dort erfolgt ein weiterer Ebenenwechsel (dritte Ebene), nämlich auf die des eigentlichen Geschehens, von dem berichtet wird. Hier wird der Zuschauer zunächst noch einmal auf Distanz gehalten, indem er die Frau sieht, die hinter einem Mauervorsprung versteckt auf das Geschehen blickt, das am linken Bildrand langsam zu sehen ist, bis es nach vier Sekunden den ganzen Bildschirm einnimmt. Nackte Frauen werden mit Cherosin überschüttet und angezündet. Nach 10 Sekunden wird zurück auf die Ebene der Erzählerin geschnitten, nochmals auf die Ebene des Grauens, aber schon mit Raffis Stimme, der aus dem Buch vorliest. Dann erfolgt die Modalisierung: Wir sehen Soroyan mit Raffi und ein paar anderen Mitarbeitern, wie sie in das Set starren. Dann wird wieder zurück auf Raffi geschnitten, wie er dem Zollbeamten vorliest, der sichtlich ergriffen ist.

Hier werden gleichsam alle Register gezogen (mehrfacher Ebenenwechsel und Modalisierung), um das Grauen zu thematisieren. Der Ebenenwechsel federt durch seine Perspektivierungen ab, kündigt Rahmungen an, lediglich die Modalisierung kommt unverhofft und situiert das Gesehene in den Rahmen eines Films.

(3) Antizipative Modalisierungen

Modalisierungen können aber nicht nur nachher erfolgen, d.h. das Gesehene nachträglich anders rahmen. Bei besonders grauenvollen Ereignissen, kann auch vorher eine andere Rahmung mit modalisierender Wirkung annonciert werden. In dem Film *Ararat* gibt es dafür ein markantes Beispiel. Celia, Raffis Stiefschwester, hat versucht, in der Kunsthalle das Bild *Der Künstler und seine Mutter* mit einem Taschenmesser zu zerstören. Ani, Raffis Mutter, ist darüber sehr aufgebracht, weil dieses Bild für sie einen besonders hohen Symbolcharakter hat: „Dieses Bild ist für uns ein Hort der Geschichte, ein heiliger Kodex, der erklärt, wer wir sind, wie und warum wir hierher gekommen sind" (1:17:34). Sie stürmt emotional erregt in das Gebäude, in dem gerade eine Szene gefilmt wird. Es ist eine Szene, in der Ussher in einem provisorischen Lazarett operiert. Ani durchquert respektlos das Set, um den Regisseur zu sprechen. Die Szene ist dadurch verpatzt. Ussher spricht daraufhin Ani an:

> „Was soll das denn, verdammt nochmal! Wir sind von den Türken umzingelt. Unsere Vorräte sind praktisch aufgebraucht und die meisten werden sterben. Die Menschen brauchen ein Wunder. Dieses Kind ist am Verbluten. Wenn ich es erretten kann, gibt uns das vielleicht die Kraft weiterzumachen" (01:18:16ff.).

Die Kamera fährt jetzt auf das Geschehen, so dass das Set ausgeblendet wird. Formal gesehen, gibt es also keine Hinweise darauf, dass wir uns in einem Film (genauer: im Film innerhalb eines Films) befinden. Ussher fährt fort, während die Kamera immer näher an ihn heranzoomt:

> „Das ist sein Bruder. Seine schwangere Schwester wurde vor seinen Augen verge-waltigt, bevor sie ihr den Bauch aufschlitzten, um ihr ungeborenes Kind zu erste-chen. Seinem Vater haben sie die Augen ausgestochen und in den Mund gestopft. Seiner Mutter haben sie die Brüste abgetrennt, dann haben sie sie verbluten lassen. – Wer zum Teufel sind Sie?" (01:18:39ff.).

Wir sehen Ani entsetzt und stumm und nach Worten ringend. Ob antizipative Modalisierungen das Grauen, das hier geschildert wird, gleichsam im Rahmen halten können, ob sie es für den Zuschauer in der Form mildern können, dass eine Haltung über die rein emotionale Ebene hinaus eingenommen werden kann, ist sicherlich diskutierenswert, auf jeden Fall wird es im Film versucht.

3.3 Reflexionsoptionen durch Diskursivität

Die Auseinandersetzung mit der Vergangenheit kann auch deren „Bestand an Möglichkeiten" (Ricoeur 2004a: 60) zur Geltung bringen. „Man könnte (...) sagen, dass die Vergangenheit, die nicht mehr ist, aber gewesen ist, gerade aus dem Grunde ihrer Abwesenheit das Sagen der Erzählung fordert" (Ricoeur 2004a: 60). Durcharbeiten bedeutet also: die Geschichten neu und anders zu erzählen. Die gewesene Vergangenheit wird somit „zu einer Forderung nach einem Sagen" (Ricoeur 2004a: 60), das nicht einmalig ist, sondern das immer wieder das Geschehene neu zur Sprache bringen muss. Wir können, sagt Ri-coeur, nicht die Fakten verändern, wohl aber deren Bedeutung. Eben deshalb soll man lernen, „anders zu erzählen und die Erzählung der anderen miteinzubezie-hen" (Ricoeur 2004: 65). Es geht um den Austausch von Erinnerungen und um den Austausch von (historischen) Erzählungen. Indem Geschichten anders er-zählt werden, wird die Fähigkeit, sich auf die Zukunft zu entwerfen, entwickelt. Mit der Fixierung auf die Vergangenheit gehe ein „Wiederkäuen verlorener Eh-ren und erlittener Demütigungen" (Ricoeur 2004a: 66) einher. Es geht also dar-um, narrative Konfigurationen zu flexibilisieren und auch konkurrierende Lesar-ten einzubinden. Da verschiedene Lesarten miteinander konkurrieren, entsteht ein diskursiver Raum, den wir auch in dem Film *Ararat* finden. Er ermöglicht den „Streit um die Vergangenheit". Schauen wir uns einige Dimensionen der Diskursivität an, die Reflexionsoptionen eröffnen.

(1) Umdeuten

Die Möglichkeit, anders zu erzählen, führt manchmal auch zu Umdeutungen. Soroyan erklärt Ani die Kulissen für den Film. Er beteuert, er habe sie naturgetreu nachgebaut: „Alles, was Sie hier sehen, gründet auf den Erzählungen meiner Mutter" (0:31:06). Sie schreiten durch die Kulissen eines Hauses und treten auf den Balkon. Man sieht von Ferne den Berg Ararat. Ani stutzt.

> S.: Was ist?
> A: Von Van aus kann man den Ararat unmöglich sehen.
> S.: Das stimmt, aber ich hielt es für wichtig, dass man ihn sieht.
> A.: Aber es ist nicht wahr
> S.: Im Geiste ist es wahr.

Daraufhin wendet sich Sayoran zu Rouben, dem Assistenten:

> S.: Ani ist etwas verwirrt wegen des Berges, des Ararat. Sie hat zu Recht bemerkt, dass man ihn von Van aus nicht sieht.
> R.: Wir dachten, etwas Spielraum liege drin, bei diesem geschichtsträchtigen Symbol.
> A.: Sie könnten das also rechtfertigen?
> R.: Klar, dichterische Freiheit (00:31:15ff.).

(2) Diskursivität: Kampf um Erinnerungen

Jede der Hauptpersonen im Film kämpft sozusagen ihren eigenen Kampf um die Erinnerungen.

Diskurse über den Genozid

Raffi muss dem Zollbeamten klar machen, dass es genau so war, wie er es ihm berichtet hat:

> Z.: Was machen wir jetzt? Ich kann niemanden erreichen. Ich kann nicht bestätigen, dass auch nur ein Wort wahr ist von dem, was Sie mir erzählt haben.
> R.: Alles hat sich genauso zugetragen, wie ich es ihnen erzählt habe (1:26:20 ff.).

Der Wahrheitsanspruch, den Raffi erhebt, bezieht sich zunächst natürlich auf seine biographische Erzählung. Er kann dem Zollbeamten nur versichern, dass es so war, wie er es erzählt hat. Er bezieht sich darüber hinaus aber auch auf die

Ereignisse, die 1915 bis 1920 stattgefunden haben. Raffi ist fest davon überzeugt, dass man diese Ereignisse nur als Genozid thematisieren kann. Zur Erhär-
tung seiner Sichtweise zitiert er Berichte aus dem Buch von Clarence D. Usher
An American Physician in Turkey (1917).

Raffi ist aber auch explizit damit konfrontiert, dass andere Zweifel daran
haben, ob der Völkermord wirklich stattgefunden habe. Ali ist Türke und spielt
seine Rolle in Soroyans Film „aus Überzeugung". Er hat recherchiert und hat
gewisse Zweifel, ob es angemessen ist, von Genozid zu sprechen. Eines Tages
sucht Ali nach dem Drehen einer Szene das Gespräch mit dem Regisseur Soroyan.

A.: Darf ich Sie etwas fragen? Haben Sie mich nur genommen, weil ich zur
     Hälfte Türke bin?
S.: Nein, weil ich dachte, Sie wären perfekt für diese Rolle.
A.: Aber dass ich Türke bin, schadet nichts?
S.: Nein, schaden tat es nicht.
A.: Sie haben mich nie gefragt, wie ich über die Geschichte denke.
S.: Was gibt es da zu denken?
A.: Ob ich daran glaube ... an den Völkermord.
S.: Nun, ich weiß nicht, ob das so wichtig ist.
S.: Ich will Sie ja nicht aufhalten. Es ist nur ... Wenn ich eine Rolle spiele, dann
     muss es von hier kommen (zeigt auf seinen Bauch), nicht von hier (zeigt auf
     seinen Kopf). Ich habe nämlich ein paar Nachforschungen angestellt und ich
     glaube, die Türken hatten Grund zur Sorge, die Armenier könnten ihre
     Sicherheit bedrohen. Ihre Ostgrenze war von Rußland bedroht und sie
     glaubten, die Armenier würden sie verraten. Es herrschte Krieg. Da ist es
     üblich, dass ganze Völker verschoben werden, deshalb...
     (Soroyan unterbricht ihn an dieser Stelle abrupt)
S.: Noch einmal: Vielen Dank für Ihre gute Arbeit.
     (Raffi hat das Gespräch mitgehört und stellt Soroyan zur Rede:)
R.: Stört es Sie nicht, dass er die Geschichte missversteht? (...)
     (Er antwortet ausweichend, doch am Schluss verbirgt er nicht länger seine
     Trauer:)
S.: Junger Mann, wissen Sie, was es ist, das immer noch so viel Schmerz
     verursacht? Nicht die Menschen, die wir verloren haben. Auch nicht das
     Land. Es ist das Wissen, dass man uns so sehr hassen konnte. Wer sind diese
     Menschen, die uns so sehr hassen konnten? Wie können Sie diesen Hass
     noch immer leugnen und uns so ihren Hass, diesen Hass noch stärker spüren
     lassen? (00:52:32 ff.).

Raffi fährt Ali in einem Auto nach Hause. Im Hausflur kommt es zu einem be-
zeichnenden Dialog. Raffi fragt ausdrücklich nochmal nach, ob Ali das mit der
Leugnung des Völkermordes Ernst gemeint hat. Der verweist auf seine eigenen

Sozialisationserfahrungen. Letztlich plädiert Ali dafür, die Geschichte auf sich beruhen zu lassen:

R.: Hast Du das vorhin ernst gemeint, dass du nicht daran glaubst?
A.: An den Völkermord?
R.: Ja.
A.: Willst Du mich jetzt erschießen oder was? Ich habe nie etwas von diesen Geschichten gehört, als ich klein war. Für diese Rolle habe ich etwas recherchiert. Ich weiß, dass es Deportationen gab. Zahlreiche Menschen sind gestorben. Armenier und Türken. Es war der 1. Weltkrieg.
R.: Aber die Türken standen nicht im Krieg mit den Armeniern, genauso wenig, wie Deutschland mit den Juden im Krieg stand. Sie waren Staatsbürger und erwarteten, von ihrer Regierung geschützt zu werden. Die Szene von heute gründete auf der Erzählung eines Augenzeugen. Deine Figur, Jevdet Bey, war nur deshalb in Van stationiert, weil die gesamte armenische Bevölkerung dort ausgemerzt werden sollte. Es gibt Telegramme und Kommuniques.
A.: Ich streite nicht ab, dass etwas geschehen ist.
R.: Etwas?
A.. Hör zu, ich bin hier geboren. Und du auch, nicht wahr?
R.: Ja
A.. Das ist hier ein neues Land. Lassen wir also die verdammte Geschichte und machen wir weiter. Niemand will dein Haus zerstören. Niemand will deine Familie vernichten. Darum gehen wir lieber rein, öffnen die Flasche und feiern.
R.. Weißt du, was Hitler seinen Kommandeuren sagte, um sie von seinem Plan zu überzeugen? 'Wer redet heute noch über die Vernichtung der Armenier?'
A.. Niemand tat es. Niemand tut es.
(00:59:46 ff.)

Diskurse über die abwesenden Väter

Die Väter von Raffi und Cilia sind beide tot, im Film also abwesend: Raffis Vater, Anis erster Mann, starb in den neunziger Jahren bei einem Attentat auf einen türkischen Diplomaten, Cilias Vater, Anis zweiter Mann, nahm sich das Leben. Cilia möchte das Buch, das Ani gerade abgeschlossen hat, lesen, weil sie sich dadurch Aufschlüsse über die näheren Umstände erhofft, unter denen ihr Vater gestorben ist. Dieser habe ihre Mutter verlassen, habe alles aufgegeben, um zu Ani zu gehen. Als diese ihm eröffnet habe, dass sie eine Affäre habe, habe er das nicht verkraften können und Selbstmord begangen. Beide, Raffi und Cilia, ringen in dem Film Ararat um Sichtweisen auf ihre Väter. Obwohl die Väter also nicht präsent sind, dominieren sie die Suche und das Engagement von Raffi und Cilia.

Ani wird immer wieder von Celia auch öffentlich attackiert hinsichtlich der
Konsistenz ihrer Gorky-Darstellung. Celia wirft ihr vor, dass sie Erfahrungen mit
ihrem Mann in ihr Geschichtsbild hineinmischt („Verwechseln Sie Gorky nicht
mit ihrem verstorbenen Mann, ihrem ersten verstorbenen Mann? Mit dem, der
von der Polizei erschossen wurde, dem Terroristen?" [19:15ff.]). Celia moniert,
dass Anis erster Mann, Raffis Vater, von Ani und von Raffi als Held stilisiert
und glorifiziert wird, während ihr eigener Vater, Anis zweiter Mann sich aus
Liebeskummer umgebracht hat. Da sie Ani eine Mitschuld an diesem Selbtmord
zuweist, kann sie mit dieser unterschiedlichen Bedeutungszuweisung nicht leben.
Das wird in einem Dialog zwischen Cilia und Raffi sehr deutlich. Sie bringt
immer wieder zu der von Ani und Raffi favorisierten Lesart des *Helden* die des
Terroristen ins Spiel:

R.: Er war kein Terrorist.
C.: Das hab ich nie gesagt.
R.: Du hast gesagt, er war ein Terrorist.
C.: Ja? Man könnte es schon so nennen. Immerhin wollte er einen Diplomaten
     umbringen.
R.: Er war ein Freiheitskämpfer. Das ist nicht dasselbe.
C.: Natürlich nicht. Es war ein echt cooler Abgang. Besser als der meines
     Vaters, der bloß von einer Klippe sprang.
R.: Sprang?
C.: Er hat sich umgebracht (00:29:35ff.).

Celia hat das Gefühl der Ungleichbehandlung beider Väter, und sie kämpft dafür,
dass beide auf gleicher Stufe in der Erinnerung gehalten werden. Das wird deutlich in einer Aussage Anis im Gespräch mit Raffi: „Sie hat kein Recht, die beiden Männer gleichzustellen. Dein Vater ist für etwas gestorben, woran er glaubte" (0:35:20 ff.).

4   Zusammenfassung und Schlussbemerkung

Auf drei formale Elemente bzw. Dimensionen der Konstruktion des Films von
Atom Egoyan habe ich mich konzentriert: Ebenenverschachtelungen, Modalisierungen und Diskursivität. Atom Egoyan will in seinem Film *Ararat* das Grauen
thematisieren, er will es aber auch gleichzeitig in einen Diskurs einbinden, weil
er nur dadurch den Zuschauer in eine Reflexionsposition bringen kann. Deshalb
unterläuft er immer wieder mittels der gezeigten Modalisierungen die Kraft der
Bilder. Deshalb arrangiert er Visualität kreativ mit Diskursivität, wobei Visualität durch die Vielzahl der Medien, die im Film Erinnerungen auslösen, repräsen-

tiert wird: Embleme, Fotographien, Bilder, Bücher, Filme. Das geschickte Arrangement von Erinnerungsarbeit zwischen (Audio-)Visualität und Diskursivität kann anhand der einzelnen Figuren nochmals zusammengefasst werden:

Ani setzt sich wissenschaftlich mit ihrer Tradition auseinander. Ihre Art der Erinnerungsarbeit und Identitätssuche besteht darin, dass sie durch Wissenschaft ihre eignen Wurzeln aufarbeitet. In dem Schlüsselbild *Der Künstler und seine Mutter* sieht sie ihre Herkunft und ihre Identität in verdichteter Form zum Ausdruck gebracht. Das Muster der Erinnerungsarbeit wird in den Medien der Sprache, der Bücher und der Bilder entwickelt. Die visuelle Inkarnation ihrer (auch kollektiven) Identität wird immer wieder Objekt der diskursiven Herausforderung durch Cilia.

Celia versucht zu verstehen, warum ihr Vater sich das Leben genommen hat. Das Muster der Erinnerungsarbeit wird im Medium der Sprache entwickelt, und zwar genauer in der diskursiven, agonalen Ausprägung von Sprache. Ihr Eifer führt sie auch dazu, die visuelle Identitätsinkarnation Anis, das Bild *Der Dichter und seine Mutter*, zerstören zu wollen.

Raffi sucht den Ursprung seiner Identität. „Dein Vater ist für etwas gestorben, woran er glaubte" sagt seine Mutter zu ihm. Darauf antwortet er: „Ich möchte zu gerne verstehen, was das war" (00:35:20ff.). Raffi ist armenischer Abstammung, aber in Kanada geboren, kennt Armenien also nicht selbst. Er fährt in das Land seiner Eltern und führt dort Videotagebuch. Er spürt seinen Wurzeln nach. Er findet seinen Ursprung visuell verdichtet in einem Emblem auf der Insel Aghtamar: Als kleines Kind hat Gorkys Mutter dem Kind diese Reliefs bei ihren Ausflügen in Kirchenmauern auf der Insel gezeigt: „Hier ist sie Mama, Madonna mit Kind auf der Insel Aghtamar. Dort, wo alles begann." Von hier aus sieht er Verbindungen zu dem Photo *Der Dichter und seine Mutter*, das wiederum Grundlage für das in den 20er Jahren entstandene Bild gleichen Namens ist. „Das ist der Ursprung. Von der Erinnerung an diesen Ort, über die Photographie, den Entwurf zum Gemälde" (01:43:07ff.). Die Erinnerungsarbeit wird von Raffi in den Medien der Sprache (auch in ihrer diskursiven Ausprägung), des Films (auch in Form eines Videotagebuchs) und der Bilder vollzogen.

Edward Soroyan vollzieht Erinnerungsarbeit, indem er einen Film dreht, wahrscheinlich einen solchen, wie wir ihn von *Killing Fields*, *Hotel Ruanda*, *Der Pianist* oder *Schindlers Liste* kennen; also einen Film, der die Macht der Bilder nutzt, um den Zuschauer „hineinzuziehen" und ihn emotional betroffen zu machen. In seiner Erinnerungsarbeit nutzt er verschiedene mediale Formen: Film, Granatäpfelkerne (also Erinnerungsgegenstände), Bücher, Zeitzeugendokumente.

Eine wichtige, bisher zu wenig gewürdigte Funktion kommt dem Maler *Arshile Gorky* zu. Soroyan entscheidet sich, ihm in seinem Film eine zentrale Rolle zukommen zu lassen, nachdem er Anis Vorträge über den Maler gehört hat. Die Bedeutung Gorkys innerhalb des Films wird allein schon dadurch unterstrichen, dass er selbst, sein Atelier und das Bild *Der Künstler und seine Mutter* den Hintergrund in der Exposition des Films bilden (Photo, Entwurf des Bildes, Atelier, das Bild und er selbst). In dem Film von Edward Soroyan erscheint Gorky auf zwei Ebenen: Einmal sehen wir ihn in den zwanziger Jahren in seinem Atelier, an dem erwähnten Bild arbeitend, dann sehen wir ihn in Form von Rückblenden mit seiner Mutter in der Situation, in der das Photo gemacht wurde, und in Situationen, in denen er als kleines Kind mit dem Sohn des Photographen durch die feindlichen Linien einen Brief an die Amerikaner schmuggeln sollte und dabei, wie bereits oben beschreiben, gefasst wurde. Gorkys Art, Erinnerung zu leisten, erfolgt medial dadurch, dass er immer wieder an dem später berühmt gewordene Gemälde arbeitet. Als Vorlage dient ihm ein entsprechendes Photo aus dem Jahre 1912. Es gibt verschiedene Versionen dieses Gemäldes. Die Filmeinblendung lautet an einer Stelle „Arshile Gorkys Atelier, New York 1934" (00:16:32).

Aus Platzgründen will ich mich auf diese kursorische Skizze beschränken. In allen Fällen erfolgt die Erinnerungsarbeit in einem Verhältnis von (Audio-) Visualität und Diskursivität. Der Film von Atom Egoyan bietet auf diese Weise dem Zuschauer eine medial komplexe Erinnerungsarchitektur, so dass er eine orientierende Haltung zu dem Film einnehmen kann. Der Film leistet deshalb aus meiner Sicht einen Beitrag zum Aufbau einer deliberativen Reflexionskultur.

Abschließend sei die Frage aufgeworfen, ob uns der Film einen gelungenen Aufarbeitungsprozess zeigt. Ricoeur sagt zum Thema der gelungenen Aufarbeitung:

> „die ungetilgte Schuld akzeptieren; akzeptieren, dass man ein zahlungsunfähiger Schuldner ist und bleibt, dass es Verlust gibt; an der Schuld selbst Trauerarbeit leisten, zugeben, dass das eskapistische Vergessen und die endlose Verfolgung der Schuldigen ihren Grund in derselben Problematik haben; eine feine Linie zwischen Amnesie und unendlicher Schuld ziehen" (Ricoeur 2004a: 155).

Mindestens für Raffi gilt dies nicht. Im Film findet er seine Wurzeln, findet er den „Geist seines Vaters" und damit seinen Frieden.[4] Inwiefern dieses Ende des Films im Ricoeurschen Sinne als gelungen bezeichnet werden kann, steht nicht im Zentrum meiner hier vorgetragenen Überlegungen. Mit dieser Filmanalyse sollte vielmehr im Sinne einer strukturalen Medienbildung die Aufmerksamkeit

---

[4] Hier setzt die Kritik an dem Film an. Es wird ihm vorgeworfen, letztlich doch im klassischen Hollywoodmuster zu enden, indem alles harmonisch aufgelöst wird. Es wird nicht gezeigt, dass Aufarbeitung mit der Vergangenheit nicht immer Versöhnung darstellt, sondern Versöhnung häufig auch Leben mit Differenzen darstellt. Schade, dass der Film sich letztlich dem Hollywoodmuster gebeugt hat.

darauf gelegt werden, dass Reflexionsoptionen (auch) durch die Form des Mediums erzeugt werden. Hier liegt auch die konstituierende Kraft der Medien. In diesem Sinne sagt beispielsweise Sybille Krämer:

> „Medien übertragen nicht einfach Botschaften, sondern entfalten eine Wirkkraft, welche die Modalitäten unseres Denkens, Wahrnehmens, Erinnerns und Kommunizierens prägt (...). ‚Medialität' drückt aus, dass unser Weltverhältnis und damit all unsere Aktivitäten mit welterschließender (...) Funktion geprägt sind von den Unterscheidungsmöglichkeiten, die Medien eröffnen, und den Beschränkungen, die sie dabei auferlegen" (Krämer 1998a: 14f.).

Literatur

Albersmeier, F.-J. (Hrsg.) (1995): Texte zur Theorie des Films. Stuttgart: Reclam

Altwegg, J. (2006): Mahnmale für Armenier. Frankreich im Griff der Genozide. In: Frankfurter Allgemeine Zeitung, 25.04.2006, Nr. 96: 46

Barck, K. (1997a): Einleitung. In: Barck (1997)

Barck, K. (Hrsg.) (1997): Harold Innis. Kreuzwege der Kommunikation. Ausgewählte Texte. Wien/New York: Springer

Beilenhoff, W. (Hrsg.) (1974): Poetik des Films. Deutsche Erstausgabe der filmtheoretischen Texte der russischen Formalisten. München: Fink Verlag

Bordwell, D./Thompson, K. (2001): Film Art. An Introduction. New York u.a.: Mc-Graw-Hill, sixth Edition

Busche, A. (2004): Im Raunen der Geschichte. Welche Bilder kann man sich vom Unvorstellbaren machen? Atom Egoyans jüngster Film „Ararat" erinnert den Genozid an den Armeniern und fragt zugleich nach der Bedingung dieser Erinnerung. In: TAZ 22.1.2004

Erlich, V. (1955/1987): Russischer Formalismus. Frankfurt a.M.: Fischer Verlag

Freud, S. (1914): Erinnern, Wiederholen und Durcharbeiten. In: Sigmund Freud Studienausgabe Ergänzungsband: Schriften zur Behandlungstechnik. Frankfurt a.M.: Fischer Verlag: 205-215

Freud, S. (1917): Trauer und Melancholie. In: Sigmund Freud: Studienausgabe Bd. III Psychologie des Unbewußten. Frankfurt a.M.: Fischer Verlag: 193-212

Innis, H.A. (1997): Kreuzwege der Kommunikation. Ausgewählte Texte. Hrsg. von K. Barck. Wien/New York: Springer

Kämmerer, J. A. (2006): Was geschah in Armenien? Aufklärung und Völkermord: Ihr Nationalismus versperrt der Türkei den Weg nach Europa. In: Frankfurter Allgemeine Zeitung, 24.04.2006, Nr. 95: 42

Krämer, S. (1988a): Was haben die Medien, der Computer und die Realität miteinander zu tun? Zur Einleitung in diesen Band. In: Krämer (1988): 9-26

Krämer, S. (Hrsg.) (1988): Medien – Computer – Realität. Wirklichkeitsvorstellungen und Neue Medien. Frankfurt a.M.: Suhrkamp

Marotzki, W. (1990): Entwurf einer strukturalen Bildungstheorie. Biographietheoretische
    Auslegung von Bildungsprozessen in hochkomplexen Gesellschaften. Weinheim:
    Deutscher Studien Verlag
Jäckel, E. (2006): Genozid oder nicht? In: FAZ 23.3.2006: 9
Lewy, G. (2005): The Armenian Massacres in Ottoman Turkey. A Disputed Genocide.
    Salt Lake City: The University of Utah Press
McLuhan, M./Fiore, Qu. (1967): The Medium is the Massage. New York: Bantam Books
Ricoeur, P. (1991): Zeit und Erzählung. Bd. 3: Die erzählte Zeit. München: Fink
Ricoeur, P. (2004): Gedächtnis, Geschichte, Vergessen. München: Fink
Ricoeur, P. (2004a): Das Rätsel der Vergangenheit. Erinnern – Vergessen – Verzeihen.
    Essen: Wallstein, 4. Aufl.
Sklovskij, V. (1916): Die Kunst als Verfahren. In: Striedter (1971): 5-37
Striedter, J. (Hrsg.) (1971): Russischer Formalismus. München: Fink
Tynjanov, J. N. (1927): Über die Grundlagen des Films. In: Albersmeier (1995): 141-174
Ussher, C. D. (1917): An American Physician in Turkey: A Narrative of Adventures in
    Peace and in War. Cambridge: Riverside Press

In höchster Auflösung: Das Abstraktionspotenzial der synthetischen Medien
Bildungstheoretische Überlegungen zur Emanzipation

Werner Sesink

1   Welt in Auflösung

Als Ausgangspunkt meiner Überlegungen wähle ich eine recht gängige Zeitdiagnose, dass nämlich die Welt, in der wir leben, sich „in Auflösung" befinde. Diese Diagnose mag vielen unangemessen dramatisierend und mittlerweile auch abgedroschen erscheinen. Ich will mich auch keineswegs zu ihr bekennen, werde mich andererseits aber auch nicht von ihr distanzieren. Es wird sich zeigen, dass ich sie nicht für schlicht falsch halte.

Haltgebende gesellschaftliche Institutionen wie die Familie, heißt es, lösten sich auf; früher fraglose Werte wie Solidarität, Respekt, Gemeinsinn und andere verlören ihre unbefragte Gültigkeit; Traditionen, Sitten und Gebräuche büßten ihre orientierende Wirkung ein; Weltbilder seien nicht mehr wirklich verbindlich usw. usf.

Resultate, die in diesem Zusammenhang dann oft genannt werden, seien Vereinzelung und gesellschaftliche Isolierung des Individuums, Relativismus in Bezug auf die Gültigkeit von Werten, Beliebigkeit, Orientierungslosigkeit, Pluralität ... Zwar gibt es Stimmen, diese Erscheinungen positiv im Sinne von Vielfalt und Buntheit des Lebens zu sehen, häufiger aber scheinen die pessimistischen Einschätzungen, welche darin höchst bedrohliche Auflösungserscheinungen sehen.

Den Medien wird regelmäßig ein gewichtiger zersetzender Beitrag zugeschrieben: Fernsehen und Computer gälten als Ersatz für familiäre Zuwendung; die Videoclip-Ästhetik führe bei Kindern und Jugendlichen zu einem Verlust der Fähigkeit zu konzentrierter Ausdauer; die Vielfalt und Beliebigkeit der in den Medien angebotenen Weltinterpretationen wird beklagt; ebenso die soziale Isolierung des Einzelnen vor dem Bildschirm und dergleichen.

2   Nahende Rettung?

Woher nun könnte Rettung in dieser Situation kommen? Auch hier nehme ich wieder, ohne mich zu ihr zu bekennen oder ihr zu widersprechen, Bezug auf eine durchaus gängige Antwort; darauf nämlich, dass Bildung angerufen wird als eine Macht oder Kraft oder Praxis, die diesen Entwicklungen gegensteuern könne und müsse. Durch Bildung würden Zusammenhänge begreiflich gemacht; Bildung gebe Orientierung; durch Bildung würden Werte vermittelt; Diskursfähigkeit werde entwickelt, man lerne, sich zu verständigen; man werde in die Lage versetzt, Verantwortung zu übernehmen; und nicht zuletzt sei Medienkompetenz auszubilden. All dies sind der Bildung zugeschriebene sozusagen *rettende Interventionen* angesichts der Auflösungserscheinungen, die wir zu konstatieren haben. Und für Pädagog/innen ist dies natürlich eine verführerisch verlockende Interpretation ihres beruflichen Auftrags, dass sie – zugespitzt formuliert – die Heilsbringer seien, die Aufrechten, Wackeren und Guten, die gegen die aus den Medien drohende Gefahr aufträten.

Wer sich zur Rettung anbietet, entpuppt sich manchmal jedoch als derjenige, der selbst das verursacht hat, wogegen er jetzt als Retter auftreten möchte. Wir alle kennen Meldungen, wonach *Feuerwehrleute die Brandstifter* waren und sich insofern selbst den Anlass zu ihrer rettenden Tat gegeben haben.

Und damit bin ich auch schon bei einer meiner Thesen, die ich zur Rolle der Bildung in einer sich auflösenden Welt erörtern möchte:

- Was als Auflösung und Zerfall bezeichnet wird, kann man mit Fug und Recht als bedrohlich sehen, aber man muss ihm auch *emanzipatorische Qualität* zuschreiben.
- *Bildung* ist selbst *eine zutiefst destruktive Kraft*. Die vermeintliche Feuerwehr wird sich als Brandstifter erweisen; denn Bildung ist mehr als nur am Rande tätig verstrickt in das Zerfallsgeschehen, gegen das aufzutreten sie als berufen erscheint.
- Bildung *schuldet* insofern der Welt, an deren Zerfall sie mitursächlich wirkt, *Wiedergutmachung*.
- Bildung macht nicht etwa heil, was die schlimmen Medien zerstört haben, sondern in ihrem Zerstörungswerk (das ich nicht in Frage stellen möchte) *vollstrecken* insbesondere die Neuen Medien *den Geist der Bildung*. In ihrem Wiedergutmachungswerk andererseits beansprucht Bildung den von den Medien dafür bereitgestellten Möglichkeitsraum.

Diese vier Thesen sollen im Folgenden argumentativ entfaltet werden.

3 Medialität und Macht

Vorweg soll eine wichtige begriffliche Unterscheidung getroffen werden, nämlich die zwischen *den vielen Medien*, die wir produzieren, benutzen, analysieren, kritisieren können und deren Gemeinsamkeit darin besteht, dass sie in ihrer je spezifischen Weise das menschliche Weltverhältnis vermitteln, und *dem Medium*, das uns dies alles ermöglicht. Mit „dem" Medium wird ein etwas weiterer und fundamentalerer Medienbegriff eingeführt, demzufolge wir das Medium als einen Raum verstehen sollten, in dem die Vermittlungen des menschlichen Weltverhältnisses überhaupt zustande kommen können (vgl. McLuhan 1964: 22), und als Schauplatz, auf dem die vielen Medien erscheinen.

Dieses Verständnis von Medium als Raum soll zunächst ausgeführt und erläutert werden mit Bezug auf *Sprache und Schrift*. Wenn ich Sprache und Schrift als Vermittlungsraum verstehe, dann richte ich die Aufmerksamkeit nicht auf die Worte, die gesprochen werden, oder auf die Schriftstücke, die es gibt, sondern auf Sprache und Schrift als etwas, worin wir uns vorfinden als Möglichkeit; als etwas, das uns zu sprechen und zu schreiben erlaubt.

Und hier ist nun bezüglich der in diesem Raum sich vollziehenden Vermittlung von Mensch und Welt eine ganz wesentliche Wende in der Vermittlungsrichtung festzustellen, die sich mit dem Übergang zur Neuzeit und zur Moderne vollzog und auch noch im Gang ist; eine Wende, an deren definitiven Vollzug insbesondere die Neuen Medien wesentlichen Anteil haben.

Die jüdisch-christliche Idee der *Offenbarung* ging (und geht) davon aus, dass die Welt sich enthüllt bzw. von ihrem Schöpfer uns enthüllt wird; dass wir staunende, ehrfürchtige Betrachter eines Bildes sind, das sich uns zeigt bzw. uns gezeigt wird. Die Mittler sind *die vom Weltenschöpfer beauftragten Medien*: „das Wort", „die Schrift" und deren Sprecher und Schreiber, die uns Ohren und Augen öffnen. Es gilt hiernach, „die Schrift" zu lesen und „das Wort" zu hören, das in der Verlesung durch die des Mediums Mächtigen zu Gehör gebracht wird, und durch dieses Medium hindurch den Weltenschöpfer prägend (in-formierend) auf die eigene geistige Gestalt im Sinne des Ge-horchens, des Gehorsams wirken zu lassen. Der Vermittlungsimpuls geht demnach von der Welt aus. (Welt ist hier Ausdruck für alles, was dem Menschen in irgendeiner Weise gegenüber steht.)

Aber es bedarf – und das ist eine Einschränkung, die dazu zu machen ist – dazu auch des menschlichen *Verstehens und Auslegens*. Es wird zwar davon ausgegangen, dass die Welt sich offenbart, aber Wort und Text der Offenbarung müssen interpretiert und ausgelegt werden. Insofern kommt eben doch ein menschlicher Beitrag ins Spiel, eine Autorenschaft, wenn sie auch möglicherweise sich selbst als solche leugnet. Hier ist der Ansatzpunkt zur späteren Umkehrung der Vermittlungsrichtung.

Denn diese ereignet sich mit dem Übergang zur Neuzeit und zur Moderne. Jetzt bringen die Menschen im Medium von Sprache und Schrift sich selbst gegenüber der Welt zu Gehör, schreiben sie sich in die Welt ein. Allerdings ist diese Welt keine tabula rasa, kein leeres Feld, das widerstandslos lediglich hinnähme, was die Menschen versuchen, in sie einzuschreiben. Auch für dieses Verständnis von Vermittlung, dass nämlich vom Menschen die Vermittlung allein ausgehe, deutet sich somit eine Grenze an, auf die später noch einzugehen sein wird, wenn von der notwendigen Wiedergutmachung die Rede ist.

Die Autorität (übersetzt heißt lat. auctoritas die Macht, etwas entstehen oder wachsen zu lassen) soll den Menschen zugeschlagen werden. Dies ist nun kein konfliktfreier Übergang von vormoderner zu moderner Gesellschaft, denn hier kommt es zur Kollision der beiden vorhin angedeuteten Vermittlungsrichtungen. Anders ausgedrückt: Um sich zu Gehör bringen zu können, muss „das Wort" von den ihren Gehorsam aufkündigenden Menschen zum Verstummen gebracht werden; um schreiben zu können, muss von ihnen „die Schrift" gelöscht werden, um Subjekt oder Autor einer neuen humanen Welt sein zu können, muss die Macht der bestehenden Welt von ihnen gebrochen, d.h. muss der Vermittlungsraum zwischen Mensch und Welt, den ich als das Medium bezeichnet habe, von dieser Macht der bestehenden Welt befreit werden.

4 Bildungskräfte

Damit kommen wir zu der Frage, welche Rolle Bildung in diesem Zusammenhang spielt. Aus meiner Sicht ist diese Übergangsepoche von der Vormoderne zur Moderne, die ich mit dem 18. Jahrhundert und dem Übergang zum 19. Jahrhundert ansetze, die Geburtsstunde des Anspruchs, den wir im modernen Verständnis mit Bildung bezeichnen, nämlich die Hervorbringung des Menschen durch sich selbst, die Erhebung des Menschen zum Sprecher und Schreiber, zum Autor von Welt.

Im Kontext der Wende der Vermittlungsrichtung im Raum von Sprache und Schrift lässt sich nun sagen: *Der Mensch bildet sich in die Welt ein, indem er sich die Welt einbildet.*

Wenn ich davon spreche, dass ich mir etwas einbilde, dann meine ich damit, dass ich mir etwas gedanklich vorstelle, das keine Wirklichkeit hat. Ich bilde es mir „nur" ein. Das wäre die eine Bedeutung dessen, was hier gemeint ist. Wir als die modernen Subjekte bilden uns die Welt ein, d.h. wir machen uns eine Vorstellung von Welt. Aber – und dies ist das zweite mögliche Verständnis – diese vermeintlich „bloße" Einbildung ist gleichzeitig der Ausgangspunkt, von dem her und vermittels dessen wir uns als Subjekte in die Welt einbilden. Das heißt diese Einbildung ist das Bild, nach dem wir dann die Welt gestalten wollen; auch dies ist mit Bildung intendiert. Bildung und Einbildung hängen, wie man sieht, begrifflich eng zusammen. Zugleich ist der Hinweis enthalten, dass Einbildung sich als eine machtvoll auf die Welt wirkende Kraft verstehen lässt, welche in Bildung sich freisetzt.

Um diese in Bildung wirkende Kraft genauer in den Blick nehmen zu können, gehe ich nun auf Kant zurück. In seiner „Kritik der reinen Vernunft" heißt es:

„Die Synthesis überhaupt ist die bloße Wirkung der Einbildungskraft, einer blinden, obgleich unentbehrlichen Funktion der Seele, ohne die wir überall gar keine Erkenntnis haben würden, der wir aber selten nur einmal uns bewußt sind. Das Erste, was uns zum Behuf der Erkenntnis aller Gegenstände a priori gegeben sein muß, ist das Mannigfaltige der reinen Anschauung; die Synthesis dieses Mannigfaltigen durch die Einbildungskraft ist das zweite, gibt aber noch keine Erkenntnis; die Begriffe, welche dieser reinen Synthesis Einheit geben und lediglich in der Vorstellung dieser notwendigen synthetischen Einheit bestehen, tun das Dritte zum Erkenntnisse eines vorkommenden Gegenstandes, und beruhen auf dem Verstande" (Kant 1781: A 78f.).

Schauen wir uns dieses Zitat näher an. Das *Erste*, sagt Kant, das, was uns a priori, also von vornherein gegeben sein muss, damit überhaupt das Denken irgendwo ansetzen kann, sei *das Mannigfaltige der reinen Anschauung*. In dieser Gestalt der Mannigfaltigkeit sei uns die Welt zunächst gegeben. Das *Zweite*, zugleich das Erste, worin die Subjektivität aktiv auftritt, ist die Einbildungskraft, die dies Mannigfaltige nun zu Gestalten und Formen *verbindet*. Das *Dritte* ist der *Verstand*, der darauf wiederum die Begriffe reflektiert, die ihrerseits zueinander in Relation gesetzt und zu Begriffssystemen ausgebaut werden können.

Die Einbildungskraft begegnet uns hier also als eine *konstruktive*, dem Menschen innewohnende und seiner Denktätigkeit zugrundeliegende Kraft, die dem Chaos, der Zusammenhangslosigkeit der Welt gegenübertritt und nun ihr schöpferisches Werk beginnt, Ordnung in dieses Chaos, Zusammenhang in diese Welt zu bringen. Die Welt ihrerseits stellt sich demnach als ungeordnetes Material für den kreativen Geist dar. Die Einbildungskraft so zu verstehen, fügt sich gut einem Verständnis von Bildung, wie es Anfangs benannt wurde, wenn Bildung die Kraft zugeschrieben wird, Aufgelöstes wieder zusammenzufügen.

Dieses von Kant behauptete Apriori einer Mannigfaltigkeit der Erscheinungen wird nun von Slavoj Zizek in seiner Auseinandersetzung mit dem Kantschen Begriff der Einbildungskraft in Frage gestellt, und zwar unter Anschluss an Hegel. Zizek sagt:

„So obsessiv er sich dem Bestreben des Synthetisierens widmete, eine zerstreute Mannigfaltigkeit, die in einer jeden Anschauung gegeben ist, zusammenzufassen, so wortlos übergeht Kant die entgegengesetzte Kraft der Imagination, die später von Hegel betont wird, nämlich die Einbildungskraft als Aktivität der Auflösung, die als eine abgeschiedene Entität behandelt, was tatsächlich nur als Teil eines organischen Ganzen Existenz hat" (Zizek 2001: 44).

Damit wird nun ein zweiter der ganz großen Philosophen der revolutionären Übergangszeit bzw. des Beginns der Moderne gegen Kant ins Feld geführt. Die Stelle, auf die Zizek sich als erstes bezieht, stammt aus Manuskripten Hegels zu Vorlesungen über die Philosophie der Natur und des Geistes, die er in Jena in den Jahren 1805 und 1806 gehalten hat (sog. „Jenenser Realphilosophie"). Hegel begann diesen Teil der Vorlesung mit Überlegungen dazu, wie der *Geist* dem *Ding* begegnet, wie er auf das Ding stößt. Dass ein Ding bestehe, heiße für den Geist, dass es in seinem Raume sei. Der Geist sei der Raum und das Ding dessen Inhalt. Aber das Wesen des Geistes, so Hegel, sei *Bewegung*; und das heiße: der Geist löst sich von sich, wie er als mit einem bestimmten Inhalt gefüllter zunächst ist, ab: „... er setzt sich frei von dieser Unmittelbarkeit ...; dies reine Subjekt, das frei ist von seinem Inhalt; aber auch über diesen Herr ...; er geht von diesem Sein [aus], und setzt dasselbe in sich als ein *Nichtseiendes*, als ein Aufgehobenes überhaupt, so ist er vorstellende *Einbildungskraft* überhaupt" (Hegel 1805-06: 171; Hervorhebungen im Original).

Hier taucht also der Kantische Begriff der Einbildungskraft auf, aber man spürt schon die andere Dramatik. Von einer Mannigfaltigkeit der Erscheinungen ist hier überhaupt nicht die Rede. Es ist „das Ding", von dem Hegel sprach: offensichtlich eine ganze Gestalt. Der Raum des Geistes diene aber den Dingen auch nicht, wie sie ihn zuerst erfüllen, als ihr gehorsames Gefäß; er fasse sie vielmehr als *seine* Dinge, die, indem sie in ihm sind, *ihm gehören,* über die er *Herr* ist. So seien sie potenzielle Bilder seiner selbst: von ihm geschaffen und darin zugleich ihn selbst in seiner *Macht* erweisend. Der Blick des Geistes auf die Dinge sei ein sich *der Dinge bemächtigender Blick.* „Dies Bild gehört *ihm* an, er ist im Besitz desselben, er ist Herr darüber; es ist in seinem *Schatze* aufbewahrt, in seiner *Nacht"* (Hegel 1805-06: 172; Hervorhebungen im Original).

Und dann kommt die Passage, die Zizek zitiert, um mit Hegel gegen Kants Reduzierung der Einbildungskraft auf Synthesis Einspruch zu erheben:

„Der Mensch ist diese Nacht, dies leere Nichts, das alles in ihrer Einfachheit enthält – ein Reichtum unendlich vieler Vorstellungen, Bilder, deren keines ihm gerade einfällt –, oder die nicht als gegenwärtige sind. Dies die Nacht, das Innere der Natur, das hier existiert – *reines Selbst,* – in phantasmagorischen Vorstellungen ist es rings um Nacht, hier schießt dann ein blutiger Kopf, – dort eine andere weiße Gestalt plötzlich hervor, und verschwindet ebenso – Diese Nacht erblickt man wenn man dem Menschen ins Auge blickt – in eine Nacht hinein, die *furchtbar* wird, – es hängt die Nacht der Welt hier einem entgegen" (Hegel 1805-06: 172; Hervorh. i. Orig.).

Dieses Zitat müssen wir noch etwas genauer betrachten. Der Raum des Geistes wird hier als *Nacht* bezeichnet, die, wie es zuvor hieß, einen *Schatz* beherberge, genauer eigentlich: dieser Schatz sei. Das könnte man missverstehen; nämlich: als gebe es hier einen Aufbewahrungsort erinnerter Bilder, einen Bilderschatz, aus dem der Geist erinnerte Bilder sozusagen hervorziehe, wenn die Einbildungskraft ans Werk gehe. Dies kann nicht gemeint sein, wenn es andererseits heißt, diese Nacht sei „ein leeres Nichts"; ein Nichts, das allerdings trotz (oder wegen?) seiner Leere „ein Reichtum unendlich vieler Vorstellungen" sei; von „Bildern, deren keines ihm gerade einfällt" „oder die nicht als gegenwärtige sind". Gemeint ist also nicht die Fülle der Vorstellungen, die der Geist aktuell hervorbringen mag, sondern die unendliche Zahl von Vorstellungen, die er noch nicht hervorgebracht hat, aber wird hervorbringen können. Der Reichtum des Geistes ist so nicht sein aktuale Fülle, sondern *seine Kraft, eine solche Fülle erzeugen zu können.*

So entsteht eine *Differenz* zwischen dem vom Ding erfüllten Raum des Geistes, von der Hegel anfangs spricht, und der Leere dieses Raums, von der mit Bezug auf die Einbildungskraft dann etwas später gesprochen wird. Diese Differenz entsteht bei Hegel durch die Bewegung des Geistes; er erzeuge diese Differenz, indem er sich vom Ding, das ihn erfüllt und bestimmt, befreie, es zu seinem Bilde mache, darin seiner eigenen Bildungskraft inne werde, die darum eben dies *Doppelte* ist: die *Kraft zur Destruktion des Dings, wie es als Bild den Raum des Geistes füllt; und die Kraft zur Konstruktion neuer Bilder, die aus den Trümmern des alten Bildes entstehen können.*

Dazwischen geschieht nun dies: „… hier schießt dann ein blutiger Kopf, – dort eine andere weiße Gestalt plötzlich hervor, und verschwindet ebenso". Noch ist die Zerstörung sichtbar; und noch ist nicht sichtbar, wie die Fetzen, Trümmer und Bruchstücke zu einer neuen heilen Gestalt zusammengefügt werden könnten. Eine „prä-synthetische Einbildungskraft", so Zizek, sei hier „Amok gelaufen" und habe „gespenstische Erscheinungen von Partialobjekten hervorgebracht" (Zizek 2001: 76). Noch zeigt sich nur die destruktive Seite der Einbildungskraft und nicht schon ihre konstruktive. Noch sind wir also im Raum der Aufgelöstheit der Dinge, wo noch nichts Neues entstanden, aber zugleich noch alles möglich ist; im Raum größtmöglicher Freiheit. „Diese Nacht erblickt man wenn man dem Menschen ins Auge blickt – in eine Nacht hinein, die furchtbar wird, – es hängt die Nacht der Welt hier einem entgegen". *„Für sich"*, schreibt Hegel kurz darauf, „ist hier die freie *Willkür* – Bilder zu zerreißen und sie auf die ungebundenste Weise zu verknüpfen". „Diese Willkür ist die leere Freiheit" (Hegel 1805-06: 173; Hervorh. i. Orig.).

Hier wird unumwunden ausgesprochen: Die Freiheit des Menschen beruht auf Zerstörung und Vernichtung. Die Mannigfaltigkeit der Erscheinungen ist nicht etwa – wie Kant behauptet – das Apriori, die Voraussetzung, sondern das Resultat der Einbildungskraft; sie zerreißt das Bild, mit dem das Ding den Raum des Geistes füllte, lässt es verschwinden, schafft Platz, damit das Neue möglich werde, das aus der Leere reiner Potenzialität emporsteigen soll. Welcher Schrecken, dieser Freiheit „ins Auge" zu sehen, sich so ihrem Blick auszusetzen und dabei einer Leere ansichtig zu werden, welche die Welt in ihre Nacht zu ziehen sucht!

Wie Hegel es beschreibt, bedeutet der Blick des „Auges" der Vernunft für seinen Gegenstand die Aufhebung seines eigenständigen Daseins. Der Verstand eignet sich das Ding an und übernimmt die Herrschaft über es. Der Gegenstand verliert sein An-sich-sein und wird – aus der Sicht des aneignenden Subjekts – „für mich". Diese Aneignung sei eine Synthese (die Zusammenfügung von Ich und Gegenstand), welche den Gegenstand aufhebe: „Es ist nicht nur eine Synthese geschehen, sondern das Sein des Gegenstandes ist aufgehoben worden; es ist also dies, dass der Gegenstand nicht ist, was er ist. ... der Inhalt ... hat ein anderes Wesen, Selbst, andere Bedeutung; oder gilt als Zeichen" (Hegel 1805-06: 174). Als Zeichen nämlich des Selbst und seiner Macht über das Ding.

Das Ding verliere den ihm vorgängig eigenen inneren Zusammenhang; auch seinen Zusammenhang zu anderen Dingen. All dies löse der Blick der Vernunft auf. Die Einbildungskraft stifte neuen inneren Zusammenhang, neue Beziehungen zu anderen Gegenständen; doch sie alle kommen nun nicht mehr den Dingen an ihnen selbst zu, sondern sind nur durch die Einbildungskraft und das ihre Synthesen in Begriffen versprachlichende Denken. „Ich ist die Kraft dieser freien ... Ordnung. ... – es ist das erste sich selbst als Kraft erfassende Ich ... [Der Geist] ist die freie Kraft, und hält sich fest als diese freie Kraft" (Hegel 1805-06: 178f.).

Eine zweite Stelle, an der Hegel auf die Einbildungskraft zu sprechen kommt, ist die Vorrede zur Phänomenologie des Geistes aus dem Jahre 1807.

„Eine Vorstellung in ihre ursprünglichen Elemente auseinanderlegen, ist das Zurückgehen zu ihren Momenten, die wenigstens nicht die Form der vorgefundenen Vorstellung haben, sondern das unmittelbare Eigentum des Selbsts ausmachen. ... Die Tätigkeit des Scheidens ist die Kraft und Arbeit des Verstandes, der verwundersamsten und größten oder vielmehr der absoluten Macht. Der Kreis, der in sich geschlossen ruht und als Substanz seine Momente hält, ist das unmittelbare und darum nicht verwundersame Verhältnis. Aber daß das von seinem Umfange getrennte Akzidentelle als solches, das Gebundene und nur in seinem Zusammenhange mit ande-

rem Wirkliche ein eigenes Dasein und abgesonderte Freiheit gewinnt, ist die unge-
heure Macht des Negativen; es ist die Energie des Denkens, des reinen Ichs."

Was Hegel heraushebt, ist die Tätigkeit des Scheidens als der eigentlich „verwundersamsten und größten oder vielmehr absoluten Macht". Und er fährt fort:

> „Der Tod, wenn wir Jene Unwirklichkeit so nennen wollen ist das Furchtbarste, und
> das Tote festzuhalten das, was die größte Kraft erfordert. ... Diese Macht ist er [der
> Geist] nicht als das Positive, welches von dem Negativen wegsieht...; sondern er ist
> diese Macht nur, indem er dem Negativen ins Angesicht schaut, bei ihm verweilt.
> Dieses Verweilen ist die Zauberkraft, die es in das Sein umkehrt. – Sie ist dasselbe,
> was oben das Subjekt genannt worden" (Hegel 1807, 35f.).

Mit diesen letzten Sätzen formuliert Hegel den *Umschlag der prä-synthetischen
auflösenden in die synthetische Einbildungskraft*, nämlich als einer sich vom
Negierten konstruktiv ablösenden (darin steckt noch das Auflösende, Ablösende)
Einbildungskraft, die aufgrund dieser Ablösung, aufgrund dieser Befreiung von
dem, was das Denken zunächst vorgefunden hat, auch befreit ist dazu, Neues,
eine neue Welt erst gedanklich, aber in Fortsetzung dessen dann auch praktisch
zu entwerfen und zu verwirklichen.

Wir sehen hier die Differenz zu Kant noch einmal ganz deutlich. Nicht die
Mannigfaltigkeit der Erscheinungen, sondern die geschlossene Vorstellung eines
Dings als Ganzen ist der Ausgangspunkt („Der Kreis, der in sich geschlossen
ruht ... ist das unmittelbare ... Verhältnis."). Und nicht die Synthesis ist die erste
Aktion des Subjekts, sondern das „Zerlegen" einer Vorstellung in ihre Elemente,
die – wie Hegel ausdrücklich betont – gerade nicht (wie bei Kant) die „vorge-
fundene" Form der Vorstellung sind, sondern *Produkte* des analytischen Geistes,
weshalb sie ihm und nur ihm gehören als „unmittelbares Eigentum des Selbsts".
Eine vorhandene, durchaus in sich geschlossene Welt wird der Tätigkeit des
Scheidens unterworfen, der, wie Hegel in seiner Jenenser Vorlesung es ausgedrückt hatte, „freien Willkür, Bilder zu zerreißen".

Der nächste Schritt ist bei Hegel dann der, dass das Denken die zersetzende
Wirkung der Einbildungskraft nicht leugnet, nicht von ihr wegsieht, sondern sie
ansieht, bei ihr verweilt, dass es jene Unwirklichkeit, die daraus entstanden ist,
das „Tote" festhält und so die Möglichkeit hat, dies Tote wiederum, das Ergebnis
des Zerreißens war, „auf die ungebundenste Weise zu verknüpfen". In dem anderen Zitat: „die Zauberkraft, die es [das Unwirkliche; wir können auch sagen: das
Virtuelle] in das Sein umkehrt" [Wirklichkeit werden lässt] und damit für Hegel
das Subjekt ausmacht.

Kommen wir nun auf den Autor zurück, dem ich den Hinweis auf die unter-schiedliche Behandlung der Einbildungskraft bei Kant und Hegel verdanke, auf Slavoj Zizek. Er fasst zusammen:

> „... die Mannigfaltigkeit, die die Synthesis der Einbildungskraft zusammenzubrin-gen sucht, ist zugleich das Resultat dieser Einbildungskraft, ihrer spaltenden Wir-kung. Diese wechselseitige Implikation räumt ... dem ‚negativen', disruptiven As-pekt der Einbildungskraft den Vorrang ein" (Zizek 2001: 48).
> „Die Einbildungskraft ermöglicht es uns, die Textur der Realität zu zerreißen" (ebd.: 47).

Dabei entsteht ein Raum, der bei Hegel als „Nacht der Welt" bezeichnet worden war und den Zizek als „*ontologische Lücke*", als Lücke im Sein charakterisiert.

> „... in einer ... gänzlich konstituierten positiven ‚Kette des Seins' gibt es ... keinen Platz für ein Subjekt ... Es gibt nur insofern ‚Realität', als es gerade in ihrem Inners-ten eine ontologische Lücke, einen Bruch gibt, das heißt einen traumatischen Ex-zess, einen Fremdkörper, der nicht in sie integriert werden kann" (Zizek 2001: 87).

Da Kant die synthetische Leistung der Einbildungskraft nicht an einer wohlge-ordneten Welt ansetzen lassen kann, muss er einen ursprünglicheren Weltzustand annehmen: das Sein als chaotische Mannigfaltigkeit wäre demnach die ursprüng-liche Realität, auf die das Subjekt stößt und der es seine synthetische Kraft ent-gegensetzt. Dem hält Zizek entgegen:

> „Das präsynthetische Reale, seine reine, noch ungestaltete ‚Mannigfaltigkeit' [von der Kant ausgegangen ist], die noch nicht durch ein Minimum an transzendentaler Imagination [also der Einbildungskraft in Kants Verständnis] synthetisiert wurde, ist *stricto sensu unmöglich*: Eine Ebene, die rückwirkend vorausgesetzt werden muss, die aber tatsächlich niemals *angetroffen* werden kann."

Er setzt Realität daher ganz anders an, nämlich in der Erfahrung des Bruchs, welcher der von Kant angenommenen ursprünglichen Realität vorausgehe.

> „Unsere (hegelianische) Pointe ... ist aber, dass dieser mythische/unmögliche Aus-gangspunkt – die Voraussetzung der Einbildungskraft [im Sinne Kants] – schon das Produkt, das Resultat genau dieser trennenden Tätigkeit der Einbildungskraft selbst ist. Kurz gesagt, die mythische, unzugängliche, noch nicht durch die Einbildungs-kraft affizierte/bearbeitete Null-Ebene der reinen Mannigfaltigkeit [Kants ursprüng-licher Realität] ist nichts anderes als *reine Einbildungskraft an sich*, Einbildungs-kraft in ihrem gewalttätigsten Zustand, Aktivität des Aufbrechens der Kontinuität der Trägheit des präsymbolischen ‚natürlichen' Realen" (Zizek 2001: 49).

Hier ist von einer *anderen* ursprünglichen Realität die Rede, als sie Kant unterstellt: die „Kontinuität der Trägheit des präsymbolischen [also noch nicht in Bildern und Begriffen erfassten und insofern] ‚natürlichen' Realen". Diese ursprüngliche Realität entspricht Hegels „Kreis, der in sich geschlossen ruht" als dem „unmittelbare[n] ... Verhältnis". Erfahrbar ist dies „natürliche" Reale, „verstanden in der geläufigsten Bedeutung als ‚harte, äußere Wirklichkeit'" (Zizek 2001: 81), nur im Bruch mit ihr, dadurch, dass die Gewalt der Einbildungskraft auf den Widerstand der Welt trifft, den sie erfährt, indem sie ihn bricht; sodass sie an der Härte des gebrochenen Widerstands zugleich ihrer eigenen Gewalt inne wird. „Diese präsynthetische ‚Mannigfaltigkeit' ist das, was Hegel als die ‚Nacht der Welt' beschreibt, als die ‚Willkür' der abgründigen Freiheit des Subjekts, das gewaltsam die Realität in ein ausgebreitetes Dahintreiben von *membra disjecta* aufsprengt" (Zizek 2001: 49). Es gibt somit keine Realitätserfahrung, so Zizek, in der das Subjekt nicht schon den Wirkungen seiner Einbildungskraft begegnet.

> „Wir entkommen dem Zirkel der Einbildungskraft niemals, da gerade die mythische Voraussetzung der synthetischen Einbildungskraft als die Null-Ebene, als der ‚Stoff', mit dem sie arbeitet, die Einbildungskraft selbst, in ihrem Reinzustand und in ihrer höchsten Gewalt, ist, Einbildungskraft in ihrer negativen Seite des Zerreißens" (Zizek 2001: 49).

Die Realität des Subjekts wird also erst, wo es mit der „natürlichen" Realität bricht, „reinen Tisch" schafft (Zizek 2001: 50). Ich schließe mich in dieser Hinsicht Zizeks Argumentation an. Was wir so gemütlich und freundlich heute als Kreativität und schöpferisches Vermögen bezeichnen, das es zu fördern und dem es Raum zu geben gelte, setzt auf eine *Ermöglichung, deren Kern Destruktion und Vernichtung sind.* Der Raum für Kreativität, für die synthetische Leistung der Einbildungskraft, der Raum für Bildung, muss erst *freigeräumt* sein. Diese „ontologische Lücke" findet das Subjekt nicht vor, sie wird ihm nicht eröffnet; sie entsteht im Akt der Selbstkonstitution des Subjekts in seinem *Aufbegehren gegen das Sein,* das „natürliche" Reale der Welt.

Soll die neue Ordnung aus der menschlichen Vernunft erwachsen, darf nichts, aber auch gar nichts Bestehendes der Kritik entzogen sein, sind alle Verhältnisse, in denen die Menschen sich schicksalhaft vorfinden, analytisch aufzulösen und dann aus den Kräften der Vernunft eine dem Menschen entsprechende Ordnung in diese Welt neu einzubilden. Alle *Verantwortung* allerdings liegt damit bei der Vernunft; keine andere Legitimation kann mehr in Anspruch genommen werden. Dass es zu einem Gebrauch des Verstandes in diesem Sinne in der Tat des Mutes bedarf (Kant 1783: 53), ist wahrlich einsichtig. Erstens des Muts, die alte Ordnung in Frage zu stellen, zu kritisieren, aufzulösen. Zweitens des Muts, die Verantwortung für das Neue zu übernehmen, für dessen autonome Konstruktion.

Mit meinen Worten formuliert, würde Zizeks ontologische Lücke heißen, dass hier durch die Einbildungskraft nach ihrer destruktiven oder zersetzenden oder auflösenden Seite hin betrachtet eine Unterbrechung des Gangs der Welt erfolgt, nämlich des Gangs der Welt als einer vermittelten Offenbarung an den Menschen, die von der Welt ausgeht. Oder dass es eine Unterbrechung der Einbildung von Welt in den Menschen gibt (das war der alte mystische Begriffsgehalt von informatio: die Einbildung Gottes oder der göttlichen Ordnung in den Menschen). Oder dass die ontologische Lücke ein Verstummen des Wortes ist, ein Unterbrechen, ein Abbruch der Rede und ein Löschen der Schrift bzw. eben eine tabula rasa, ein leerer Vermittlungsraum.

Dass ein solcher Blick auf die Bildung innewohnende Kraft der Bildungstheorie nicht gänzlich fremd und fern ist, soll durch Zitierung eines Bildungstheoretikers belegt werden, auch wenn dieser gewiss nicht den pädagogischen Mainstream repräsentiert. Heinz-Joachim Heydorn gilt als Begründer einer Minderheitsrichtung in der deutschen Bildungstheorie, die als Kritische Bildungstheorie bezeichnet wird. Er sagt:

„Mit der entstehenden Reflexion wird das Gegebene aufgelöst, es verliert seinen überlieferten Anspruch; wir werden auf uns selber zurückgeworfen, vermögen uns selbst zu erfahren, uns auch jenseits des Gegebenen zu denken, als gelungenes Wesen. Der in seiner Geschichte erfahrbare Mensch erscheint nunmehr fragmentarisch, unvollendet, fremden Kräften ausgeliefert. Indem sich Bildung als überwindende Vernunft zu erkennen gibt, werden wir selber zum Atlas, der den unvollendeten Menschen auf seinen Schultern trägt, um ihn ans Ziel zu bringen. Der Mensch soll als das Subjekt seiner Geschichte hervortreten, schmerzbefreiter, alter Verhaftungen ledig, die er überwunden hat" (Heydorn 1974: 257).

Also auch hier der Hinweis auf das sich Auflösende, das Fragmentarische und die daraus resultierende Aufgabe einer Neuschöpfung, eines Neuentwurfs von Menschsein, die sich mit dem Bildungsbegriff verbindet, die Befreiung, die damit verbunden ist hin zum Menschsein als einem Entwurf, den der Mensch selbst verantwortet und der ihm nicht von irgendwoher gegeben ist. Oder aus einer anderen Schrift:

„... der Mensch soll seiner selbst habhaft werden. ... Mündigkeit begreift sich mit ihrem Beginn als Widerspruch zum Gesetzten, zu allem, was nicht weiter befragt werden darf oder befragt wird, nur das Gegebene widerspiegelt. Mit dem Ausgang des Begriffs wird eine radikale Aufklärung erkennbar; Selbstbestimmung wird über die Zerstörung der determinierenden Größen gefaßt, sie schließt ihre Vernichtung [nämlich die der determinierenden Größen] ein. ... Mündigkeit ist Selbstfindung des

Menschen, der Prozeß seiner Habhaftwerdung ... Bildung ist Verfügung des Menschen über sich selber" (Heydorn 1972: 56).

5 Schutt und Asche

Ich lege in diesem Beitrag den Schwerpunkt bewusst darauf, die negative, zersetzende Seite von Bildung zu betonen und herauszuarbeiten, weil diese sehr selten von Pädagogen thematisiert wird, in ihr aber die Verbindung angelegt ist zwischen der Bildungsidee und jener neuen Technologie, die den Neuen Medien zugrunde liegt und auf die ich im Weiteren zu sprechen kommen möchte.

Kant und Hegel gehören in die Reihe der Philosophen, welche das neue moderne Subjektbewusstsein für eine Zeit artikulierten, in der sich das Prinzip der Kritik etablierte. Damit ist gemeint: Kritik wurde zum Menschenrecht; es verbindet sich mit dem modernen Selbstverständnis des Menschen, dieses Recht zu haben. Auf der anderen Seite wurden auch *die Verhältnisse*, in denen die Menschen sich vorfinden, *auf Dauer kritisch*, d.h. sind seitdem nicht nur der permanenten Kritik, sondern gleichzeitig in deren Folge permanenter Veränderung und Revolutionierung unterworfen, so dass diese Revolutionierung der Lebensverhältnisse nicht ein historisch verortbarer Vorgang eben im Übergang vom 18. zum 19. Jahrhundert war, sondern ein Zustand von Gesellschaft seitdem ist. Und schließlich, was dann den Übergang leistet zu den weiteren Überlegungen, die sich auf die Neuen Medien und die neuen Technologien beziehen: *Das Prinzip der Kritik wird Technologie.*

Dass unsere Welt sich in Auflösung befinde, diese gängige Zeitdiagnose war in den vorhergehenden Abschnitten bildungstheoretisch gewendet worden, indem der Blick gelenkt wurde auf die Wirkmacht einer hegelianisch gefassten Einbildungskraft, welche den Gegenstand, den in sich ruhenden geschlossenen Kreis auflöst. Auflösend ist das Subjekt, indem es sich kritisch gegen jede bestehende Ordnung richtet; auflösend ist der sezierende Verstand, der seine Gegenstände in ihre kleinsten Bestandteile zerlegt.

Bei vielen wird sich jedoch noch eine andere, eine technisch konnotierte Assoziation zum Begriff Auflösung einstellen. Wir sprechen von hochauflösenden Bildschirmen, von hochaufgelösten Bildern usw. und meinen damit die *informationstechnische Auflösung im Zuge der Digitalisierung*. Auf diese Assoziation komme ich jetzt zu sprechen als eine Weise der Auflösung, die mit dem, was ich vorher als Auflösung thematisiert habe, im engsten Zusammenhang steht oder daraus vielleicht sogar sich ergibt.

Ich beginne mit einem Zitat von Gregory Bateson aus seinem Buch „Ökologie des Geistes", in dem er auf die Frage eingeht, was denn *Information* eigentlich sei, bzw. genauer gesagt, worin denn eigentlich die kleinste Einheit, eben das Bit, bestehe. Und er hat einen berühmten, oft zitierten Satz gesagt: „Information ist a difference, that makes a difference" (Bateson 1981: 408). Information ist ein Unterschied und sie macht einen Unterschied; sie ist machend; sie tätigt das (Unter-)Scheiden. Wie sagte Hegel: „Die Tätigkeit des Scheidens ist die Kraft und Arbeit des Verstandes, der verwundersamsten und größten oder vielmehr der absoluten Macht."

Die höchste Auflösung, der man die Welt unterziehen kann, ist, dass man sie oder die Aussage über das Seiende auf eine letzte fundamentale Unterscheidung reduziert: dass etwas ist oder nicht ist. Genauer gesagt: dass es dieses oder jenes ist oder nicht ist. Das Wort *Kritik* kommt ja aus dem Altgriechischen, von krinein; krinein heißt soviel wie *unterscheiden* oder – mit Gregory Bateson gesprochen – *making a difference*. Wir könnten also sagen, im Zuge der Technik der Digitalisierung geschieht eine Auflösung der Welt in einen riesigen Bithaufen. Die Welt als je gegebene wird *durch Digitalisierung* buchstäblich, wenn auch erst gedanklich, *in Schutt und Asche gelegt*. Die Asche, das sind die Bits, *Atome der Kritik*. Und die sind nun allerdings gleichzeitig die *Bausteine* für neue Welten, die sich aus ihnen konstruieren oder bauen lassen.

Und damit sind wir bei den Neuen Medien und ihrer häufig beklagten zersetzenden Wirkung. Das *Feld der Neuen Medien* (das Neue Medium) kann man in einem gewissen Sinne als *geräumten Bauplatz* betrachten: Die Macht der alten Welt (genauer: jeder Realität, die aus Sicht ihrer kritischen Auflösung immer „alte Welt" ist) ist dort eliminiert. Insofern ist der Bauplatz geräumt. Es gibt keine Bezugnahmen mehr auf Realität als die alte Welt, wo wir es mit Bits zu tun haben. Es gibt nicht den leisesten Anklang, keinerlei Verbindung mehr zu irgend etwas, das Welt in unserem herkömmlichen Sinne ist, also Welt, der wir selber angehören, aus der wir kommen. Das Feld der Neuen Medien ist ein geräumter Bauplatz mit Bytes und Bits (Schutt und Asche) als Baustoffen einer neuen und jetzt einzig auf den Menschen noch zurückführbaren Welt.

Hier haben wir in einer anderen, vielleicht noch konsequenteren Weise die „Nacht der Welt", von der Hegel sprach. Diese Nacht ist noch leerer, noch schwärzer, noch unwirklicher, als sie bei Hegel erschien. Dort gab es „phantasmagorische Vorstellungen": blutige Köpfe, gespenstische weiße Gestalten, die auftauchen und wieder verschwinden. Es gab dort m.a.W. Erinnerungen des Geistes an ein Heiles und Wirkliches, furchtbare Erinnerungen, weil dies Heile und Wirkliche zerstört und verloren ist; in Hegels „Nacht der Welt" ist der Schrecken der Vernichtung, der mordenden Tat noch präsent. Wenn man sie als ein „Zwischen" bezeichnen kann zwischen dem Nicht-mehr der alten und dem Noch-nicht der neuen Welt, dann ist hier noch größere Nähe zum Nicht-mehr zu spüren. Der Geist gehört einem lebendigen Wesen, das sich seiner Herkunft und

seiner Tat erinnert. Solche Erinnerung ist im Felde der Neuen Medien ausge-
löscht. Hier gibt es keine blutigen Köpfe und keine weißen Gestalten, es sei
denn, sie würden absichtsvoll konstruiert. Im Kopfe der Menschen, die mit Neu-
en Medien umgehen, mag sich alles Mögliche an phantasmagorischen Vorstellungen abspielen; nichts davon ist dem Feld der Neuen Medien eingeschrieben;
nichts davon kann dort *gefunden* werden.

Auch dieser geräumte Bauplatz der Neuen Medien bleibt ein „Sprachraum".
Meine Überlegungen zu Medialität und Macht hatten dort angesetzt. Ich hatte
vom Medium der Sprache und der Schrift den Ausgang genommen. Gemeint
waren natürliche Sprachen. Natürliche Sprachen heißen deswegen so, weil sie
kontextgebunden, also auf eine Welt verpflichtet sind, die uns jeweils gegeben,
also nicht unser Produkt ist und auf die sie in ihrer Semantik Bezug nehmen
müssen, sonst können wir sie weder sprechen noch verstehen. Formale oder
Programmiersprachen hingegen sind kontextfrei, d.h. sie sind auf keine gegebene
Welt mehr verpflichtet.

Die Abschrift wird also jetzt definitiv abgelöst durch die *Vorschrift* (wörtl.
Übersetzung von Programm), nämlich das Computerprogramm, das – als Steue-
rungsprogramm implementiert – maschinell ausführbar ist. Diese Vorschrift
bedingt eine neue, eine andere Art des Schreibens. Wenn jemand ein Computerprogramm schreibt, dann schreibt er der Welt vor, wie sie sich zu verhalten hat.
Er bezieht sich auf die Welt als eine, der man auf diese Weise Vorschriften machen kann. Das heißt er bezieht sich auf Welt als Maschine; Maschinen kann
man in diesem Sinne Vorschriften machen. Die Schrift fungiert jetzt als die Anordnung, die Kette von Befehlen, durch deren Befolgung die Übersetzung in
Wirklichkeit zu leisten ist.

Wir können an dieser Stelle eine Formulierung von Günter Anders aufgrei-
fen. Günter Anders sprach von „invertierter Imitation" (Anders 1987: 252). Das
war damals noch nicht auf die Computer-Technologie bezogen, sondern auf die
Traumfabrik Hollywood und auf das Fernsehen und meinte die merkwürdige
Verkehrung der Abbildungsverhältnisse zwischen Medienwelten und Lebenswelten, dass nämlich in zunehmendem Maße – nach seiner Diagnose – die Welt
sich nach den Bildern richtet, die in den Medien ihnen vorgegeben werden, dass
also die Welt anfängt, die Medien zu imitieren. Dies gilt auch für moderne Computerprogramme als Steuerungsprogramme, hier sogar in extrem zugespitzter
Weise (vgl. Sesink 2004: 52-79).

6   Wiedergutmachung

Dass Auflösung und Zerfall emanzipatorische Qualität haben, hoffe ich soweit
gezeigt zu haben. Dass Bildung selbst eine destruktive Kraft ist, ebenfalls. Was
nun aber meine These besagt, dass Bildung der Welt Wiedergutmachung schul-
de, muss ich noch ausführen.

Das Neue Medium, habe ich gesagt, sei Raum für eine neue Art der
menschlichen Vermittlung zur Welt; und ich ergänze, dass dieses Neue Medium
gleichzeitig auch der Raum sein muss für Wiedergutmachung als Entwurf einer
neuen besseren Welt. Vilém Flusser, einer der profiliertesten und engagiertesten
Philosophen der Neuen Medien, hat das Neue Medium in diesem Sinne als Ent-
wurfsraum charakterisiert:

> „Das Zurücktreten des Denkens aus der Linie in den Punkt (der ein Nichts ist) ist ja
> nicht nur eine Bewegung des Kalkulierens – des Analysierens der Welt und des
> Menschen –, sondern ebensosehr eine Bewegung des Komputierens: des Syntheti-
> sierens von Welten und Menschen. Es ist zwar richtig, dass mit dem Einsetzen des
> numerischen Denkens ein Schritt zum Zersetzen der Dinge und des Menschen zu
> ‚nichts' getan wird. Aber ebenso richtig ist, dass damit das Feld für das Projizieren
> alternativer Welten und Menschen frei wird" (Flusser 1998: 17).

Flusser vertritt sehr emphatisch die These, die ich ja auch versucht habe darzulegen. Aber zugleich gibt es einen großen Unterschied. Flusser würde niemals von
Wiedergutmachung sprechen, weil er nirgendwo eine Schuld sehen könnte. Denn
die Welt, an der oder der gegenüber Wiedergutmachung notwendig wäre, gibt es
für Flusser überhaupt gar nicht. Eine solche Welt war für ihn immer schon Illusion; die so genannte Wirklichkeit war immer schon für ihn das Nichts, nur habe
die Menschheit lange gebraucht, um das zu entdecken. Während ich mit Hegel
und Zizek anders argumentiert habe, nämlich dass wir dieses Nichts nicht lediglich als uns immer schon gegebene Voraussetzung entdecken, sondern dass es
ein Resultat ist der abstrahierenden, der auflösenden Einbildungskraft. Die tabula
rasa, der leergeräumte Raum ist nicht die Voraussetzung, sondern ein *Ergebnis*
der Einbildungskraft.

Ich spreche also von Wiedergutmachung; und die Frage ist: Warum sage ich
Wieder-Gutmachung und nicht einfach Gutmachen. Und wieso war von Schuld
die Rede?

Ich hatte gesagt, dass im Neuen Medium ein leerer Raum entstanden ist, in
dem es keinerlei Bezug mehr auf wirkliche Welt, auf Lebenswelt gibt. Wenn hier
jetzt etwas Neues konstruiert werden soll, ist die Frage: Woher sollen eigentlich
die Qualitätskriterien, die Sinnkriterien genommen werden, die in diesem Raum
Geltung beanspruchen können?

Wenn ich nur von Gutmachen spreche, dann würde das heißen, dass das, was als gut zu gelten habe, sich auf eine freie Setzung des Subjektes zurückführte. Aber dieses Subjekt, wie es vorhin bestimmt worden ist mit Hegel, hätte eigentlich keinen Maßstab dafür, was das Gute sei, als den Willen einfach nur zum Willen, den Willen, etwas zu tun, weil es es kann, und aus keinem anderen Grunde, d.h. als reine Machtdemonstration. Das wäre ein terroristisches Gutmachen.

Wiedergutmachung dagegen – und deshalb betone ich das *Wieder*gutmachen – weiß sich in einer Schuld. Nämlich: Die Kritik, die der Ausgangspunkt war für die Zersetzung der alten Welt, ist selbst in dieser alten Welt, die sie zersetzt, gegründet; sie kommt dorther. Die Kritik ist nicht ihr eigener Ermöglichungsgrund, sondern sie findet sich als Möglichkeit vor, und diese Möglichkeit wird von der alten Welt eingeräumt. Und das heißt: auch wenn das kritische Denken diese alte Welt destruiert, dann verdankt es darin sich zugleich dieser alten Welt. Und deshalb schuldet es ihr Wiedergutmachung.

Wenn es so ist, dass das, worauf dieses Neue Medium basiert, die Abstraktion von allem Sinn. ist, von allem, was die Welt in irgendeiner Weise als für uns sinnvolle zusammenhält, dann stellt sich die Frage nach dem *Sinn der Abstraktion von allem Sinn*. Meine pauschale Antwort dazu wäre: Der Sinn der Abstraktion von Sinn ist, was ich im Untertitel dieses Beitrags als *Emanzipation* bezeichnet habe, die Emanzipation von einer gegebenen Welt, und zwar um der Möglichkeit des Setzens von Sinn willen, so dass Sinn fortan nicht mehr etwas Gegebenes ist, sondern etwas *Entschiedenes*, und zwar von Menschen Entschiedenes. Dazu gehört der Gedanke der Wiedergutmachung in meinem Verständnis. Wiedergutmachung heißt, das Gute des zerstörten Alten restituierend zu bewahren im Neuen. Es steckt darin ein Bekenntnis dazu, dass im Alten etwas Gutes war, und wenn es nur die Ermöglichung der Kritik war, die dieses Gute ausmacht.

Aus diesem Bekenntnis resultiert eine *Selbsthemmung* der destruktiven Kraft der Einbildung; es gibt keine andere Kraft, die diese Kraft hemmen könnte; sie kann nur sich selbst hemmen. Und weiter hängt damit zusammen der Gedanke der Autonomie, wie er von Kant so stark gemacht worden ist, nämlich die *Bindung an ein selbstauferlegtes Gesetz*. Es gibt kein Gesetz mehr, das von außen kommt. Und schließlich begründet sich daraus eine Lebenspraxis, eine Weltpraxis, die experimentell ist, auf Revidierbarkeit gerichtet, weil damit eingestanden ist, dass das, was den Maßstab für Güte ausmacht, nicht durch bloße Setzung als Faktum menschlicher Praxis entschieden werden kann, sondern aus der Welt, der der Mensch als leibliches Wesen zugehört, stammen muss und dass insofern sein Handeln immer auch ein *Suchen* nach diesen Maßstäben ist, ohne je die Chance zu haben, sie dingfest zu machen.

Dies tun wir gemeinsam in gesellschaftlicher Praxis. Insofern gehört dazu ein *diskursives, reflektiertes, soziales Zusammenspiel* in Bezug auf eine solche experimentelle Praxis. Und dann gehört für mich auch dazu die Nutzung, und zwar kollaborative Nutzung des virtuellen Raums des Neuen Mediums, was voraussetzt, dass dieser virtuelle Raum des Neuen Mediums für eine so verstandene gemeinsame Praxis auch tatsächlich bewahrt, gerettet, erkämpft werden muss. Denn er wird uns als ein solcher nicht einfach geschenkt (vgl. Marotzki 2000).

Das Medium als Vermittlungsraum wäre also ein Raum, in dem die Vermittlungen, die dort geleistet werden können, *anschließend* und insofern *poietisch* sind. Das altgriech. Wort poiesis meinte ja eine menschliche Tätigkeit, ein menschliches Hervorbringen, das Anschluss nimmt an das, was die Natur ermöglicht, insofern an etwas Anschluss nimmt und sich an etwas anbindet, das nicht sein eigenes Resultat ist. Eine solche poietische Nutzung seines Vermittlungsraums könnte das Neue Medium zu einem *Schauplatz der Wiedergutmachung* werden lassen – und nicht eines terroristischen Gutmachens, was es wäre, wenn wir diesen Raum sozusagen als die virtuelle Weltmaschine konstruieren würden, den virtuellen Weltentreiber, dem dann die Entwicklung unserer wirklichen Welt lediglich zu gehorchen hätte, wie dies in manchen Phantasien der Künstlichen-Intelligenz-Forschung intendiert ist: ein terroristisches Gutmachen von Welt via Neues Medium.

Literatur

Anders, Günter (1987): Die Antiquiertheit des Menschen. Bd. II: Über die Zerstörung des Lebens im Zeitalter der dritten industriellen Revolution. München: C.H. Beck

Bateson, Gregory (1981): Ökologie des Geistes. Frankfurt a.m.: Suhrkamp

Flusser, Vilém (1998): Vom Subjekt zum Projekt. Menschwerdung. Hrsg. S. Bollmann/E. Flusser. Frankfurt a.m.: Fischer

Hegel, Georg Friedrich Wilhelm (1805-06): Jenaer Systementwürfe III. Naturphilosophie und Philosophie des Geistes. Hrsg. R.-P. Horstmann. Hamburg 1987

Hegel, Georg Friedrich Wilhelm (1807): Phänomenologie des Geistes. In: Werke in 20 Bänden. Red. E. Moldenhauer/K.M. Michel. Bd. 3. Frankfurt a.m. 1970

Heydorn, Heinz Joachim (1972): Zu einer Neufassung des Bildungsbegriffs. Frankfurt a.m.: Suhrkamp

Heydorn, Heinz Joachim (1974): Überleben durch Bildung. In: Werke Bd. 4. Hrsg. I. Heydorn/H. Kappner/G. Koneffke/E. Weick. Wetzlar 2004

Kant, Immanuel (1781): Kritik der reinen Vernunft. Hrsg. von R. Schmidt. Hamburg 1956

Kant, Immanuel (1783): Beantwortung der Frage: Was ist Aufklärung? In: Werke in zehn Bänden. Hrsg. W. Weischedel. Bd. 9. Darmstadt 1968: 53-61

McLuhan, Marshall (1964): Die magischen Kanäle. Understanding Media. Düsseldorf/ Wien: Econ, 2. erw. Auflage 1995

Marotzki, Winfried (2000): Zukunftsdimensionen von Bildung im neuen öffentlichen Raum. In: Marotzki/Meister/Sander (2000): 233-258

Marotzki, Winfried/Meister, Dorothee M./Sander, Uwe (Hrsg.) (2000): Zum Bildungswert des Internet. Opladen: Leske + Budrich.

Sesink, Werner (2004): In-formatio. Die Einbildung des Computers. Beiträge zur Theorie der Bildung in der Informationsgesellschaft. Münster: Lit

Zizek, Slavoj (2001): Die Tücke des Subjekts. Frankfurt a.M.: Suhrkamp

Bildungsdefizite durch Infotainment?
Die didaktische Bedeutung medialer Gestaltungsmittel

Manuela Pietraß

1 Einleitung

Im Fernsehen ist seit einigen Jahren die vermehrte Entwicklung von Programmgenres zu beobachten, welche die Grenzen zwischen Information und Unterhaltung auflösen. Die neuen Formate setzen erlebnisorientierte, emotionalisierende Gestaltungsformen ein, woraus ihre Zuordnung als Mischform resultiert. War ehedem der sachlich-nüchterne Stil der Information vorbehalten und die Dramatisierung der (fiktionalen) Unterhaltung, wird durch eine dramatisierende Darstellungsform dem Nonfiktionalen der Charakter des Fiktionalen, des Geschichtenerzählens und damit des Unterhaltenden verliehen. Die für Fragen des Lernens mit Medien relevanten Mischformen sind das Edutainment, das insbesondere im Bereich selbstgesteuerter, informeller Lernprozesse eingesetzt wird (z.B. eine entsprechend gestaltete Lernsoftware oder ein Bildungsprogramm) und das Infotainment, das als massenmediales Mischgenre, insbesondere des Fernsehens, im Bereich des beiläufigen, informellen Lernens durch Massenmedien relevant wird (Fernsehen, Hörfunk, Druckerzeugnisse und WWW). Unterschiedliche Formate evozieren unterschiedliche Einstellungen der Rezipienten gegenüber dem, was vermittelt wird. Bei einer starken Unterhaltungsorientierung des Rezipienten und der für ihn schwierigen Abgrenzung zwischen „faction" und „fiction" werden Wissenszuwachs und die Qualität des Wissens fragwürdig. Damit rücken die mit den einzelnen Formaten verbundenen Gestaltungsformen in den Fokus mediendidaktischer Fragestellungen.

Aufschluss über den Zusammenhang zwischen der Darstellungsform und ihrer Verarbeitung geben Rezeptionsstudien zum Infotainment, die im Bereich der medienpädagogischen und kommunikationswissenschaftlichen Rezeptionsforschung vorliegen. Dass die hier gewonnenen Erkenntnisse Rückschlüsse auf die Bedeutung der Gestaltungsformen für das Lernen mit Medien zulassen, soll im Folgenden näher ausgeführt werden. Der Rezipient wird also als der Lernende verstanden, der Medieninhalt als das (massenmediale) Lernangebot. Der Argumentationsgang ist folgendermaßen aufgebaut: Zunächst wird gezeigt, dass Gestaltungsformen ihre „Wirkung" in Interaktion mit dem Rezipienten entfalten. Es entstehen typisierte Angebotsformen, die als Rahmen für die Erlebnisweise fungieren. Letztere realisiert sich jedoch erst im Zusammenspiel mit den Nutzervoraussetzungen, was im Rückgriff auf den milieutheoretischen Ansatz erklärt wird. Mit Hilfe dieses Ansatzes ist es möglich, die Präferenz bestimmter Gestaltungsstile in einen Zusammenhang mit im Laufe der Sozialisation erworbenen Geschmacksmustern zu stellen. Unter dieser Perspektive ist die Gestaltung von Medienbeiträgen nicht nur ein ästhetisches, sondern ein soziales Problem, weil bestimmte Gestaltungsstile von bestimmten Gruppen bevorzugt werden, wie an Beispielen aus der Rezeptionsforschung belegt wird. Es ist zu vermuten, dass mit der Präferenz oder Distanzierung von Gestaltungsstilen Erlebnis- und Verstehensweisen verknüpft sind, was ein didaktisches Interesse an der Art und Weise der Mediengestaltung begründet. Zuletzt werden mediendidaktische Forschungsdesiderata formuliert.

2   Information und Unterhaltung als interaktive Zuschreibungen

Bei einem interaktionistischen Ansatz der Medienrezeption können Gestaltungsformen nicht per se mit generalisierbaren Wirkungsweisen (resp. Lerneffekten) verbunden werden, sondern es sind die Nutzeraktivitäten mit einzubeziehen. Den Unterschied möchte ich beispielhaft veranschaulichen.

Zwei Forscher wollen untersuchen, welche unterschiedlichen Wirkungen von informativ-sachlichen und unterhaltend-dramatisierenden Gestaltungsformen ausgehen. A bestimmt durch ein semantisches Differenzial, welche Unterschiede für die Rezipienten relevant werden könnten. Sein Untersuchungsmaterial enthält verschiedene Darstellungsvarianten, die mehr bis weniger stark unterhaltend aufbereitet sind (z.B. durch Schnelligkeit, Musikuntermalung, Visualisierung und Personalisierung). Um ein möglichst „natürliches" Angebot zu erhalten, lässt er dieses von professionellen Produzenten aufbereiten. Durch vorformulierte Hypothesen legt A schließlich fest, welche Qualitäten des Medienangebots durch die Probandenaussagen überprüft werden. So interessiert ihn z.B. wie „realitätsnah", „glaubwürdig", „informativ", „unterhaltsam" der realistische gegenüber dem dramatisierenden Gestaltungsstil eingestuft wird.

B geht produktanalytisch vor. Er untersucht auffällige – die ihm als auffallend erscheinenden – Gestaltungsmerkmale des Angebotes mit Hilfe film-, bild- und sprachanalytischer Verfahren; z.B. stuft er Visualisierung und Personalisierung als ein Merkmal von Fiktionalität ein. Von seiner Analyse ausgehend zieht er Schlussfolgerungen auf mögliche Reaktionen der Zuschauer, z.B. die Verwechslung von Realität und Fiktion.

Die Problematik beider Vorgehensweisen ist, dass „seltsamerweise der Leser [hier durch Rezipient zu ersetzen; M. P.] meist vergessen oder nicht beachtet" wird (Fish 1979: 196). Aus einer interaktionistischen Rezeptionsperspektive realisiert, wie das Zitat des Literaturwissenschaftlers Stanley Fishs zeigt, erst das Zusammenspiel Text-Leser resp. Angebot-Rezipient die Wirkung eines medialen Angebotes. Sie ist dem gleichzusetzen, welche Bedeutung der Leser dem Text beimisst (Fish 1979; Iser 1979a). Die Bedeutung des Textes kann nach Fish nicht aus Perspektive eines Dritten bestimmt werden, denn was der Text bedeutet oder bewirkt, entsteht im Prozess der Interaktion eines individuellen Rezipienten mit demselben. Bei den oben zwei benannten Vorgehensweisen wird jedoch genau diese Perspektive eines außen stehenden Dritten eingenommen: der Forscher setzt fest, welche Merkmale des Medienangebotes für Wirkungen verantwortlich gemacht werden können. Der Nachteil der nicht-interaktionistischen Vorgehensweise ist, dass der wirkungsanalytische Ansatz die Interpretationsfreiheit der Untersuchungspartner einschränkt, während der produktanalytische mögliche Reaktionen lediglich postulieren kann.

Dass bei A und B eine Einschätzung von außen vorgenommen wird, die nicht mit der tatsächlichen Einschätzung der Probanden gleichgesetzt werden kann, ist nicht ohne weiteres erkennbar. Denn die von den Forschern festgelegten Untersuchungskriterien der Programmqualitäten beruhen nicht auf einer reinen Willkür, sondern auf einer sozio-kulturell gewachsenen Gestaltungspraxis. Insofern erscheint die Festlegung der Forscher als natürlich und wird nicht fragwürdig. Denn die Kenntnis einer normgerechten Darstellungsweise wird im Prozess der Mediensozialisation gewonnen und sowohl vom Forscher, als auch von seinen Untersuchungspartnern geteilt.

Zu der Auffassung, dass ein kulturell gewachsener und nicht ein ontologischer Zusammenhang zwischen Darstellung und dargestelltem Gegenstand besteht, trug Nelson Goodman (1974) erheblich bei. Er zeigte, dass die Realitätsnähe eines Bildes (resp. Kunstwerkes) nicht dem Bild als einer Form der Realitätsvermittlung immanent ist, sondern von seiner Gestaltung abhängig, d. h. es gibt keine Wesenheiten, die Bild und abgebildeter Gegenstand miteinander teilen, die Realitätsnähe wird lediglich als solche wahrgenommen. Damit verlangt Goodman die Rezeptionsweise von Gestaltungsformen mit einzubeziehen. Ihre Wirkung ist nicht aus dem Kunstwerk ableitbar, sondern beruht auf der kulturellen Sozialisation des Betrachters.

In der Rezeptionsforschung verlangt dies einen interaktionistischen Zugang, den im fingierten Beispiel der Wissenschaftler C wählt. Ausgehend von einer interaktionistischen Rezeptionstheorie untersucht er, wie seine Interviewpartner die ihnen vorgelegten Untersuchungsmaterialien interpretieren und welche Rolle sie dabei den Gestaltungsformen zumessen. In dieser Perspektive werden die im

Unterhaltungs- und Informationssektor bestehenden vielfältigen Medienwirklichkeiten nicht als Zustand verstanden, sondern als *Zuschreibung*. Sie sind nicht ein Seinsverhältnis, das wesensmäßig durch das Vorhandensein bestimmter Gestaltungsmittel bestimmt wird, sondern ein „Mitteilungsverhältnis" (Iser 1979b: 277). Versteht man Realität und Fiktion als Zustand, so verleiht man ihnen einen unverrückbar festen Platz im Gefüge der medialen Wirklichkeitsbereiche. Bei dem Verständnis von „Wirklichkeit" als Zuschreibung sind demgegenüber ihre Eigenschaften nicht zuständlich, sondern sie entstehen, wenn die Zuschreibung eines bestimmten Wirklichkeitsgehaltes vorgenommen wird, und verschwinden, wenn diese Zuschreibung nicht vorgenommen wird. Übertragen auf die Programmgenres Information und Unterhaltung müssen die als informativ und unterhaltend verstandenen Elemente auch durch den Rezipienten zugewiesen werden, und sind nicht allein aus dem Angebot ableitbar.

Diese interaktionistische Perspektive lässt sich mit dem rahmentheoretischen Ansatz Erving Goffmans (1993) begründen, wonach im Prozess der Interaktion Rahmen konstituiert werden, welche unsere Erfahrung von der Alltagswirklichkeit organisieren (vgl. ebd.: 22). Rahmen sind skriptartige Anweisungen, an die sich alle an einer Interaktion Beteiligten halten müssen, um in einem gemeinsamen Verstehenszusammenhang zu kommunizieren. Rahmentheoretisch ist das Spiel nicht als ein Seinsbereich zu verstehen, sondern es entsteht durch in der Interaktion vorgenommene Bezugnahmen auf die Interaktionsangebote der Spielpartner. Indem alle an einer Interaktion beteiligten Partner sich dem vereinbarten Rahmen unterwerfen, ist es möglich, dass die spielerischen Handlungen außerhalb der Spielwelt keine Konsequenz besitzen. Damit keine Missverständnisse unter den Spielpartnern entstehen, werden *Rahmenhinweise* verwendet, die die Gültigkeit eines bestimmten Rahmens angeben und seine Einhaltung durch die beteiligten Interaktionspartner sichern sollen. Voraussetzung für die Aufrechterhaltung von Rahmen ist dementsprechend, dass die beteiligten Interaktionspartner die Rahmenhinweise kennen, sie der Konvention gemäß einsetzen und ihre in der Interaktionssituation bestehende Gültigkeit gemeinsam anerkennen. Übertragen auf die Medienrezeption ist also der Rezipient bei der Bestimmung von etwas als unterhaltsam oder informativ eingeschlossen. Nur wenn er die vom Kommunikator vorgenommene Zuweisung seinerseits nachvollzieht und aufrechterhält, kann ein Format als Information oder Unterhaltung verstanden werden.

3 Gestaltungsmittel als Interpretationshinweise

Systematisch gehören Rahmenhinweise zu den Transkriptionskonventionen. Sie geben an, wie die Überführung eines Rahmens, z.b. eines realen Kampfes in einen Kampf auf der Theaterbühne (Modulation), zu vollziehen ist. So fehlen bei einer Bühne Decke und Wand, um die Zuschauer an den Vorgängen teilhaben zu lassen (159; näher siehe 158ff.). Und beim Gespräch geben Klammern (*footings*; Goffman 1981) an, dass alles Folgende in einer bestimmten Weise gemeint ist. Sie bestehen z.B. im Wechsel der Stimmlage oder der Aussprache und geben vor, dass alles, was sich innerhalb der Klammern ereignet, in einem bestimmten Sinn zu interpretieren ist. Im Radio wiederum steht dem Sprecher mit dem *production format* (230) ein bestimmter Raum zur Verfügung, innerhalb dessen der durch das gewählte Format bestimmte Bezug zu dem Geäußerten gewahrt bleibt. Die Produktionsformate markieren, wie weit der Sprecher jeweils gehen darf, bevor er den Grenzraum des durch sie jeweils gegebenen Rahmens überschreitet. *Fresh talk, aloud reading* und *recitation*, drei Formen, deren Unterscheidbarkeit für den Hörer gewahrt sein muss, damit er die Relation des Sprechers zum Gesagten und seine Rolle darin einordnen kann.

Rahmenhinweise geben nicht nur an, wie die geklammerte Einheit gemeint ist, sondern auch wie sie vom Hörer aufzufassen ist: „A change in footing implies a change in the alignment we take up to ourselves and the others present as expressed in the way we manage the production or reception of an utterance" (ebd.: 128). An diesem Zitat wird die konsequent interaktionistische Perspektive Goffmans deutlich, nicht nur die Produktions-, sondern auch die Rezeptionsweise einer Aussage wird durch das Klammern von Gesprächsteilen gewechselt. Und dies gilt sowohl für Rahmen der direkten wie auch der medial vermittelten Interaktionssituation (welche der Medienrezeptionssituation entspricht).

Die Rezeptionsweise ist dabei nicht nur als ein kognitiver Akt zu verstehen, mit dem nachvollzogen wird, wie durch das Klammern und Rahmen der Gehalt von Aussagen verändert wird – z.b. ob etwas als Information zu verstehen ist (wie die Wetternachrichten) oder lediglich als Unterhaltung (die Wetternachrichten als Bestandteil eines Katastrophenfilms, die keine Bedeutung für das Handeln des Zuschauers haben). Mit dem Rahmen ist auch eine Erlebnisform verbunden, die innere Teilhabe an einem Geschehen. Innerhalb eines Rahmens wird die sozial geteilte Realität auf je bestimmte Weise relevant. Das „Engagement" am Rahmen definiert Goffman als einen „psychobiologischen Vorgang", „bei dem dem Subjekt mindestens teilweise entgeht, worauf sich seine Gefühle und seine kognitive Anspannung richten" (1993: 376). Sie richten sich auf die mit dem Rahmenrand gegebene sinnhafte Kontextualisierung, deren ausschließliche Berücksichtigung eine innere Teilhabe jedoch verstellen würde. Man muss sich sozusagen mitreißen lassen, was willentlich nicht möglich ist, „denn damit würde sich ja die Aufmerksamkeit auf etwas weiteres richten, nämlich die Aufrechterhaltung jener Aufmerksamkeitsrichtung" (377). So gerät nach dem Beispiel Goffmans jener, der bei einem Konzert die Musik richtig klassifiziert, zu ihr aber keinen Zugang findet, in die unerfreuliche Lage, die Vorstellung „absitzen" zu müssen. Doch darf er nicht laut seinen Unmut deutlich werden lassen, denn es bestehen „normative Erwartungen bezüglich der Tiefe und Vollständigkeit, mit der die Menschen in die durch den Rahmen organisierten Vorgänge eingebunden sein sollen" (ebd.). Diese Erwartungen betreffen das zu geringe wie das zu starke Engagement an einem Rahmen.[1]

Handelte es sich bei den Gestaltungsanweisungen für Rahmen um ein zur beliebigen Verfügung stehendes Repertoire, so würden kommunikative Akte lediglich eine treffende Wahl des Kommunikators aus diesem Repertoire verlangen, was Rahmen auf ein reines Stilmittel reduzierte. Dass dies nicht der Fall ist, wird am inneren Engagement sichtbar. Denn mit ihm wird dem Rahmen der Wirklichkeitsakzent verliehen. Das heißt also, dass Rahmen, die formal durch Gestaltungsmittel markiert werden, aufgrund der in den Gestaltungsmitteln liegenden Hinweise mit dem Erleben von Wirklichkeit in Interaktion verbunden sind. Gestaltungsmittel aber sind nicht mit bestimmten Rahmen fest verknüpft, sondern sie sind änderbar, wie an der Entstehung neuer Programmformate ablesbar ist. Sind Gestaltungsformen einerseits änderbar, also medialen Kommunikaten mehr oder weniger beliebig zuweisbar, und entfalten sie in der Rezeptionssituation ihre Wirksamkeit erst dann, wenn sie vom Rezipienten so verstanden und erlebt werden, wie sie gemeint sind,[2] dann stellt sich die Frage nach der Wirkung von Gestaltungsmitteln neu: Man kann nicht mehr davon ausgehen, dass Gestaltungsmittel bestimmten kommunikativen Formaten inhärent sind und auf alle Rezipienten dieselbe Wirkung ausüben, sondern es ist die Frage zu stellen, welche Erlebnisweise ein Rezipient mit einem Gestaltungsmittel verbindet.

4   Soziokulturelle Differenzen beim Erleben medialer Formate

Dass Medienwirklichkeiten mit besonderen Erlebnis- und Erkenntnisweisen verknüpft sind, wird bereits an der gängigen Formateinteilung „Information" und „Unterhaltung" erkennbar. Allerdings sind diese Einteilungen als Erlebniswerte zu grob. So können Dehm/Storll/Beeske (2005: 59) unter der Differenzierung von fünf Erlebniswerten zeigen, dass z.B. auch bei Informationssendungen emo-

---

[1] Die normative Seite der Rahmenteilhabe wird dargestellt in Pietraß 2006.
[2] Der Fall von Manipulation und Täuschung soll hier zur Vereinfachung ausgenommen werden; er ist näher ausgeführt in Pietraß 2002: 100ff.

tionales Erleben eine Rolle spielt und Unterhaltungssendungen der Orientierung dienen. Die Autoren plädieren dafür, die kommunikatororientierten Differenzierungen (wie Unterhaltung und Information) zugunsten „einer differenzierten Betrachtung der Erlebnisweisen von Formaten" und zielgruppenspezifischen Analysekriterien aufzugeben. Als Differenzierungsraster der Rezipientengruppen bietet sich Schulzes (1992) Ansatz der „Erlebnisrationalität" an, wonach Erlebniswerte mit der Medienselektion in Zusammenhang gebracht werden können. Schulze bringt (innere) Erlebnisweisen mit (äußeren) Erlebnisangeboten so in Verbindung, dass sein Ansatz auf die medialen Gestaltungsmittel und durch sie evozierte Verarbeitungsmuster übertragen werden kann. Mit der Erlebnisrationalität legt er eine „Systematisierung der Erlebnisorientierung" vor, wonach das Subjekt Situationen mit dem Ziel der Evokation bestimmter Erlebnisqualitäten aufsucht. Es orientiert sich dabei an alltagsästhetischen Schemata. Diese sind „gemeinsame Elemente im persönlichen Stil vieler Menschen" (141), welche sich zu milieuspezifischen Stiltypen ausdifferenzieren.[3] Bezüglich der Mediennutzung schlägt sich dies in Präferenzen für bestimmte Medien und Genres nieder (z.B. Dehm/Storll/Beeske 2005; Engel/Windgasse 2005; Klingler/Neuwöhner 2003; Schulze 1992; Wippermann/Magelhaes o.J.; siehe Tabelle 1).

Bereits bei der Differenzierung nach Medientypen lassen sich milieuspezifische Zuordnungen feststellen. So kommen Engel und Windgasse unter Verwendung der SINUS-Milieus (SINUS Sociovision) zu dem Ergebnis, „dass das Fernsehen ebenso wie das Radio in den traditionellen Milieus besonders profiliert ist. Das Internet wird besonders markant von den hedonistischen Milieus eingeschätzt und die Tageszeitung von den gesellschaftlichen Leitmilieus" (458). Die erfragten Imagewerte waren u.a. „anspruchsvoll", „modern", „unterhaltend/unterhaltsam", „informativ", „glaubwürdig", „kompetent", „sachlich". Bezüglich der Bedeutung von Gestaltungsformen ist eine Differenzierung nach Medientiteln resp. -genres aussagekräftiger. Sie zeigt, dass Abgrenzungen und Vorlieben zwischen den einzelnen Milieus vorliegen, welche die Imagewerte besser verstehen lassen (Wippermann/Magalhaes o.J.; Schulze 1992). Denn die Medienwahl (TV; Hörfunk; Presse; Internet; Buch) lässt lediglich allgemeine Bewertungen zu, die der Erlebnisrationalität zugrunde liegende ästhetische Einstufung eines Objektes wird aber deutlicher beim Einbezug ästhetischer Kriterien im Medienangebot. Diese sind mit den Gestaltungsformen gegeben, wonach sich die ein-

---

[3] Milieus beschreiben ein System sozialer Differenzierungen. Die Angehörigen eines Milieus teilen Wertvorstellungen, Geschmackspräferenzen und -distanzierungen sowie Lebensstile. Gerhard Schulze (1992) unterscheidet fünf, das viel weiter verbreitete Modell von SINUS zehn verschiedene Milieus. Die Unterschiede zwischen beiden Modellen sind für vorliegende Frage nicht relevant, sondern dass die Milieutyplogien eine soziokulturelle Differenzierung von Rezipientenvoraussetzungen ermöglichen.

zelnen Genres typisieren lassen. So besitzt das Medium Fernsehen zwar bei allen Milieus die höchste Bewertung als unterhaltsam (Zubayer/Geese 2005), doch zeigt sich bei der Programmwahl, dass unterschiedliche Programme in den einzelnen Milieus präferiert werden, was nahe legt, dass die Einstufung „unterhaltsam" anhand unterschiedlicher Bewertungsschemata erfolgt. Beispielsweise ist im gesellschaftlichen Leitmilieu der „Etablierten" das bevorzugte Fernsehformat „WISO", im Mainstream-Milieu der „DDR-Nostalgischen" das Format „Super-Illu TV" (Wippermann/Magalhaes o.J.).

Gestaltungsformen sind nicht nur als Rahmenhinweise im Prozess der Medienrezeption leitend, sondern in der Bündelung mit typischen Inhalten avancieren sie zu medialen Rahmentypen, den Genres. Bereits an ihnen wird für den Nutzer erkennbar, welche spezifische Erlebnisqualität die Interaktion mit einem Medienangebot anzunehmen verspricht. Die Erlebnisqualität kann nach den drei Genussschemata Schulzes näher klassifiziert werden. Rezeptionstheoretisch gesehen verbindet das Genussschema die Medienpräsentationsform mit deren Bewertung und Erleben durch den Rezipienten und beschreibt die ästhetische Qualität der Interaktion mit einem Medientext. Der Rezipient kann mit der Erfüllung seiner Erlebnisansprüche rechnen, weil die Medien Teil des „Erlebnismarktes" (Schulze) sind, dessen Anbieter darauf abzielen, ihre Produkte und deren Marketing nach den alltagsästhetischen Schemata auszurichten. Für den Konsumenten stehen persönliche Gewohnheiten und angebotene Geschmacksmuster in Relation wie Zeichen und Bedeutung: Konsumgüter, Veranstaltungen, Situationen sind Zeichen, welche Konfigurationen der von ihnen angestrebten Genüsse, aber auch damit verbundenen sozialen Distinktionen erlauben.

Während das historisch aus dem Bürgertum erwachsene „Hochkulturschema" auf „Kontemplation" gerichtet ist, sucht das „Trivialschema", das mit dem wachsenden Wohlstand der Arbeiterschicht in Zusammenhang steht, Harmonie und Gemütlichkeit und das „Spannungsschema" nach „Action". Dessen Wurzeln sind zu finden in der Abgrenzung Jüngerer von der Lebensform und den Werthaltungen der Erwachsenen und etablierten Gesellschaftsgruppen in den fünfziger Jahren. Es verbreitete sich in Zusammenhang mit dem jugendkulturell orientierten Markt der Konsumgüterindustrie (Mode, Musik, Freizeitaktivitäten). Die Genussschemata sind nicht auf einem Kontinuum angesiedelt, sondern in einem mehrdimensionalen Raum, d.h. sie schließen sich nicht notwendig aus, sondern können kombiniert vorkommen, und ihr gradueller Unterschied besteht in Annäherung und Distanz zu dem mit dem Schema verbundenen Erlebnisgewinn (Schulze 1992: 158f.).

Tabelle 1: Milieucharakterisierung der Mediennutzung nach Schulze 1992

Milieu	Präferenzen	Distanzierung
Niveaumilieu (+Hochkulturschema, -Trivialschema; -Spannungsschema)	*Fernsehpräferenzen:* pol. Diskussion, Zeitgeschichte, intellektuelle Orientierung *Lektüre:* Überregionale Tageszeitung, Zeit, Spiegel /ein Buch lesen; Tageszeitung: Kultur, Wissenschaft, Politik	*Fernsehen:* Action, Fernsehshows, Quizsendungen, Volkstheater, Fernsehen *Lektüre:* Trivialliteratur, Bildzeitung, Abendzeitung, Goldenes Blatt u.ä., Kleinanzeigen (Tageszeitung), Werbung (Tageszeitung), Modezeitschriften
Harmoniemilieu (+Trivialschema; -Hochkulturschema; -Spannungsschema)	*Fernsehen:* lokale Sendungen, Volkstheater, Quiz, Heimat-, Naturfilm, Unterhaltungssendungen, Volksmusik, Unterhaltungsmusik *Lektüre:* Bildzeitung, Abendzeitung, Goldenes Blatt u.ä	*Fernsehen:* intellektuelle Orientierung *Lektüre:* „gehobene" Literatur, Sachorientierung Überregionale Tageszeitung, Zeit, Spiegel, Stern, Modezeitschriften psychologisches Interesse
Integrationsmilieu (+Hochkulturschema; +Trivialschema; -Spannungsschema)	a) ungebildete Milieus: *Fernsehen:* Harmonie *Lektüre:* Trivialliteratur, Bildzeitung, Abendzeitung, Goldenes Blatt u.ä., Werbung, Lokale Nachrichten, Kleinanzeigen (Tageszeitung) b) gebildete Milieus *Fernsehen:* intellektuelle Orientierung (Politik, Zeitgeschichte, Kultur, u.ä.) *Lektüre:* gehobene Literatur, Sachorientierung, Hochkulturszene, Ausstellungen	a) ungebildete Milieus: Überregionale Tageszeitung b) gebildete Milieus Heimatfilme, Bildzeitung /Abendzeitung c) ältere Milieus: Fernsehen: Action
Selbstverwirklichungsmilieu (+Spannungsschema; -Hochkulturschema; -Trivialschema)	*Fernsehen:* Wissenschaft, Technik, Zeitgeschichte, Politik, intellektuelle Orientierung *Lektüre:* Sachorientierung, Modezeitschriften, Zeit, Spiegel, Stern, taz, Stadtmagazin	*Fernsehen:* lokale Sendungen, Volkstheater, Quiz, Heimat-, Naturfilm, Unterhaltungssendungen, Volksmusik, Unterhaltungsmusik, Talkshows *Lektüre:* Trivialliteratur, Bildzeitung, Abendzeitung, Goldenes Blatt, Werbung

Unterhaltungsmilieu (+Spannungsschema; -Trivialschema; -Hochkulturschema)	*Fernsehen:* Sciencefiction, Zeichentrickfilme, amerikanische Krimis, *Lektüre:* Trivialliteratur, Bildzeitung, Sportzeitschriften, Modezeitschriften, Goldenes Blatt, Frau im Spiegel Kino	*Fernsehen:* pol. Diskussion, intellektuelle Orientierung *Lektüre:* Überregionale Tageszeitung, Zeit, Spiegel

Der Zusammenhang zwischen stilistischen Geschmackspräferenzen und Mediennutzung soll aus Platzgründen lediglich exemplarisch aufgezeigt werden:

Das Niveaumilieu präferiert überregionale Tageszeitungen mit einem Interesse an Themen aus Kultur, Wirtschaft und Politik. Die gleichzeitige Distanzierung von Trivialliteratur, von Boulevardzeitungen und Yellow Press deutet darauf hin, dass mit den Präferenzen ein sachlich-nüchterner Informationsstil verknüpft ist, während die abgelehnten Medien genau die Vermischung von Unterhaltung und Information, Human Touch und einen bunten, dramatisierenden Darstellungsstil pflegen.

Das eher jüngere Unterhaltungsmilieu dagegen präferiert im Bereich der Medien – der insgesamt ohnehin eher unterrepräsentiert ist – Videofilme, im Fernsehen amerikanische Krimis und Science Fiction, die Yellow Press, nicht goutiert werden auf Verstehen ausgerichtete politische Diskussionen oder auch Unternehmungen wie Theater, Oper, Schauspielhaus. Hier werden die im Genussschema Action angedeuteten Erlebnispräferenzen ebenfalls deutlich an Gestaltungsformen erkennbar, die im Film auf populärkulturelle Verstehensmuster angelehnt sind, bei denen leicht verständliche, singulär veranschaulichende, alltagsorientierte Human Touch Themen dominieren.

Im ebenfalls jüngeren Selbstverwirklichungsmilieu wird die Nähe zum Spannungs- und Hochkulturschema und Ablehnung des Trivialschemas bereits am Medienkonsum deutlich: Wenn schon fernsehen, dann werden Informationssendungen bevorzugt, während genau jene Sendungen abgelehnt werden, die von Heimat„tümelei" und Lokalkolorit geprägt sind.

Es ist zu vermuten, dass die von Schulze entdeckten Distanzierungen im topologischen Raum der Erlebnisrationalität sozial tief greifender sind, als dies die Geschmacksunterschiede in der Medienwahl zunächst erkennen lassen. Der soziologische Hintergrund solcher Distanzierungen kann nur ansatzweise entfaltet werden, er findet sein Erklärungsmodell in den Cultural Studies, die den Zusammenhang zwischen kulturellen Praktiken und deren Deutungsanspruch durch soziale Gruppen untersuchen (Hepp/Winter 2006; Hörning 1999). Danach ist die Kennzeichnung von Gestaltungsstilen als pädagogisch oder kulturell wertvoll in

Zusammenhang mit dem Willen der dem Hochkulturschema nahe stehenden Milieus zu bringen, diese Stile als leitend durchzusetzen.

5 Die Unterscheidung von Information und Unterhaltung als diskursiv ausgetragene Milieudistanzierungen

Die Gestaltungsformen haben Bedeutung gebenden Charakter, da sie für die Art und Weise dessen stehen, was für uns wie wirklich wird. Die hinter den Geschmackspräferenzen stehenden Genussschemata sind damit mehr als eine Frage des Erlebens, sie sind ästhetische Weisen der Erkenntnis. Dies wird nach Mikos (2000) in der Unterscheidung zwischen Unterhaltung und Information sichtbar, die im „diskursiven Feld" Gegensätze bilden und sich ausschließen:

> „In der Tradition der Aufklärung kann für die herrschenden bürgerlichen Eliten nur Information das Maß aller Dinge sein, Unterhaltung unterläuft diesen Anspruch, weil die populären und ästhetischen Vergnügungen der Massen sich dem rationalen Diskurs widersetzen und damit, zumindest teilweise auch, subversiven Charakter haben können" (Mikos 2000: 32).

Medien sind Mittel zur Erkenntnisgewinnung, sowohl von Seiten der Produzenten, die Erkenntnis formulieren und kommunizieren, wie von Seiten der Rezipienten, die sie suchen. So drücken sich in der öffentlichen wie wissenschaftlichen Diskussion über die Trivialisierung und Boulevardisierung des Fernsehens soziale Distanzierungen aus, die über die Mediengestaltung geführt werden und im topologischen Raum der alltagsästhetischen Schemata verortet sind; im vorliegenden Fall drückt der Diskurs die Distanz des Niveaumilieus zu dem Trivial- und Spannungsschema aus, das mit dem Infotainment bedient wird. Verdeutlicht werden soll das Gemeinte an der Konvergenzthese der Nachrichtensendungen im Fernsehen, wonach mit den Worten Donsbachs

> „eine von den privaten Sendern ausgehende Anpassung an den Geschmack der breiten Bevölkerung [befürchtet werde], die sich in einer Entpolitisierung auf Programm- und Genreebene äußern könnte. Die Folge sei bei allen Sendern eine verstärkte Vermischung von Information mit Unterhaltungselementen. Sensationalistische, skandal- und konfliktträchtige, dramaturgisch gut inszenierte Informationen würden auf die politische Erfahrungswelt übertragen" (2005: 24).

Dieser These gemäß wird das Politische zum Mittel von Unterhaltung und Sensation. Untersucht wird sie unter dem theoretischen Konzept der Boulevardisierung, das „eine zunehmende inhaltliche und stilistische Entpolitisierung auf Programm- und Genreebene zugunsten unterhaltender Elemente" beschreibt (ebd.: 25). Das Politische wird mit einem bestimmten Darstellungsstil in Deckung gebracht, zugleich aber beobachtet, dass dieser enge Zusammenhang aufgelöst wird. Tatsächlich ist die Konvergenz der Nachrichtensendungen empirisch belegt. Sie kann also nicht auf Geschmacksabwertung zurückgeführt werden oder auf eine diffuse Angst vor einem allmählichen Kulturverfall:

> „Insgesamt wird die Berichterstattung zunehmend personenbezogener, emotionaler, skandalträchtiger, sensationeller und spekulativer. Die Sprache der Journalisten wirkt weniger distanziert. Auffällig häufiger werden eigene Wertungen des Vermittelnden in die Berichterstattung eingebracht. Auf der Ebene der Aufmachung zeigt sich ein erheblicher Anstieg an der Dynamik in der Berichterstattung, der sich sowohl in einer Verkürzung der Schnittfrequenzen in der Filmberichterstattung als auch in einer Minimierung der O-Ton-Dauer äußert" (Winterhoff-Spurk/Unz/ Schwab 2005: 34).

Dieses Fazit ziehen die Autoren nach einer Analyse der Nachrichten in SAT 1; RTL, ARD und ZDF, wobei Inhalt, Stil und Aufmachung zu den Zeitpunkten 1990 bis 1998 im Fokus standen. Eine entsprechende Tendenz ist auch bezüglich der Gewaltberichterstattung zu erkennen, die sich weniger im Umfang (2002 bei den Privaten 21%; bei den Öffentlich-rechtlichen 15%) zeigt, als hinsichtlich der Darstellungsform. Insgesamt besteht ein Trend zu mehr Visualisierung durch den Einsatz bewegter Bilder und verminderter sprachlicher Anteile, wobei die ARD noch immer die „größte Distanz zum Rezipienten aufbaut" (Wix 1996: 99), und ein Trend zur Gewalt und zu kürzeren Einstellungen, wenngleich die ARD nach wie vor die geringsten Gewaltanteile besitzt (Winterhoff-Spurk/Unz/Schwab 2005). Dabei ist trotz der zunehmenden Boulevardisierung ein eindeutiger Unterschied hinsichtlich Visualisierung, Personalisierung, Musikuntermalung und sachlich-nüchterner Darstellungsform zwischen den öffentlich-rechtlichen und privaten Sendern festzustellen (Krüger/Zapf-Schramm 2003).

Dieser Unterschied der Gestaltungsstile schlägt sich in den unterschiedlichen Publika nieder. Da sich die Themenstruktur öffentlich-rechtlich und privat unterscheidet, kann sich das Publikum je nach bevorzugtem Genussschema eher den einen oder den anderen zuwenden: Im öffentlich-rechtlichen Fernsehen dominieren Politik, Wirtschaft und Zeitgeschichte ca. die Hälfte der Beiträge; bei den Privaten führen Soziales und Human Interest/Prominenz (Krüger/Zapf-Schramm 2003). Wer sich exklusiv die Nachrichten von ARD und ZDF ansieht, besitzt mehr Interesse an Politik, Sozialpolitik, Umweltschutz, wer ausschließlich private Nachrichten anschaut, besitzt Interesse an Naturkatastrophen, Kriminalität, Gerichtsprozessen und Verkehrsunfällen (Zubayer/Geese 2005). Letztere Themen sind anschaulich darstellbar, weil sie konkrete Schicksale hervorheben und einen Bezug auf die eigene Lebenswelt besitzen, sie sind visualisierbar, da personalisierbar.

Damit korrespondiert offensichtlich, wie Schulze dies mit seinen Ausführungen zum Erlebnismarkt postuliert, die innenorientierte Rationalität der Individuen einem ausdifferenzierten Erlebnisangebot, was sich bis zu stilistischen Klassifizierungen der Fernsehsender und ihrer Publika niederschlägt. In diesem Forschungsinteresse drückt sich, wie nach Donsbach ausgeführt wurde, die Sorge eines negativen Einflusses auf die politische Bildung bestimmter Zuschauergruppen aus. Diese Sorge ist, richtet man sein Augenmerk weniger auf die Aufmachung, als auf die mit dem Boulevardstil verbundene Themenwahl, sicher berechtigt. Zugleich aber ist die Frage zu stellen, ob politische Bildung, ob die Trennung von Information und Unterhaltung nicht auch mit moderneren, den jüngeren und bildungsferneren Milieus entgegen kommenderen Darstellungsstils vermittelbar ist: Oder anders formuliert: Kann über die milieuspezifische Erlebnisrationalität ein Zugang zu den bildungsferneren und den jüngeren Milieus gefunden werden? Muss zwangsläufig bei einer weniger sachlich-orientierten Berichterstattung mit Informations- und Bildungsdefiziten gerechnet werden?

6 Mediendidaktische Rückschlüsse

Zusammenfassend gesagt zeichnet sich der Trend zur Boulevardisierung und Hybridisierung von Informationssendungen durch den Einzug von veranschaulichenden, den Einzelfall, konkrete Sachverhalte und Vorgänge betonende Darstellungsformen aus. Der traditionelle, nüchtern-sachliche Stil dagegen ist distanzierter, zusammenhangsorientiert, begrifflich-systematisch, und insgesamt eher abstrahierend, weniger visuell als sprachlich. Das Emotionale, Konkrete, das sich im Einzelfall offenbart, die Geschehnisse im nachbarlichen Umfeld, jene Geschichten, die die Fallbeispiele des Alltags sind, sind leichter zugänglich, am singulären Beispiel nachvollziehbar, beobachtbar und damit entsprechend darstellbar. Das Konkrete verlangt weniger Vorkenntnisse und setzt eine weniger fortgeschrittene kognitive Entwicklung voraus. Trotz ihres nach wie vor ausgeprägtesten sachlich-nüchternen Gestaltungsstils bewerten Jugendliche die Tagesschau in einer Untersuchung Grimms (2003) als die glaubwürdigste Nachrichtensendung. Entsprechendes finden Zubayer und Geese (2003) bei Ihrer Imagebewertung. Der *Tageschau* wird die höchste Glaubwürdigkeit (1. Rang ARD 49%; 2. Rang ZDF *heute* 17%; S. 160) zugesprochen, dies korreliert aber nicht mit dem Nutzungsverhalten (Reichweite *Tagesschau* 34,7 %, *heute* 20,5%; ebd. S. 154). Offensichtlich sind die Bewertungskategorien und die Erlebnisgratifikationen voneinander zu unterscheiden. Diese Hypothese ist damit belegbar, dass Grimm feststellt, dass die Rezeptionsgewohnheiten nicht dieser hohen Glaubwürdigkeit entsprechen. Denn Jugendliche bevorzugen nicht nur ästhetisch den eher dynamischen Stil der Privaten, was aus ihrer Zugehörigkeit zu den jüngeren Milieus und deren Präferenz des Actionschemas erklärbar ist. Sie ziehen diese Sendungen auch deswegen vor, weil sie sie besser verstehen!

Einen ähnlichen Zusammenhang wie Grimm findet auch Wirth, der zwischen „positivem" und „negativem Infotainment" unterscheidet. Während das positive Infotainment „mit Informations- und Unterhaltungsgratifikationen verbunden ist, leidet bei negativem Infotainment das Potential für effizienten Wissenserwerb" (Wirth 2000: 66). Seiner Untersuchung zu dem Rezeptionsverhalten Erwachsener (Wirth 1997) entsprechend, stellt er in einer weiteren Studie (2000) mit Schülern der 8. bis 10. Klasse fest, dass auch bei den jungen Zuschauern der präferierte Gestaltungsstil mit subjektiven Gratifikationen korreliert. So hatten diejenigen Schüler, welche die stark auf Unterhaltungseffekte gerichtete Version des vorgeführten Informationsfilms ablehnten, eine andere Vorstellung von Informationspräsentation als jene, die gerade diese unterhaltungsorientierte Version präferierten.

Die Rolle der ästhetischen Gestaltungsweise würde also unter Einbezug von soziokulturellen Differenzen der Rezipienten hinsichtlich des Zusammenhangs von Gefallen und Lerneffekten aufschlussreich sein. Über das Genussschema ist es vermutlich möglich, nicht nur die Motivation zu erhöhen, sondern auch das Verstehen. Dass dies notwendig mit inhaltlichen Qualitätsverlusten verbunden sein muss, sollte nicht als notwendige Konsequenz gefolgert werden. Denn möglicherweise spielt bei der Ablehnung einer eher „unterhaltungsorientierten" Darstellungsweise auch die Erlebnisrationalität der Forscher und der leitenden Milieus eine Rolle, die Offenheit gegenüber anderen Darstellungsformen blockiert. Die Ablehnung einer unterhaltungsorientierten Darstellungsweise wird dadurch gesellschaftlich legitimierbar, dass über mehr Bildung und Position verfügende Gruppen die Macht besitzen, eine bestimmte Form der Alltagsästhetik als pädagogisch minderwertig abzulehnen. Die in einem eher narrativen, konkretisierenden Stil liegenden veranschaulichenden Elemente werden in der Folge als didaktische Zugangsweise bei bestimmten Lernervoraussetzungen wie dem Alter nicht erkannt. Didaktisch gesehen können damit aus der Medienrezeptionsforschung folgende Desiderata für die Gestaltung von medialen Lernmaterialien und für die Untersuchung ihrer Lernwirksamkeit gefolgert werden:

1. Verständnis der Darstellungsformen als kulturelle Praxis, d. h. die Verwendung gestalterischer Mittel ist historisch gewachsen, und kann kulturell geprägten Geschmackspräferenzen zugeordnet werden.

2. Mit den Darstellungsformen sind auf soziale Gruppen beziehbare Erlebnisschemata verbunden, deren Einstufung als präferierte Erkenntnisstile zu überprüfen ist, was den Einbezug alltagsästhetischer Präferenzen bei der Bestimmung von Lernervoraussetzungen verlangt.

3. Die Findung einer Typologie von Nutzergruppen, die praktisch anwendbar ist. Eine zu feine Milieudifferenzierung wird didaktisch kaum realisierbar sein und entspricht auch nicht der Empirie, wonach ein und dasselbe Angebot verschiedene Milieupräferenzen bedienen kann.

4. Das Experimentieren mit konkretisierenden, emotional-ansprechenden Mitteln bei der didaktischen Gestaltung von Medien: Insbesondere in der Multimediadidaktik herrscht eine Trennung nach Zeichenformen vor (insb. Bild und Schrift), wobei die ästhetische Ausgestaltung vernachlässigt wird, welche aber beim Rezipienten als „habituelle Unterströmung" handlungsleitend ist (Schäffer 2006).

5. Die Evaluation des Einsatzes solcher Mittel: Gemäß des interaktionistischen Ansatzes wäre es wichtig, mit qualitativen Instrumenten zu arbeiten, um die Bewertung von Darstellungsformen und ihrer Wirksamkeit im Zusammenspiel Medienangebot – Rezipient beurteilen zu können, und zwar hinsichtlich möglicher Verstehensgewinne, aber auch zu befürchtender Bildungsdefizite durch eine zu starke Emotionalisierung und Konkretisierung.

Literatur

Dehm, Ursula/Storll, Dieter/Beeske, Sigrid (2005): Die Erlebnisqualität von Fernsehsendungen. In: Media Perspektiven, Heft 2: 50-60

Donsbach, Wolfgang/Büttner, Katrin (2005): Boulevardisierungstrend in deutschen Fernsehnachrichten. Darstellungsmerkmale der Politikberichterstattung vor den Bundestagswahlen 1983, 1990 und 1998. In: Publizistik, 50. Jg., Heft. 1: 20-38

Engel, Bernhard/Windgasse, Thomas (2005). Mediennutzung und Lebenswelten. In: Media Perspektiven, Heft 9: 449-162

Fish, Stanley (1979): Literatur im Leser. Affektive Stilistik. In: Warning (1979): 196-227

Goffman, Erving (1981): Forms of Talk. Philadelphia: University of Pennsylvania Press

Goffman, Erving (1993): Rahmen-Analyse. Ein Versuch über die Organisation von Alltagserfahrungen. Frankfurt a.M.: Suhrkamp

Goodman, Nelson (1974): Languages of Art. Indianapolis: Hackett Publishing Company

Grimm, Jürgen (2003). Jugend, Medien, Politik. Eine empirische Untersuchung zum Medienrezeptionsverhalten und Politikverständnis Jugendlicher. Siegen: Universität Siegen (unveröffentlichtes Manuskript)

Hepp, Andreas/Winter, Rainer (Hrsg.) (2006): Kultur – Medien – Macht. Opladen: Leske + Budrich

Hörning, Karl/Winter, Rainer (Hrsg.) (1999): Widerspenstige Kulturen. Cultural Studies als Herausforderung. Frankfurt a.M.: Suhrkamp

Iser, Wolfgang (1979a): Die Appellstruktur der Texte. In: Warning (1979): 228-252

Iser, Wolfgang (1979b): Die Wirklichkeit der Fiktion. Elemente eines funktionsgeschichtlichen Textmodells der Literatur. In: Warning (1979): 277-324.

Krüger, Udo Michael/Zapf-Schramm, Thomas (2003): Inhalte und Gestaltung öffentlich-rechtlicher und privater Informationsangebote im Fernsehen. In: Media Perspektiven, Heft 12: 534-548

Mikos, Lothar (2000): Edutainment und Infotainment. Die lebensweltliche Orientierung des Lernens. In: Paus-Haase/Schnatmeyer/Wegener (2000): 30-43

Paus-Haase Ingrid/Schnatmeyer, Dorothee/Wegener, Claudia (Hrsg.) (2000): Information – Emotion – Sensation. Wenn im Fernsehen die Grenzen zerfließen. Bielefeld: GMK (Schriftenreihe Bd. 30)

Pietraß, Manuela (2002): Gestaltungsmittel als Interpretationshinweise. Eine rahmenanalytische Betrachtung des Infotainment nach E. Goffman. In: Medien & Kommunikationswissenschaft, 50. Jg., Heft 4: 498-509

Pietraß, Manuela (2006): Mediale Erfahrungswelt und die Bildung Erwachsener. Bielefeld: Bertelsmann

Schäffer, Burkhard (2006). Die Bildung Älterer mit neuen Medien. Zwischen Medienkompetenz, ICT-Literacy und generationsspezifischen Medienpraxiskulturen. In: Onlinezeitschrift Bildungsforschung (http://www.bildungsforschung.org/), 3. Jg., Ausgabe 2, Schwerpunktthema: Bildung Älterer (erscheint Herbst 2006)

SINUS Sociovision (o.J.): Die SINUS-Milieus. Heidelberg. Online: http://www.sinus-sociovision.de/Download/infoblatt_d_012005.pdf (12.07.06)

Schulze, Gerhard (1992): Die Erlebnisgesellschaft. Kultursoziologie der Gegenwart. Frankfurt a.M.: Campus, 2. Auflage

Warning, Rainer (Hrsg.) (1979): Rezeptionsästhetik. München: W. Fink

Winterhoff-Spurk, Peter/Unz, Dagmar/Schwab, Frank (2005): Häufiger, schneller, variabler. Ergebnisse einer Längsschnittuntersuchung über Gewalt in TV-Nachrichten. In: Publizistik, 50. Jg., Heft 2: 225-237

Wirth, Werner (1997): Von der Information zum Wissen: Die Rolle der Rezeption für die Entstehung von Wissensunterschieden. Opladen: Westdeutscher Verlag

Wirth, Werner (2000): Infotainment. Chancen für die politische Sozialisation Jugendlicher? In: Paus-Haase/Schnatmeyer/Wegener (2000): 62-91

Zubayer, Camille/Geese, Stefan (2005): Die Informationsqualität der Fernsehnachrichten aus Zuschauersicht. In: Media Perspektiven, Heft 4: 152-162

Wippermann, Carsten/Magalhaes, Isabel de (o.J.): Zielgruppen Handbuch. Religiöse und kirchliche Orientierungen in den SINUS-Milieus 2005. München/Heidelberg: MDG/SINUS Sociovision

Wix, Volker (1996): Abgrenzung oder Angleichung von TV-Präsentationsformen? Haupt-Nachrichtensendungen von ARD, ZDF, RTL und SAT 1. Bochum: Universitätsverlag Brockmeyer

Das Digitale Medium als Bildungsaufgabe
Überlegungen zur Macht der konkreten Bilder und zum Zugang zu den abstrakten Modellen

Heidi Schelhowe

1 Einleitung: Machtfantasien

In einem Projekt, das die Aneignungspraxen Digitaler Medien durch männliche Jugendliche aus Hauptschulen untersucht, zeigen die ForscherInnen, dass die Hauptschüler in den Gruppengesprächen den Computer mit Vorliebe als ein Gerät zum „Hacken" und zum „Viren-Züchten" interpretieren (Buchen/Straub 2006). Wie Sylvia Buchen und Ingo Straub schreiben, „brüsteten sich die Jungen damit, den Schulcomputer zum Absturz gebracht oder Kontrahenten durch das Verschicken ‚gezüchteter' Viren geschadet zu haben (...) durch die im Internet frei zur Verfügung stehenden ‚Virenbaukästen'" (Buchen/Straub 2006). Per Knopfdruck, so ihre Fantasie, könnten sich Machtverhältnisse, in denen sie den Kürzeren ziehen, verändern lassen. Per Zauberspruch verkehrt sich die eigene Unterlegenheit in Macht über das Pentagon.

Schule, wo die eigene Ohnmacht und der Verlust an Zukunftsperspektiven produziert oder doch zumindest reproduziert werden, kann dabei nur als eine Institution projektiert werden, die unbrauchbar und überflüssig ist für diese Art des Auswegs aus der Misere. Gesellschaftliche Macht und Anerkennung, wie sie ComputerexpertInnen zugeschrieben und wie sie mit der Beherrschung dieses Geräts verbunden wird – von Erwachsenen wie von Kindern und Jugendlichen – scheint definitiv nicht mit dieser Institution verbunden. Im Gegenteil: Schule und LehrerInnen werden als rückständig gesehen gegenüber dem, was Kinder und Jugendliche sich selbst aneignen und was sie für ihre Zukunft in der Wissensgesellschaft zu brauchen glauben. Die PISA-Studie wie auch andere Jugendstudien bestätigen, dass (männliche) Jugendliche – ob Hauptschüler oder Gymnasiasten – von der Schule als Institution, in der man Computerwissen erwerben kann, nicht viel halten (PISA Konsortium 2004).

Ich möchte im Folgenden zunächst die Rolle von Bildungsinstitutionen als Einrichtungen des mühevollen Erlernens abstrakter Verfahren und Konzepte für ein zunehmend ungewisser werdendes „Leben" beschreiben und die in der Pädagogik seit Langem erkannten Defizite einer solchen Art von Bildung. Die Segnungen und Versprechen des Computers, aus Bildern und im konkreten Handeln lernen zu können, sollen dargestellt werden, um dann nochmals die Frage nach der Rolle von Bildungsinstitutionen zu stellen. Im Ergebnis werde ich dafür argumentieren, dass auch Zaubern gelernt werden muss und dass für den „richtigen" und verantwortungsvollen Knopfdruck etwas über die Modelle, aus denen die Bilder generiert werden, gewusst werden muss. Das Medium selbst wird zur Bildungsaufgabe.

2   Schule als Simulationsraum

Es gibt vielerlei Gründe für die Herausbildung gesonderter Institutionen für das Lernen. Sie ersetzen das Lernen durch praktischen Nach- und Mitvollzug, wie es z.B. in der Meister-Lehrling-Beziehung zum Ausdruck kommt. Diese Ablösung hat eine lange Vorgeschichte, die nicht erst mit der Industrialisierung beginnt. In der Industriegesellschaft jedoch werden Schulen als die dominante Form des Lernens betrachtet bis dahin, dass Lernen sich auf den Begriff schulischen Lernens verkürzt. Schülerinnen und Schüler, mit denen wir Workshops mit Digitalen Medien durchgeführt haben während der Zeit, die sie in der Schule verbringen müssen, antworten, dass ihnen dies Spaß gemacht habe, *weil* es keine Schule war. Gleichzeitig bezeichnen sie das, was sie in den Workshops erlebt haben, wo sie z.B. Robots gebaut und programmiert haben, nicht als „Lernen" (Schelhowe/Zorn 2006).

Bildungsinstitutionen erscheinen heute notwendige (wenn auch nicht hinreichende) Bedingung für einen demokratischen Zugang zu Bildung. Gleichzeitig sind sie anscheinend unvermeidliche Folge zunehmender Abstraktion und Semiotisierung unseres Handelns. Was man als wert sieht, an die nachfolgende Generation weiter gegeben zu werden, drückt sich in Zeichen aus und vermittelt sich über sie und kann nicht – jedenfalls nicht mit einer gewissen durchschnittlichen Zuverlässigkeit – *implizit* weiter gegeben werden. Lesen und Schreiben und Rechnen sind die Basis solcher Kompetenzen, die die neurophysiologische Forschung gerne als „nicht-privilegiertes Lernen" bezeichnet, also ein Lernen, auf das die Evolution nicht vorbereiten konnte, und um diese Kompetenzen geht es im Schulunterricht. Dass es eine zunehmende Zahl solcher Fähigkeiten gibt, die – abgelöst von Kontexten – als Qualifikationen *per se* „gelehrt" statt im alltäglichen handelnden (Mit)Vollzug erworben werden können, ist weitgehend akzeptiert. Kenntnisse von Regeln und allgemeinen Verfahrensweisen, von abstrakten Konzepten scheinen auch der Vielfalt und Unbestimmtheit der geforderten Kompetenzen für Leben und Arbeiten in der Gegenwart und in der Zukunft besser zu entsprechen als konkrete Handlungsanweisungen und Nachvollzug.

Man löst das Lernen ab von der handelnden Praxis, abstrahiert von konkreten Umgebungen, man lernt Prinzipien und Konzepte, und man hofft, dass junge Menschen so einen Vorrat an Wissen anlegen, um für das Leben „draußen" gerüstet zu ein. Dekontextualisiertes Wissen soll aufbewahrbar sein. Dort, wo sich Probleme stellen, sollen sie dann als „Prinzip" vorhanden und abrufbar sein. Das abstrakte Wissen soll schließlich auf unterschiedliche reale Situationen anwendbar, rekontextualisierbar sein, sobald es gebraucht wird.

Mit den Schulen, in denen Bildung veranstaltet wird, wurde also ein von der Praxis abgetrennter Raum geschaffen mit dem erhofften Vorzug, dass man sich dort auf die für das Lernen wesentlichen Aspekte konzentrieren kann, statt Kinder und Jugendliche ungeschützt der Vielfalt und den Unwägbarkeiten von Handeln in einer zunehmend komplexer werdenden wirklichen Welt aussetzen zu müssen. Werner Sesink schreibt in seinem Buch In-formatio: „Die Welt der Schulinhalte trägt in sich die Tendenz, sich zu einem eigenen, in sich geschlossenen Simulationsraum zu verselbständigen" (Sesink 2004: 48) und: „Schulerfolg ist Erfolg in einem Simulationsraum" (ebd.: 49).

Neben dem Schutz vor dem frühzeitigen Verbrauch der Arbeitskraft könnte dieser Simulationsraum im positiven Fall auch dazu dienen, dass Fehler gemacht werden dürfen und dass aus Fehlern gelernt werden darf, bevor sie nicht wieder gut zu machende Folgen haben.

3 Kritik des Simulationsraums und des Abstraktions-Lernens: Reformpädagogik und Konstruktivismus

Nun sind schon früh Zweifel geäußert worden an dieser Art des Lernens. „Nicht für die Schule, sondern für das Leben lernen wir" – diese triviale Einsicht musste man denen immer wieder in Erinnerung rufen, die nicht lernen wollten und den Sinn und den Zwang zum Lernen in der Schule in Frage stellten. Der Raum der Schule wird von Kindern, Jugendlichen und Erwachsenen eher selten positiv als Freiraum und Spielraum erlebt. Viele Kinder und Jugendliche würden heute, wenn sie gefragt werden, viel lieber spielen oder sogar lieber arbeiten als zur Schule gehen.

Die Schule ist Lebensraum, hielten einige Reformpädagogen der Simulationsanstalt entgegen. Sie brandmarkten die Sinnlosigkeit eines Lernens für die Noten. Schulwissen eigne man sich nur an, um die Noten als Eintrittskarte für das wirkliche Leben zu nehmen. Die Simulation ist vom Verweis auf die wirkliche Welt gelöst, sie trage keinen Sinn mehr, verweise nicht mehr auf die Wirklichkeit außerhalb ihrer selbst, sei nur noch Maschine. Nur an den Rändern, beim Input und beim Output, wird der Verweis auf die Welt relevant. SchülerInnen verstünden dies. Sie orientierten sich auf die Abschlussnoten statt auf die Inhalte dessen, was gelernt werden soll. Es findet keine *Bildung* statt.

Letztendlich also lernten sie keine Inhalte für das Leben, sondern Disziplin, Anpassung und Unterwerfung unter das System Schule, um am Ausgang gute Noten zu bekommen.

Von der revolutionären Pädagogik Lateinamerikas, von Paolo Freire und Ivan Illlich, aber auch von Pädagogen in Deutschland, z.b. von Johannes Beck, kommt die Warnung, dass in dieser Bildungsmaschine Herrschaft implementiert sei, dass sie als Institution selbst den Charakter des Herrschaftssystems trage: „Die Bildungseinrichtungen verkamen (…) zu Sortieranlagen und Lernfabriken. Die gültigen ‚Lernziele' darin hießen und heißen: Anpassen sowie irgendwie zurecht- und durchkommen", schreibt Johannes Beck (1994: 7).

Die Ablösung vom Handeln und die Abschottung im Simulationsraum zeigen auch ihre Schwäche in der Effektivität. Neun Jahre englische Grammatik und Vokabeln führen nicht unbedingt dazu, sich in Englisch gut verständigen zu können. Neun Wochen Englisch in einem interessanten Kontext in den USA helfen in aller Regel mehr. Lernen scheint erfolgreicher durch häufigen und kontinuierlichen Rückbezug des Abstrakten und der Regeln auf konkreten Sinn, auf praktische und nützliche Anwendung.

Nur *die* Abstraktionen, mit denen auch Erfahrungen, Kontextbezug, handelndes Sich-Zueigen-Machen verbunden sind, von denen gleichzeitig eine Anschauung existiert, geben Sinn, bleiben präsent und sind nachhaltig, führen – was Bildung heißt – zu Veränderungen in Denksystemen und sind auf neue Situationen anwendbar. Abgelöst vom Körper und von Erfahrungen sind die Abstraktionen nichts wert, es sind konkrete Bilder und konkretes Handeln notwendig, um nachhaltig zu lernen.

Seit einigen Jahren bekommen die Kritiker des Lernens ohne Kontext, die sich eher an den Rändern der pädagogischen Praxis bewegten, kräftige Unterstützung aus dem Mainstream. Konstruktivismus gilt als Leitgedanke der Pädagogik, womit gemeint ist, dass Wissen aktiv, je nach Vorwissen, Motivation und Einstellung, vom Einzelnen konstruiert wird und nicht gelehrt werden kann (z.B. Reinmann-Rothmeier/Mandl 2001). Auch von der Hirnforschung bekommt diese Pädagogik Unterstützung. Hirnforschung sagt z.B., dass jede komplexe kognitive Leistung das koordinierte Zusammenspiel verschiedener Hirnareale braucht und dass die Gehirnrinde erfahrungsabhängig Repräsentationen bildet und diese bei allen zukünftigen Wahrnehmungs- und Entscheidungsprozessen braucht (Spitzer 2005). Abstrakte Konzepte sind nicht per se losgelöst vom Körper und von Erfahrungen und von konkreter Anwendung zu lernen. Lernen ist am besten im Kontext möglich, durch handelndes Aneignen. Handlungsorientiertes Lernen, das „reale" Probleme zum Ausgangspunkt nimmt und die Einbettung in relevante Handlungskontexte werden bis in die Lehrerbildungsseminare hinein propagiert. Möglicherweise fällt uns dieser Zusammenhang heute besonders auf: Die Möglichkeiten junger Menschen, in ihrer Umwelt außerhalb der Schule konkrete Erfahrungen zu machen, handelnd mit der materiellen Umwelt umzugehen und in einer Vielfalt von Beziehungen implizit neben und außerhalb der Schule zu lernen, sind heute reduziert.

Und nicht nur die Schule, sondern auch das „Leben" ist Simulation, wir leben und arbeiten in einer Welt der Zeichen, die Eigenleben entwickeln. Dies ist das Thema, wenn es um Computer geht.

4 Das Digitale Medium und die Simulationen

Computer in der Schule fügen der Simulationsmaschine Bildungsinstitution zunächst eine weitere Ebene der Simulation hinzu. Im Simulationsraum wird nochmals simuliert: Hartmut von Hentig warnt in seinem Buch „Der technischen Zivilisation gewachsen bleiben", das sich mit der Rolle des Computers für Bildungsprozesse befasst:

> „Wenn wir nicht aufpassen, werden wir beides verlieren – den Sinn für Realität, für die Welt der sinnlich fassbaren Gegenstände, die gegenwärtigen Personen, und den Sinn für die Welt der nichtprogrammierten Möglichkeiten, der frei spielenden Einbildungskraft, der *poiesis*" (von Hentig 2002: 249).

Das *Digitale,* das Neue Medium ist durch das Prinzip gekennzeichnet, dass es entsteht, indem Zusammenhänge zunächst radikal zerstört und auf das Digitale reduziert werden (Sesink 2005). Neue Zusammenhänge werden „künstlich", über ein abstraktes Modell, den Algorithmus, wieder gestiftet. Dies kann geschehen, ohne dass die ProduzentInnen sich der konkreten Bilder, die aus dem Algorithmus entstehen, bewusst sein, sie im Einzelnen kennen und vorwegnehmen müssen. Die EntwicklerInnen können nicht wirklich wissen, was die NutzerInnen mit ihren Programmen tun und welche Erlebnisse sie dabei machen. Für die NutzerIn jedoch sind (nur) die konkreten und anschaulichen Bilder handelnd erfahrbar und veränderbar, sie bekommt die dahinter stehenden Abstraktionen nicht zu Gesicht.

Die konkreten Bilder werden „automatisch" generiert aus den abstrakten Modellen, im Wechselspiel zwischen Computerprogramm und Handeln der NutzerIn: in der Interaktion. Bei den klassischen Medien ist es die ProduzentIn allein, die die Bilder erzeugt. Die KonsumentIn wiederum ist es allein, die die vorgefertigten Bilder und Prozesse interpretiert und sich zueigen macht. Dies alles muss in ihrem Kopf und ihrem Körper stattfinden. Das Medium selbst weiß nichts von diesem Prozess der Interpretation und kann nicht darauf reagieren. Wenn die Welt durch einen Film oder durch ein Buch verändert wird, so findet dies ausschließlich vermittelt über die RezipientInnen, über ihre Gedanken und ihre Handlungen statt. Computermedien jedoch wirken an den Veränderungen der Wirklichkeit unmittelbar mit. Die implementierten Modelle können sogar als Steuerprozesse wirken und direkt in die Umwelt eingreifen und diese verändern. Carl Adam Petri hatte schon in den 70er Jahren darauf hingewiesen, dass dies die Neuartigkeit von Computeranwendungen ausmacht. Ohne Überprüfung durch das naturwissenschaftliche Experiment und ohne den reflexiven Prozess können sie in die Wirklichkeit eingreifen (Petri 1977). Manovich nennt dies „Telepräsenz": die Fähigkeit des Zeichens (implementiert in ein Computerprogramm), physikalische Objekte direkt, ohne Vermittlung durch den Menschen, zu manipulieren (Manovich 2001: 170).

Wenn wir Computersimulationen nutzen, dann sind sie Ergebnis von Modellbildungen. Die Simulationen werden automatisch erzeugt über den Algorithmus – in diesem steckt die Abstraktion – und nach diesem Algorithmus werden Bilder zusammen gesetzt, die aus Datenbanken gewonnen sind, in denen die Daten zuvor digitalisiert abgelegt wurden.

Diese Kennzeichnung als Simulation trifft nicht nur für solche Software zu, die Atommodelle, Ökosysteme, Evolution oder soziale Systeme nachbildet. Im weiteren Sinne gilt sie auch für die sogenannten Werkzeuge, z.B. Rechtschreibprogramme. Auch in ihnen wird das Prinzip, werden die Verfahren für das richtige Schreiben, wie geübte RechtschreiberInnen es beherrschen, simuliert.

5 Bildung durch Computersimulationen?

Sind Computer aus all diesen Gründen nicht die idealen Medien für das Lernen? Die abstrakten Konzepte, die bisher gelernt werden müssen, werden hier in eine Vielzahl konkreter Bilder, Situationen, Prozesse und in Aufforderungen zum Handeln verwandelt. Somit unterstützen sie das bildliche Lernen und das handlungsorientierte Lernen, die offensichtlich ausgesprochen hilfreich sind, um etwas verstehen und begreifen zu können.

In Computersimulationen kann man lernen durch wiederholte, aber jedes Mal andere Ausprägungen des gleichen Prinzips in unterschiedlichen Bildern. Durch einen konkreten Umgang mit einer Vielfalt von Situationen bildet sich schließlich Erfahrung heraus, wie mit solchen Dingen umzugehen ist. Man kann dies Learning-by-doing nennen. Es ist ein Lernen, wie der Lehrling lernt und gelernt hat.

Das so Gelernte ist in der Regel nicht explizit beschreibbar. In der Vergangenheit hatte diese Art des Lernens den Nachteil, dass es nur von Mensch zu Mensch weiter zu geben war, dass daraus Geheimbünde entstanden, viele ausgeschlossen waren und dass Manches verloren ging. Mit dem Computer besteht diese Gefahr im Prinzip nicht. Irgendwann ist dieses Wissen ja explizit als Modell beschrieben worden, also auch als explizite Beschreibung vorhanden und so in den Computer gekommen. Es existiert also als Veräußerlichtes, Gespeichertes und ist im Prinzip unabhängig von konkreten menschlichen Trägern und ihrer Bereitschaft, es weiter zu geben, zugänglich.

Die NutzerIn, die LernerIn, allerdings braucht sich nicht mehr der Mühe zu unterziehen, das abstrakte Konzept, das die Verallgemeinerbarkeit ausmacht, nachzuvollziehen. Sie kann durch konkretes Tun Erfahrungen sammeln und dadurch nach und nach das Verallgemeinerbare daran intuitiv lernen.

Und mehr noch: Die Ablösung von Sinn und von Zusammenhang, die sich in den Abstraktionen ausdrückt, ermöglicht es, Zeichen frei von jeder Bindung, ohne jeglichen Verweis auf die äußere Wirklichkeit, ganz neu zusammen zu setzen – ohne die Schwere und das Gewicht, die die Anbindung und der Verweis auf die äußere Wirklichkeit mit sich bringen. Somit bieten diese „Daten" der Imagination eine nahezu grenzenlose Vielfalt an Material, sich eine eigene Wirklichkeit zu erfinden, kreative Vorstellungen zu entwickeln über eine wünschenswerte Welt und zumindest im Medium umzusetzen. Sherry Turkle beschreibt dies im Hinblick auf die Subjektbildung: Das vernetzte Medium bietet die Chance, sich selbst ganz neu zu erfinden. Es liefert für die Einbildungskraft jeden nur erdenklichen Spielraum. Fast jede Art von Neuschöpfung, auch der eigenen Identität, wird möglich (Turkle 1995).

So scheint doch Bildung ganz ohne die Anstrengung des Begriffs, mit der Kinder und Erwachsene seit dem Industriezeitalter gequält wurden, wenn es an's „wirkliche" Lernen ging, nun (wieder und auch im semiotisch geprägten Zeitalter) über schlichten Mit- und Nachvollzug möglich zu werden, spielerisch oder im zweckgerichteten Tun, ganz nebenbei gewissermaßen, durch Anschauen und Handeln mit Computersimulationen. In der neueren Literatur zum Computer-Spiel wird genau dies behauptet: Kinder lernen im Spiel, was sie für das Leben brauchen. Sørensen und andere kommen im Rahmen eines 5-jährigen dänischen Projekts über Medienaktivitäten Jugendlicher zwischen 11 und 15 Jahren zu dem Ergebnis: „that many of the skills which are essential in the information society, where virtual places play an important part in education and work, are acquired in children's off-school participation in virtual space" (Sørensen 2003: 29).

Von anderer Seite wird das Verhalten der „Klick-Generation" kritisiert: Neben den Pauschalurteilen, wie Manfred Spitzer oder Christian Pfeiffer sie verbreiten, dass diese Generation durch den Medienkonsum dumm, dick und faul werde (Spitzer 2005; Pfeiffer 2005), wird differenzierter behauptet, dass sie nicht mehr in Zusammenhängen denken könne, sondern sich ihre Wirklichkeit aus Bruchstücken zusammenbastele. Das Verhalten der NutzerIn sei ein schlichter Prozess der Auswahl, des Ausprobierens, bei dem kein zusammenhängendes Verständnis für die Prozesse entwickelt werden könne.

Sherry Turkle hatte schon früh behauptet, dass das Ausprobieren, das Zusammenstellen, das Experimentieren dem Umgang mit dem Computer angemessener oder jedenfalls genauso angemessen sei wie der des logisch-abstrakten Denkens und planvollen Vorgehens (Turkle 1984). Man muss nicht verstehen, was passiert und die Systematik erkennen, um die Technik erfolgreich nutzen, ja sogar programmieren zu können. Man darf sogar behaupten, dass Verstehen-Wollen angesichts der Komplexität der modernen Artefakte keine erfolgreiche Handlungsstrategie mehr ist. Erfolgreiches Handeln in einer so komplexen Umgebung erlernt sich vermutlich besser durch Versuch und Irrtum und macht die nicht selten anzutreffende Überlegenheit der jungen Generation im Umgang mit dem Computer aus.

Lässt sich dies nicht auch auf viele der anderen Bereiche des Lernens übertragen? Sind nicht auch die Erkenntnisse in anderen Gebieten von Naturwissenschaften und Technik, von Geistes- und Sozialwissenschaften in ihren Zusammenhängen ähnlich komplex und nur so höchst abstrakt beschreibbar, dass sie nicht mehr, jedenfalls nicht für Jeden in ihrer abstrakten Beschreibung zugänglich sind? Können diese Erkenntnisse nicht mit den Computersimulationen konkret, anschaulich und handlungsorientiert nachvollziehbar werden?

6   Werden Bildungsinstitutionen überflüssig?

Einige Pioniere für den Einsatz des Computers in Bildungskontexten in den 70er und 80er Jahren glaubten, dass man LehrerInnen ersetzen könne mit den Computerprogrammen. Dies folgte einem Denken der Rationalisierung menschlicher geistiger Arbeit durch die Maschine Computer, welches die Frühzeit der Rechenmaschinen beherrschte. Kinderköpfe können auch durch eine Maschine bearbeitet werden. Auch Lernen selbst ist nach dem behavioristischen Modell nichts Anderes als was eine Maschine kennzeichnet: Lernen zeigt sich im gegenüber dem Input veränderten Output, so Alan Turing – was drinnen vorgeht, geht keinen was an (siehe dazu die Turing-Biografie von Hodges 1989) .

Heute könnte man mit der Herausbildung des Computers zum *Medium* die Frage nochmals anders stellen: Warum, so fragt Werner Sesink, braucht man noch die Schule als Simulationsanstalt, wo die ganze Welt zur Simulation geworden ist (Sesink 2004)?

So gibt es heute einen neuerlichen Diskurs um die (teilweise) Abschaffung institutionalisierter Bildung. Hartmut von Hentig macht in seinem neusten Buch den revolutionären Vorschlag, dass Jugendliche im Alter zwischen 13 und 15 nicht zur Schule gehen, sondern praktische Erfahrungen mit einer Arbeit für die Gemeinschaft machen sollten, v.a. die Erfahrung, gebraucht zu werden und sich zu bewähren (von Hentig 2006). In der Bildung von Erwachsenen und im Zusammenhang mit dem lebenslangen Lernen gewinnt das Lernen in der und durch die Praxis zunehmende Bedeutung. Konzepte des E-Learning, vor allem des Learning-on-the-Job statt der klassischen betrieblichen Weiterbildung, verfolgen eine Strategie und Didaktik des Lernens „On Demand", des Abrufs von Lerninhalten dort, wo sie gebraucht werden, statt auf Vorrat. Dies folgt der pädagogischen Überzeugung, dass dann ein direkter kognitiver wie auch emotionaler Bezug zu Lerninhalten hergestellt werden kann, so dass er besser mit den bereits vorhandenen Denksystemen in Beziehung gesetzt, mit ihnen verbunden werden bzw. diese verändern kann.

Informelles Lernen und implizites Wissen haben Hochkonjunktur und erfahren höhere Aufmerksamkeit und Wertschätzung als die rational-logischen Verfahren und systematisches, explizites Lernen.

Lernen soll mittels Digitaler Medien integriert werden in Arbeits- und Lebensprozesse, auch in das Spiel, und es soll so gewissermaßen nebenbei und vielleicht sogar unbemerkt stattfinden. Computer können Simulation, Lernumgebung einerseits und Ernstfall zu gleicher Zeit sein. Ein Computerprogramm kann so eingerichtet werden, dass es Fehler-Machen erlaubt bis zu dem Zeitpunkt, wo das Notwendige gelernt ist und alles klappt. Dann könnte der Schalter für den Ernstfall umgelegt und der direkte Eingriff in die physikalische Welt, der Steuervorgang, eingeleitet werden. Den Knopf für den Ausdruck auf dem teuren A0-Farbdrucker drücken wir erst, wenn das Plakat so aussieht, wie es sein soll. Vorher können wir „üben".

Für die Lebens- und Schulwelt ist „Edutainment" als Schlagwort für Anwendungen Digitaler Medien beliebt, und es wird damit suggeriert, dass Unterhaltung statt Anstrengung angesagt ist und dass man ganz en passant und ohne dass man es selbst merkt am besten lernen kann.

7 Bildung durch das Medium

Komplementär zu dieser Sichtweise gibt es in der Diskussion um den Einsatz Digitaler Medien in den Schulen heute Strömungen, die den Computer (wieder) aus dem Blickfeld rücken wollen: Von den einen wird gefordert, dass Computer im Unterricht endlich so verwendbar sein sollen, dass sie nicht mehr auffallen, nicht mehr thematisiert werden müssen, keine eigene Aufmerksamkeit mehr brauchen. Von anderen wird in Frage gestellt, ob die Lernergebnisse – gemessen mit den bekannten Methoden kognitiver Leistungsmessung durch Klassenarbeiten und Tests – durch Computerprogramme nicht doch schlechter sind und diese daher in ihrem Gebrauch in den Schulen zu reduzieren seien.

Ich möchte demgegenüber die Position vertreten, dass Computer nicht „einfach" als Werkzeug oder Medium im Bildungsprozess zu betrachten sind. Ich möchte ihn vielmehr als Gegenstand und als Inhalt von Bildung sehen. Bildungsinterventionen mit Computern haben ihre Bedeutung darin, sowohl in der Theorie wie auch in der Bildungspraxis das Versteckte im Medium sichtbar zu machen. Das Medium muss überhaupt erst als Inhalt und als Raum wahrgenommen werden, statt als ein Medium, das nur wirkt und nicht be- und hinterfragt wird. Das heißt einerseits, die Freiheit der Gestaltung zu gewinnen und andererseits Verantwortung für die Konstruktion übernehmen zu können. Mit den Worten Donna Haraways:

> „Die Cyborg ist ein verdichtetes Bild unserer imaginären und materiellen Realität (…). Dieses Essay ist ein Plädoyer dafür, die Verwischung dieser Grenzen zu genießen und Verantwortung bei ihrer Konstruktion zu übernehmen" (Haraway 1995: 34f.).

Maria Montessori ist bekannt geworden für ihre Materialien: Diese sollen anregen zur handelnden Auseinandersetzung und so beschaffen sein, dass sie wesentliche Aspekte bedeutsamer Konzepte der Gegenwart deutlich machen und die Konzentration auf diese Aspekte fördern (Montessori 1987). Zu den wesentlichen Konzepten der Wissensgesellschaft gehören die Simulation, die Prozessierbarkeit abstrakter Modelle durch ihre Programmierung, gehören neuartige Verhältnisse zwischen realer und virtueller Welt, ja die Infragestellung dieses Unterschieds.

Im Digitalen Medium ist das Verhältnis von Abstraktion und Konkretion, von Simulation und Simuliertem, von Maschine und Mensch, wie es die postmodernen Gesellschaften kennzeichnet, exemplarisch und verallgemeinerbar ausgedrückt.

Dass Entwicklungsprozesse von Individuen immer mit dem Verhältnis von konkretem, situiertem Wissen und Abstraktion zu tun haben, wissen Entwicklungspsychologie und Pädagogik schon immer. In der Entwicklungspsychologie Kohlbergs wie auch Piagets war abstraktes, analytisches Denken die „höhere" Form kognitiver Funktionen. Entwicklung bedeutete, vom Konkreten zum Abstrakten, vom Eins-Sein mit der Welt zur Ablösung von ihr „auf"zusteigen. In den vergangenen zwei Jahrzehnten wurde demgegenüber zu Recht das konkrete, das kontextgebundene, das situative Lernen aufgewertet, jedoch auch vereinseitigt.

Lernen aber braucht beides. Erfolgreiches Lernen ist auch mit Zurücktreten und Heraustreten in reflexiver Distanz verbunden, dem „Diving-In" muss das „Stepping-Out" folgen, wie Edith Ackermann, Entwicklungspsychologin am MIT Media Lab dies nennt (Ackermann 1996). In Piagets Terminologie geht es einerseits um Assimilation, mit der Menschen sich die Umwelt einverleiben und sie den in ihrem Kopf existierenden inneren Ordnungsmustern unterwerfen; andererseits um Akkomodation, wo Menschen eins werden mit dem Objekt der Aufmerksamkeit, dabei die Kontrolle verlieren können, aber auch herausgefordert werden, ihre inneren Denkmodelle zu verändern (Piaget 1967).

Was nun Computerprogramme als Gegenstand von Bildung betrifft, so sind sie dadurch, dass sie das Modell als Abstraktion und die konkrete Instanz zugleich enthalten, ein wunderbarer Gegenstand, um zwischen Stepping Out, der Assimilation, und Diving In, der Akkomodation, zwischen Immersion und reflexiver Distanz hin und herzuwechseln. Mit dem Gelten-Lassen von Immersion als Prinzip der Aneignung könnte Schule gleichzeitig etwas leisten, womit sie sich heute schwer tut: an die Freizeiterfahrungen der SchülerInnen im Umgang mit den Digitalen Medien anzuknüpfen und das Spielerische am Lernen in die Schule zu holen.

Die Abstraktion ist im und mit dem gleichen Medium vermittelbar. Der Computer, so sagen Sherry Turkle und Seymour Papert, ist Höhepunkt der Abstraktion und ermöglicht gleichzeitig einen sehr konkreten Zugang zu dieser Abstraktion (Turkle/Papert 1990).

Das Problem mit dem Computer für die Bildung besteht allerdings darin, dass dieses Verhältnis zwischen den konkreten Bildern und Prozessen, der Simulation und den dahinter stehenden Abstraktionen, in der Simulation nicht (mehr) sichtbar ist, sondern dass das Interface die Abstraktion versteckt.

So müssen in Bildungskonzepten Umgebungen mit Software so gestaltet werden, dass sie beide Seiten ermöglichen bzw. offen legen. Durch den Nachvollzug des Modellbildungs- und Konstruktionsprozesses kann das Verhältnis, auf das es ankommt, wieder sichtbar gemacht werden.

8 Zwei Beispiele

Seymour Papert hat mit seinem konstruktionistischen Ansatz genau dies zum pädagogischen Prinzip gemacht (Papert 1994). Mit Lego Mindstorms hat er dieses Prinzip in Materialien ausgedrückt. Dieses Material besteht aus Legobausteinen, Aktuatoren und Sensoren einerseits und der Programmierumgebung andererseits.

In der Arbeitsgruppe Digitale Medien in der Bildung an der Universität Bremen (www.dimeb.de) führen wir Workshops für Kinder mit diesen und ähnlichen Materialien (insbesondere auch den Crickets, siehe Martin et al. 2000) durch. Dabei knüpfen wir an Imaginationen, die die Kinder im Zusammenhang mit den Digitalen Medien mitbringen, an. Die Kinder erzählen und kommunizieren diese Fantasien. Wir konfrontieren sie mit den Möglichkeiten, die die Materialien bieten. In einem längeren Konstruktions- und Programmierprozess entwickeln sie kreative Anstrengung und übersetzen ihre Vorstellungen in den Rahmen dessen, was sie selbst mit den Materialien umzusetzen in der Lage sind. Sie stellen bis zum Ende der Workshops, wo eine Präsentation der Ergebnisse stattfindet, einen Zusammenhang her zwischen Imagination, konkretem Tun sowie Entwurf und Umsetzung eines Modells.

Abbildung 1:   Konstruktion eines „Vogels", der auf Licht- und Bewegungssignale reagiert

Abbildung 2: Die Programmierumgebung

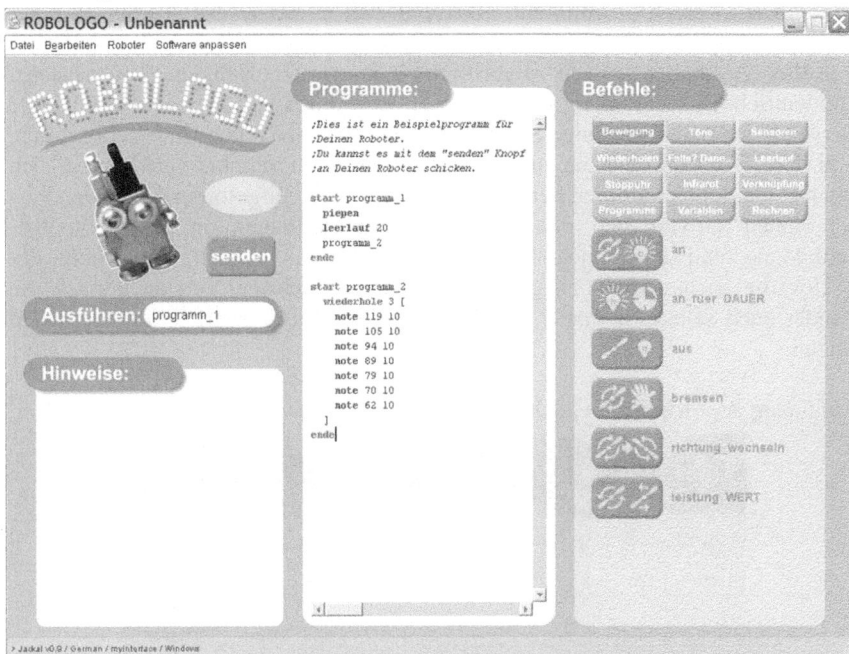

Als weiteres Beispiel möchte ich die Installation „Der Schwarm" kurz erläutern, die von einer Gruppe von Studierenden, insbesondere von Andreas Wiegand, Merten Schüler und Zaiga Linkevica, entwickelt worden ist.[1] Diese ist beim RoboCup 2006 im Rahmen des TZI (Technologiezentrum Informatik an der Universität Bremen) gezeigt und bei der Kinder-Universität didaktisch eingesetzt worden. Im Raum werden Lichtpunkte projiziert auf eine Fläche, auf der die Kinder sich bewegen können. Betritt eine Person die Fläche, tritt sie mit ihren Bewegungen zugleich in Interaktion mit den Lichtpunkten. Die Anordnung der Punkte reagiert auf die menschliche AkteurIn mit einem bestimmten „Verhalten", das zunächst nicht offensichtlich ist und durch spezifisches Verhalten der AkteurIn verändert werden kann (z.B. Positionsveränderungen, Bewegungsmuster, Farbveränderungen). Die Vorstellung ist, dass bei der menschlichen AkteurIn dadurch Fragen hervorgerufen werden wie: „Wie wissen die Lichtpunkte von meinen Bewegungen? Was ist der Grund für Veränderungen? Wie hängt dies mit

---

[1] Siehe auch: www.informatik.uni-bremen.de/schwarm/

meinen eigenen Bewegungen zusammen? Welches Modell steht hinter den Ver-
änderungsprozessen?" Simuliert wird mit den Punkten das Verhalten einer
Gruppe von Lebewesen, davon wurden im Verlauf des Projekts die Verschaltung
von drei „Verhaltensweisen" algorithmisch umgesetzt: Neugier, Fluchtdistanz,
Herdentrieb. Das Verhalten „Neugier" z.B. wird durch langsame und vorsichtige
Bewegungen und eine ruhige Stimme der menschlichen AkteurIn hervorgerufen,
und dabei wird die Distanz zur SpielerIn gesenkt, die Punkte versammeln sich
um sie. Die Kinder wurden bei der Kinderuniversität aufgefordert, sich als „ForscherInnen" zu verhalten, in und über die konkrete Interaktion, durch Hypothe-
senbildung und Experiment, Aufschlüsse über das Modell, nach dem der
„Schwarm" sich verhält, zu gewinnen. In einer nächsten Version können die
Kinder auch selbst Parameter für das Verhalten des Schwarms verändern und
setzen.

Abbildung 3:   Kinder im „Schwarm" bei der Kinderuniversität Bremen 2006

9   Zum Schluss

Als Pädagogin interessieren mich Lernumgebungen, ob und wie die Menschen
sich darin bilden können. Als Informatikerin interessieren mich die Materialien
und die Frage, wie sie gestaltet sein müssen, um diese Art von Lernprozessen zu
befördern. Welche Art von Materialien brauchen wir, damit beides, das Diving
In und das Stepping Out, sich evozieren lässt? Wie können Computermaterialien
zum Montessori-Material werden? Das lässt sich für Rechtschreibprogramme

ebenso diskutieren wie an Lego Mindstorms, am „Schwarm" und an einer Vielzahl anderer Materialien für den Lernprozess.

Mit unseren Materialien versuchen wir, anknüpfend an den Imaginationen der Kinder, genau diese Übergänge zwischen den konkreten Bildern und den Modellen, die in der virtuellen Welt dahinter stehen, handlungsorientiert begreifbar zu machen und die Erfahrung ihrer Gestaltbarkeit zu vermitteln. Die Materialien versuchen wir bewusst so zu gestalten und die Umgebungen so zu arrangieren, dass sich Fragen nach dem Hintergrund der Digitalen Technologien, ihren Entstehungsprozessen und ihren Wirkprinzipien aufdrängen.

Befragt danach, ob der Robotik-Kurs, an dem sie bei uns teilgenommen hatte, wie Schule gewesen sei, antwortet ein Mädchen: Nein, der Kurs sei anstrengend gewesen, und man habe wirklich sehr viel denken müssen. Kinder scheuen nicht die Anstrengungen des Denkens, aber sie wollen damit eine für sie bedeutungsvolle Erkenntnis über sich selbst und ihre Umwelt verbinden. In der Wissensgesellschaft bedeutet dies auch, das „Geheimnis" der Digitalen Artefakte zu lüften und sich an ihrer Konstruktion beteiligen zu können.

So kann auch für die Hauptschüler, die von der Veränderung der Machtverhältnisse durch Zaubern fantasieren (siehe Einleitung) die Erkenntnis entstehen, dass – wie bei Harry Potter – Zaubern gelernt sein will: So sagt Professor McGonagall im erstem Band zu ihren SchülerInnen:

„Ihr seid hier, um die schwierige Wissenschaft und exakte Kunst der Zaubertrankbrauerei zu lernen... Da es bei mir nur wenig albernes Zauberstabgefuchtel gibt, werden viele von euch kaum glauben, dass es sich um Zauberei handelt (...) Ich kann euch lehren, wie man Ruhm in Flaschen füllt, Ansehen zusammenbraut, sogar den Tod verkorkt – sofern ihr kein großer Haufen Dummköpfe seid" (Rowling 1998: 151).

Literatur

Ackermann, Edith (1996). Perspective-Taking and Object Construction. Two Keys to Learning. In: Kafai/Resnick (1996): 25-35

Beck, Johannes (1994): Der Bildungswahn. Reinbek: Rowohlt

Beilner; Gelenbe (Ed.) (1977): Measuring, Modelling and Evaluating Computer Systems. Amsterdam: North Holland

Buchen, Sylvia/Straub, Ingo: Buchen (2006): Die Rekonstruktion der digitalen Handlungspraxis Jugendlicher als Theoriegrundlage für eine geschlechterreflexive schulische Medienbildung. In: Medienpädagogik. Zeitschrift für Theorie und Praxis der Medienbildung Online [19.9.2006]: www.medienpaed.com/05-2/buchen_straub05-2.pdf

Druin, Allison/Hendler, James (Eds.) (2000): Robots for kids: Exploring new technologies for learning experiences. New York: Morgan Kaufmann

Haraway, Donna (1995): Die Neuerfindung der Natur: Primaten, Cyborgs und Frauen. Frankfurt a.M. u.a.: Campus

Hentig, Hartmut von (2002): Der technischen Zivilisation gewachsen bleiben: Nachdenken über die neuen Medien und das gar nicht mehr allmähliche Verschwinden der Wirklichkeit. Weinheim u.a.: Beltz

Hentig, Hartmut von (2006): Bewährung: Von der nützlichen Erfahrung, nützlich zu sein. Die Entschulung der Mittelstufe und ein einjähriger Dienst für die Gemeinschaft. Ein pädagogisches Manifest. München/Wien: Hanser

Hodges, Andrew (1989): Alan Turing, Enigma. Berlin: Kammerer & Unverzagt

Kafai, Yasmin B./Resnick, Mitchel (Eds) (1996): Constructionism in practice: designing, thinking, and learning in a digital world. Mahwah, N.J.: Lawrence Erlbaum

Manovich, Lev (2001): The language of new media. Cambridge, Mass. u.a.: MIT Press

Martin, Fred/Mikhak, Bakhtiar/Resnick, Mitchel/Silverman, Brian/Berg, Robbie (2000): To Mindstorms and beyond: Evolution of a construction kit for magical machines. In: Druin/Hendler (2000): 9-33

Montessori, Maria (1987): Schule des Kindes – Montessori-Erziehung in der Grundschule. Freiburg i. Br.: Herder, 2. Aufl.

Papert, Seymour. (1994): The children's machine: rethinking school in the age of the computer. New York: BasicBooks

Petri, Carl Adam (1977): Modelling as a Communication Discipline. In: Beilner (1977): 435-449

Piaget, Jean/Inhelder, Bärbel. (1967): The child's conception of space. The coordination of perspectives. New York: Norton & Co

PISA-Konsortium (2004): PISA 2003. Der Bildungsstand der Jugendlichen in Deutschland. Ergebnis des zweiten internationalen Vergleichs. Kiel: IPN

Pfeiffer, Christian (2005): Offener Brief an die Justiz- und Innenminister des Bundes und der Länder sowie an alle Abgeordneten des Bundestages und der Landtage, die Innen- und Rechtsausschüssen angehören. In: Die ZEIT v. 2.6.2005

Reinmann-Rothmeier, Gabi/Mandl, Heinz (2001): Virtuelle Seminare in Hochschule und Weiterbildung: drei Beispiele aus der Praxis. Bern u.a.: Huber

Schelhowe, Heidi/Zorn, Isabel (2006): Projektbericht ZIM@School. Online [19.9.2006]: http://dimeb.informatik.uni-bremen.de/documents/projekt.zimatschool.abschlussbericht_jahr1.pdf

Sesink, Werner (2004): In-formatio: die Einbildung des Computers: Beiträge zur Theorie der Bildung in der Informationsgesellschaft. Münster: LIT

Sesink, Werner (2005): Das Medium – Tatort des Verbrechens und Schauplatz der Wiedergutmachung. Vortrag auf der Herbsttagung der Kommission Medienpädagogik der Deutschen Gesellschaft für Erziehungswissenschaft am 3.11.2005 in Darmstadt

Sørensen, Birgitte Holm (2003): If spare time didn't exist – a future perspective on children's off-school virtual learning processes. In: merz: Zeitschrift für Medienpädagogik, Heft 5: 28-38

Spitzer, Manfred (2005): Vorsicht Bildschirm! Elektronische Medien, Gehirnentwicklung, Gesundheit und Gesellschaft. Stuttgart: Klett

Turkle, Sherry (1984): The second self: computers and the human spirit. New York: Simon & Schuster

Turkle, Sherry/Papert, Seymour (1990): Epistomological Pluralism: Styles and Voices within the Computer Culture. In: Signs: Journal of Women in Culture and Society No. 1: 128-157

Turkle, Sherry (1995): Life on the screen: identity in the age of the Internet. New York, Simon & Schuster

Rowling, Joanne K. (1998): Harry Potter und der Stein der Weisen. Hamburg: Carlsen

Generationsspezifische Medienpraxiskulturen und Macht

Burkhard Schäffer

Dieser Beitrag setzt sich mit der These auseinander, dass neue Technologien, im speziellen neue Medientechnologien, die Frage nach Machtverhältnissen zwischen den Generationen immer wieder neu akzentuieren und zwar auch und vielleicht ganz besonders in Erziehungskontexten. Zentral ist hier die empirische Beobachtung, dass es bei inter- und intragenerationellen Diskussionen über neue Medientechnologien auch immer um Fragen von Autonomie und Selbstbestimmung von Angehörigen verschiedener Generationen geht. Mit dieser These beziehe ich mich auf ein abgeschlossenes Forschungsprojekt zu intergenerationellen Bildungsprozessen im Medium neuer Medientechnologien (vgl. Schäffer 2003), in dem ich verschiedene Typen von Machtbeziehungen und -verhältnissen herausarbeiten konnte, die, wie ich glaube, auch über den engeren Bereich der Frage nach neuen Medientechnologien, Generation und Macht hinausreichen. Ich werde diesen Gedankengang in drei Schritten entfalten:

1. zunächst werde ich exemplarisch auf empirische Ergebnisse des Forschungsprojekts zu generationsspezifischen Medienpraxiskulturen eingehen und hierbei insbesondere machtbezogene Fragestellungen herausstellen.
2. In einem zweiten Schritt werde ich diese Ergebnisse machttheoretisch – unter Bezug auf Weber, Foucault und Bourdieu – rückbinden und auf Generationenimplikationen untersuchen.
3. An- und auch abschließend plädiere ich dann mit dem französischen Technikphilosophen Bruno Latour dafür, Technik aus dem Zusammenhang von Macht und Generation nicht auszublenden, also nicht die Augen davor zu verschließen, dass neue Technologien neue Handlungspraxen evozieren bzw. ermöglichen, die von verschiedenen Gruppen in der Gesellschaft unterschiedlich in ihre alltäglichen Handlungspraxen eingebunden werden (können).

1   Generationsspezifische Medienpraxiskulturen und Macht

In dem angesprochenen qualitativen Forschungsprojekt zu generationsspezifischen Medienpraxiskulturen habe ich Gruppendiskussionen mit Gruppen aus
drei Generationenlagerungen durchgeführt (insgesamt ca. 20 Diskussionen, grob
die um 1940, um 1960 und um 1985 geborenen Kohorten; in die engere Auswer-
tung kamen vier jüngere Gruppen (14 bis 19 Jahre im Durchschnitt), die nach
Milieu und Geschlecht variiert wurden, eine Gruppe Berufstätiger im mittleren
Alter (um die 40 Jahre) und eine Gruppe von Senioren mit Durchschnittsalter
von 63 Jahren (zwischen 57 und 70). Alle Gruppen hatten ein irgendwie gearte-
tes Interesse an neuen Medien. Die Eingangsfrage richtete sich auf intergenerationelle Unterschiede in Bezug auf Erfahrungen mit neuen Medientechnologien.

Ein zentraler Befund der Studie war, dass das Medienhandeln der unterschiedlichen Altergruppen eingebunden ist in unterschiedliche „generationsspezifische Medienpraxiskulturen" (Schäffer 2003, 2005b). Medienbezogene Einstellungen, Meinungen und vor allem das medienbezogene Handeln von Angehörigen unterschiedlicher Generationen wird von generationsspezifischen Medienpraxiskulturen fundiert und damit prädisponiert. Sie sind eingebunden in
generationsspezifische kollektive Orientierungsmuster (Bohnsack 1989), die auf
den Jugenderfahrungen der jeweiligen Kohorten mit den jeweils neuen Medien
beruhen. Generationsspezifische Medienpraxiskulturen generieren, ermöglichen
und begrenzen „Rahmungen und Spielräume" (Witpoth 1994) des Handelns mit
den neuen Technologien, sei es das Internet, ein ICQ, iPod oder ein Computer-
spiel. Dem Kulturbegriff inhärent ist, dass generationsspezifische Medienpraxiskulturen ihre „Wirkung" auf einer dem Reflexiven vorgeschalteten, habituellen
Ebene des Handelns entfalten.

Und auf dieser habituellen Ebene verlaufen auch die entscheidenden Gene-
rationendifferenzen: Wir haben es mit unterschiedlichen Modi der Habitualisierung der Technologie zu tun, die zu verschieden gearteten habituellen Einbin-
dungen in das Handeln mit neuen Medien führen. Bei den heutzutage neuen
Medientechnologien können Jugendliche auf einen Modus der Habitualisierung
ihrer Handlungspraxen mit Medien zurückgreifen, der den heute Erwachsenen
entwicklungsphasenbedingt verschlossen bleibt, weil es in deren Jugend diese
Technologien noch nicht gab. Dementsprechend konnten sie die Technologien
auch nicht in Peergroup-Kontexten habitualisieren, was, so ein zentrales Ergebnis meiner Studie, entscheidend für das Herangehen an jegliche Medientechno-
logie ist (auf einem Lexisdiagramm kann man sich das verdeutlichen: sei es der
Plattenspieler der 50er Jahre, das Transistorgerät der 60er, das Videogerät der
80er oder die neuen digitalen Anwendungen der 1990er und 2000er Jahre WWW
etc.).

Ich habe entlang dreier Dimensionen unterschiedliche Ausprägungen dieser Habitualisierungsmodi empirisch herausgearbeitet, die ich hier nur benennen, aber nicht ausführen kann:

1. der Dimension der durch die neuen Medien ermöglichten neuen Regelungen von sozialer Nähe und Distanz,
2. der Dimension Fremdheit versus Vertrautheit mit den Technologien und
3. der Dimension Spiel versus Arbeit, die sich vor allem auf die sozialisatorischen Bedingungen der Aneignung der neuen Technologien bezieht.

Entscheidend für das hier verfolgte Interesse an Macht und Generationsverhältnissen ist der empirische Befund, dass in allen drei Dimensionen ‚Junge', ‚Mittelalte' und ‚Alte' dezidiert von ihrer eigenen zu der anderen Altersgruppe Vergleiche anstellen. Und in diesen Vergleichen sind meist implizit, manchmal aber auch explizit Zuschreibungen eigener Macht bzw. Ohnmacht eingelagert. Im Folgenden kann ich keine ausführliche dokumentarische Analyse des Datenmaterials darstellen, in der das Implizite behutsam explizit gemacht wird und vor allem die Dimension der Generation von anderen Analysedimensionen abgehoben wird (Milieu oder Geschlecht, vgl. hierzu Schäffer 2004), sondern gebe Ihnen ein paar notwendigerweise plakativ gehaltene Darstellungen einiger Aussagen aus den Gruppendiskussionen.

Bei einer Gruppe von um die 40-jährigen Berufstätigen heißt es zum Beispiel in Bezug auf jugendliche Computernutzer:

Bf: ⌊aber die sind ooch nervöser wenn se das sehen
wenn die mit der Maus (.) mal was zeigen (imitiert Geräusch:) ratatatatada is der Cursor ich sage Junge Junge mach doch mal nen bisschen langsamer ich seh doch das alles gar nicht. So ne Hektik denn guckt man doch mal lieber in aller Ruhe sieht und klickt das an und fertig und der is immer Panik Panik denn haste dis falsche Bild aufgerufen denn geht man wieder zurück (.) (macht pfeifendes Geräusch nach:) ffuuuuuit (.) so gehen die da ran das is

Ef: ⌊ Die wachsen damit auf

Bf: ⌊jaaa

Af: ⌊die ham keine Angst davor

Was die Frau hier thematisiert, sind zunächst einmal unterschiedliche Zeithorizonte: Jugendliche sind schneller am Computer („ratatatata") und diese Schnelligkeit wird ihnen als „Hektik" bzw. als „panisch" ausgelegt. Es ist das zeitliche nicht Mithalten können, also die unterschiedlichen medieninduzierten Temporalisierungen des Handelns, was die Älteren hier unter Druck setzt und was sie sich damit zu erklären versuchen, dass die Jugendlichen „damit aufwüchsen" und keine „Angst davor" hätten. Aber wovor haben die Älteren Angst? Aus ihren Erzählungen und Beschreibungen geht hervor, dass sie Angst davor haben, im Medium der neuen Technologie vorgeführt zu bekommen, dass sie der nachfolgenden Generation unterlegen sind, dass sie sich – in den Worten einer pensionierten Teilnehmerin einer anderen Gruppendiskussionen – im Vergleich zu den Enkeln, die in ihren Augen kompetent den Computer bedienen, „so dumm vorkommen", wenn sie (im wahrsten Sinne des Wortes) „dahinter" stehen.

Das Verhältnis zur neuen Technologie auf Seiten der ältesten Kohorten in meinem Sample ist, auch wenn sie sich interessiert mit ihr beschäftigen, grundsätzlich durch eine gewisse Distanz und eine daraus resultierende Vorsicht gekennzeichnet, weil sie, wie die mittleren Kohorten auch, nicht auf dem Wege der spielerischen Habitualisierung im Jugendalter in diese Technik einsozialisiert wurden, sondern in andere, ihrer Jugendzeit entsprechenden Technologien.

Mit dieser Angst bzw. den kollektiven Erfahrungen der Insuffizienz gehen die Älteren auf unterschiedliche Art und Weise um:

Eine erste Möglichkeit liegt darin, die eigene Computerpraxis und damit einhergehende Kompetenzen gewissermaßen in vorauseilendem Gehorsam klein zu reden. So berichtet bspw. ein 70jähriger Jurist im Ruhestand ironisch gebrochen von der Praxis mit einem Computer, den er von seinem Sohn, einem „Computerfreak" geschenkt bekommen hat:

Bm: Ich habe vorhin gesagt was machst'e nun mit diesem Kasten? Uund ähm (.) mitt-
      lerweile hab ich den nun ein Jahr. Ich habe damit eigentlich gar keine hochgesteck-
      ten Ziele (.) Ich wills's der Jugend überhaupt nicht nachmachen (2) was ich zumin-
      destens was ich heute denke das is Behördenpost also wenn ich mal was schreiben
      muß (.) das macht sich ganz gut (.) is auch vorteilhaft (.) man kann löschen (.)
Me: ⌊[schmunzeln]
Bm: ⌊der Computer macht einen auf Fehler aufmerksam dis is auch
      sehr schön

Eine entgegengesetzte Möglichkeit besteht darin, die Leistungen der Jüngeren als Blendwerk abzutun und das eigene Erfahrungswissen höher zu veranschlagen. Da ist z.B. der 57 Jährige ehemalige Selbstständige, der auf seine laufende Weiterlernbereitschaft im Computerbereich verweist und dagegen dann eine vermeintliche Computerpraxis der Jüngeren stellt, die sich nur aufs Spielen beschränke:

Am: Und äh ich glaube da sind wir eigentlich der Jugend voraus äh ich hab ich kenne
      viele Jugendliche die Computer haben die Computer im Prinzip zu neunundneunzig
      komma neun Prozent nur als Spielzeug betrachten (.)
Bm: ⌊als Spielzeug ja (setzen es hauptsächlich dafür ein ja)

Am: ⌊ja?
Also hauptsächlich können sie sie könne ihren Joystick da bedienen und Ende ja?
Und wenn man dann mal zu denen sagt nu pass mal auf nu mach' mal äh kopier
mal was oder äh ,das kenn ich nich' ja? (.)

Eine dritte Möglichkeit besteht in der Kooperation mit den Jüngeren: Im Bereich
der technologischen Kompetenz wird die Überlegenheit der Jüngeren anerkannt
und – gerade im Verhältnis von Großeltern zu Enkeln, aber oft auch zwischen
Eltern und ihren Kindern – entsprechende Hilfe der Jüngeren in Anspruch genommen.

So berichtet bspw. ein 68-jähriger ehemaliger Maschinenschlosser aus meinem Sample von einer Kooperation mit seiner Nichte.

Dm: Für mich n'Computer. also ich hab früher Bassgitarre gespielt als Musikamateur als
als am Anf- als Amateur. Und da hab ich schon vor vor'n paar Jahren gesehen dass
meine Nichte n'Computer hat die hat da jetzt ne Soundkarte zu und hat da auch so
ne (.) Musikstation zu. Sie kann also da Noten eingeben und kann die abspielen
lassen (.) und ich konnte jetzt– sie hatte da nich son Interesse vorher- ich konnte
jetzt hingehen zu ihr konnte da sagen 'pass mal auf das Stücke hier das kannste mal
eingeben das kann der mir mal vorspielen das kann der bestimmt besser wie ich' (.)

So weit ein exemplarischer Blick auf typische Äußerungen der ältesten Kohorten.

Die exemplarisch dargestellten Modi des Umgangs mit der intergenerationellen Wissensdifferenz sind als typisch dafür anzusehen, wie die älteren Kohorten mit dem durch die Medientechnologien ausgelösten intergenerationellen
Wissens- und Machtgefälle umgehen. Und genau dieser Umgang macht einen
wichtigen Aspekt ihrer generationsspezifischen Medienpraxiskultur aus.

Als ein erster Modus ist die vorauseilende Unterwerfung bzw. *Subordination* zu nennen, die sich beim ersten Beispiel zeigt („keine hochgesteckten Ziele"; es „der Jugend nicht nachmachen" wollen).

Ein zweiter Modus kann als *partielle Konkurrenz* zu den Jüngeren bezeichnet werden (Beharren auf Erfahrungsvorsprung, „da sind wir eigentlich der Jugend voraus").

Schließlich – und ich denke, das betrifft große Teile der Kohorten, da Erzählungen hierüber endemisches Ausmaß annehmen – ist als dritter Modus jener
der ,dankbaren' *Kooperation mit den Jüngeren* zu nennen. Dieser Typus hat
nicht diese resignativ-aggressive Komponente wie der erste Modus der Subordination. Angehörige dieses Typus erkennen den Wissensvorsprung vieler Jüngerer explizit an und bitten Kinder, Enkel und auch verwandtschaftlich nicht Verbundene um Hilfe bei der Behebung medientechnischer Probleme (ich vermute,

dass sich unter den Lesern/innen auch einige Vertreter dieses Typus befinden, wenn es z.b. um die Installation neuer Software o.ä. geht). Wie und ob sich dieses Muster angesichts des *demographischen Wandels* ändern wird, halte ich im Übrigen für eine der interessantesten Fragestellungen (vgl. hierzu Schäffer 2006). Denn bereits in naher Zukunft werden die Älteren (Stichwort Babyboomergeneration) die gesellschaftliche Mehrheit stellen und sich eventuell nicht mehr unterwürfig oder vorsichtig konkurrierend oder dankbar kooperierend verhalten, sondern fordernder und selbst- und eben auch machtbewusster ihre Interessen bezüglich der neuen Technologien auch gegenüber den Jüngeren vertreten.[1]

Ich möchte, um den empirischen Teil abzuschließen, noch ein paar Bemerkungen zu den jüngeren Gruppen meines Samples machen. Sie haben sich mit massenmedial vervielfältigten Kompetenzzuschreibungen, aber auch -erwartungen seitens aller erwachsenen Kohorten auseinanderzusetzen, mit denen sie sich auf unterschiedliche Art und Weise arrangieren. Die Arrangements sind selbstverständlich milieu- und geschlechtsspezifisch unterschiedlich ausgeprägt, aber es gibt auch hier, wie bei den älteren Kohorten, einige Übereinstimmungen über Milieu- und Geschlechtsgrenzen hinweg, die auf Generationsspezifisches schließen lassen.

Am Ort des institutionalisierten Aufeinandertreffens der Generationen, dem Bildungssystem, gehen die Jüngeren – gerade wenn sie aus bildungsnäheren Milieus kommen – mit ihrem vermeintlichen (und manchmal auch vorhandenen) Wissensvorsprung provokativ um. So es ihnen möglich ist, versuchen sie das Lehrpersonal aufs medientechnische Glatteis zu führen, indem sie bspw. den Videorecorder umprogrammieren oder auf dem Rechner der Schule verbotene Ballerspiele unter Tarnnamen installieren o.ä. Sie demonstrieren und inszenieren also partiell aus der medientechnischen Kompetenz heraus den Erwachsenen ihre *aus dem Kompetenzgefälle erwachsende, partielle Macht.* Zu Hause dagegen – bei ihren Eltern – reagieren sie auf das innerfamiliäre Wissens- und Kompetenzgefälle mit Empathie und versuchen, den Eltern bei ihren medientechnischen

---

[1] Aber zurzeit arbeiten die ‚Babyboomer' noch (falls sie nicht frühverrentet oder arbeitslos sind). Bei dieser momentanen ‚Sandwichgeneration' der mittleren Altersjahrgänge, also der um 40- bis 50-Jährigen, haben wir es mit einem selektiven Kenntnisstand zu tun. Die Selektivität bezieht sich darauf, dass die Computertätigkeiten dieser zumeist berufstätigen Kohorten im Wesentlichen einem strengen Nutzenkalkül unterliegen. Von Angehörigen dieser Kohorten wird am Computer zwar nicht gespielt, wodurch sich die Jüngeren viele ihrer Kompetenzen aneignen, aber man hat gewisse Grundkompetenzen. Aus dieser Perspektive schaut man mit Respekt auf die eigenen Kinder und versucht die ebenfalls vorhandene handlungspraktische Wissensdifferenz mit dem Argument in Schach zu halten, dass die Jugend zwar ganz kompetent sei, aber ihr Wissen ja nur zum „Spielen" einsetze. Auf das medientechnische Wissen der Generation ihrer eigenen Eltern blicken sie mit einer Mischung aus Mitleid und Belustigung.

Problemen zu helfen (vgl. hierzu auch Schäffer 2005a). Sie sind hier gewissermaßen in einer Ambivalenz zwischen der öffentlichen, in Konkurrenz zu den Älteren stehenden, und einer privaten Sphäre gefangen, in der sie Hilfestellungen leisten.

An den kurzen Beispielen sollte deutlich geworden sein, dass in generationsspezifische Medienpraxiskulturen Machtverhältnisse und Machtbeziehungen eingeschrieben sind, die von den Akteuren unterschiedlicher Altersgruppen auch durch ihr alltägliches Handeln mit der Technologie reproduziert werden. Hierdurch kommen Neue Medientechnologien in die Rolle eines Mediums, in dem handlungspraktisch und alltäglich Machtverhältnisse zwischen Angehörigen unterschiedlicher Generationen aktualisiert und austariert werden. Gerade in Verbindung mit der ihnen gesellschaftlich zugeschriebenen hohen Relevanz für die Zukunftsfähigkeit Deutschland etc. bilden Medientechnologien ein Pendant zu anderen Diskursarenen, in denen Machtverhältnisse zwischen den Generationen bestimmt werden wie bspw. die Diskussionen um die Sicherung des Renten- und Gesundheitssystems.

Die Frage, die ich im Folgenden behandeln möchte, lautet nun, welches theoretische Machtkonzept diese Formen der medientechnischen Aktualisierung von Macht, wenn man es denn so bezeichnen mag, am adäquatesten modelliert.

2 Reflexion der empirischen Ergebnisse vor dem Hintergrund sozialwissenschaftlicher Machttheorien.

2.1 Macht- und Generationenbeziehungen

Nach Weber bedeutet „Macht (…) jede Chance, innerhalb einer sozialen Beziehung den eigenen Willen auch gegen Widerstreben durchzusetzen, gleichviel worauf diese Chance beruht." (Weber 1972: 28). Macht ist hier an soziale Interaktion gebunden, sie beschreibt ein Verhältnis von Personen, die entweder Macht haben – „mächtig" sind – oder von dieser Macht unterdrückt werden – „ohnmächtig" sind. Das Machtphänomen wird interaktionistisch, als ein Aufeinanderbezogensein sozialer Akteure – seien es individuelle oder in seinen Erweiterungen auch kollektive Akteure – beschrieben. In den von mir beschriebenen Beispielen trifft dieser Machtbegriff vor allem zu, wenn man, wie in Teilen der Erziehungswissenschaft, Generation vorrangig als Generationen*beziehung* zwischen Lehrer/innen und Schüler/innen oder Eltern und Kindern fasst. In den Beispielen versuchen bspw. Schüler im öffentlichen Raum ihren Willen gegenüber den Lehrern dadurch durchzusetzen, dass sie ihre partielle medientechnische Überlegenheit als „Chance" im Weberschen Sinne gegen das vermeintliche

„Widerstreben" der Älteren durchzusetzen. Gleiches versuchen die Senioren, wenn sie ihre „Erfahrung" ins Feld führen und den Jugendlichen ihre vermeintlichen Grenzen aufzeigen bzw. wenn sie der Auseinandersetzung mit den Jungen aus dem Weg gehen.

Das Webersche klassische juridische Machtkonzept geht von der rationalistischen, handlungstheoretischen Unterstellung aus, dass Machthaber und Beherrschte jeweils genau wüssten, dass es sich in einer gegebenen Situation um das interaktive Aushandeln einer Machtbeziehung handelt, bei der der „Willen" des Einen, mit dem „Widerstreben" des Anderen einhergeht. Hierzu müssten aber beide über die Ziele und Absichten des jeweils anderen informiert sein, was oft – und insbesondere in Generationenkontexten – nicht der Fall ist, und zwar auf Seiten der vermeintlichen Machthaber ebenso wenig wie auf Seiten der Beherrschten. Die in generationsspezifischen Medienpraxiskulturen eingelagerten Macht*verhältnisse* müssen, will man nicht auf einer Ebene der Generationen*beziehungen* stehen bleiben, also anders beschrieben werden.

2.2 Macht- und Generationenverhältnisse: Bourdieu und Foucault

Wie schaut es also mit Machtbegriffen aus, die nicht-interaktionistisch konzipiert sind? Zu nennen wären hier etwa Niklas Luhmann, Pierre Bourdieu und Michel Foucault. Bourdieu bezieht sich auf Macht in seiner Theorie der Felder (Bourdieu 1991), Luhmann fasst Macht in seinem vor der autopoietischen Wende verfassten Werk als „symbolisch generiertes Medium der Kommunikation" (Luhmann 2003) und Foucaults Arbeiten kreisen um die Analyse historisch unterschiedlicher „Dispositive der Macht" (Foucault 1978). Bei allen Gegensätzen verbindet die drei, dass Macht für sie nicht als personale und vor allem nicht als kausale Ressource zu sehen ist, die in sozialen Interaktionen durchgesetzt wird. Ich möchte mich im Folgenden mit Bourdieu und Foucault beschränken und dem Gedanken nachgehen, dass einem solchen Machtbegriff nur ein nicht personaler bzw. überpersonaler Begriff von Generation (Müller 1999) zur Seite gestellt werden kann.

Bourdieu betont in seinen Arbeiten (Bourdieu 1991) durchgängig den von Luhmann unterbelichteten Aspekt, dass Macht etwas mit Kampf, aber auch mit Spiel zu tun hat. Gesellschaft fasst Bourdieu letztendlich als ein „Ensemble von Feldern" (Wacqant 1996: 84), die damit beschäftigt sind, ihre *relative Autonomie* zu erwerben, zu verteidigen oder zu erhalten (z.B. das Feld der Kunst, der Wirtschaft, der Wissenschaft usw.). Zwischen einzelnen sozialen Feldern werden Kämpfe um Macht und Anerkennung ausgetragen, d.h. in Bourdieus Perspektive um Erhalt und Verbesserung der relationalen Positionen im sozialen Raum. Entscheidend ist, dass die ‚Kämpfe' von den Akteuren eines Feldes nicht unbedingt als solche konzipiert werden, sondern, vermittelt über den feldspezifischen Habitus, als ‚natürlicher' Anspruch auf Einfluss und Ressourcen jeglicher Art bzw. als Aussichtslosigkeit diese zu erlangen, wahrgenommen werden.

Mit dem begrifflichen Arsenal von Bourdieu lassen sich die Einlassungen meiner Gruppen ganz anders als mit Webers Machtbegriff deuten. Wie ich oben ausgeführt habe, sind die Unterschiede zwischen den generationsspezifischen Medienpraxiskulturen vor allem auf einer habituellen Ebene angesiedelt, d.h. auf einer Ebene, die relativ änderungsresistent ist bzw. zumindest ein gewisses Beharrungsvermögen aufweist. Durch die enorme Beschleunigung der Produktzyklen im Bereich der Medientechnologien kommt es zu einer massiven *Entwertung technikbezogenen symbolischen Kapitals der älteren Kohorten* oder anders ausgedrückt: die älteren Habitus verlieren auf dem symbolischen Feld der kompetenten Beherrschung zeitgenössischer Medientechnologien an Kraft.

Mit Bourdieus Machtbegriff lassen sich unterschiedliche generationsspezifische Medienpraxiskulturen also als wichtige Elemente von ‚*Generationenfeldern*' fassen, die in einen immerwährenden Kampf um Autonomie verstrickt sind. Angesichts der extremen Beschleunigungsmomente gelingt dies jedoch den älteren Kohorten schlechter, weshalb sie auf dem symbolischen ‚Tanzboden der Medientechnologien' das Nachsehen haben.

Als letztes möchte ich auf Foucaults genealogischen Machtbegriff eingehen. In gewisser Weise an die Bourdieusche Perspektive anschlussfähig, ist er jedoch stärker daran interessiert, wie sich Subjekte unter der Bedingung von Machtverhältnissen konstituieren. Er betont dabei den ubiquitären und vor allem: *produktiven* Aspekt von Macht bei der Konstitution von Subjektivität. Die Rekonstruktion von Praktiken der Macht, ihr Zusammenspiel in unterschiedlichsten Kontexten (bspw. Strafjustiz, Psychiatrie, Medizin; vgl. Foucault 1976) und schließlich die in medialen Öffentlichkeiten geführten gesellschaftlichen Diskurse über Sinnhaftigkeit von Disziplinierung, Gehorsam, Ordnung, Sauberkeit usw. führen Foucault zu einer Diskursanalyse der Macht, die immer zweierlei betrachtet: die ‚Fremdführung' einerseits und die gleichzeitig damit einhergehende ‚Eigenleistung der Subjekte' andererseits, also die Konstituierung entsprechender Subjektivitätsformationen. Für bestimmte, historische Zeiträume analysiert er auf diese Weise unterschiedliche sog. „Dispositive" der Macht, die ein je historisch spezifisches und empirisch spezifizierbares Verhältnis von Fremd- und Eigenzurichtungen des Subjekts zum Gegenstand haben.

Für erziehungswissenschaftliche Kontexte besonders interessant ist die Herausstellung des Zusammenhangs zwischen Macht und Wissen. In Anlehnung an Nietzsche lässt sich mit Foucault pointiert formulieren: „Der Wille zum Wissen ist der Wille zur Macht" (Quindeau 2005: 276). Hierzu, und da ist der Anknüpfungspunkt an meine empirischen Ergebnisse, gehören auch die spezifischen Wissensformen über neue Medientechnologien, die gerade bei den jüngeren Kohorten stark handlungspraktisch orientiert sind.

In den jüngeren generationsspezifischen Medienpraxiskulturen, die auf *neuen* Medientechnologien fußen, sind nun handlungspraktische Wissensformen eingeschrieben, die, und hier habe ich mich von den Arbeiten von Forneck und Wrana (2005) inspirieren lassen, stärker auf „selbst"organisierte und -gesteuerte Lernprozesse hinauslaufen. Das Suffix ‚Selbst' verweist auf die Ebene der Subjektkonstitution, die im Mittelpunkt des Foucaultschen Nachdenkens über Macht steht (bspw. Foucault 2004). Die Analyse von Forneck und Wrana läuft darauf hinaus, dass sich momentan im gesamten Bildungsbereich ein neues Dispositiv der Macht herausbildet, das sie als Teil einer neuen, „neoliberalen" Gouvernementalitätsstrategie charakterisieren. Zentral ist hierbei die These, dass alles bildungsbezogene Handeln und vor allem alles Unterlassen individuell zurechenbar gemacht wird und so den Subjekten alle Erfolge, aber auch (und vor allem) alles Scheitern zugeschrieben bzw. angelastet wird.

Aus dieser Perspektive ist es für die jüngeren Jahrgänge leichter, an die neuen Selbstlernimperative anzudocken, als den älteren Kohorten, da selbstgesteuertes Lernen vielfach mit sog. E-Learning Hand in Hand geht und die bessere ‚Ausstattung' mit handlungspraktischem medientechnischem Wissen den Jüngeren hier Wettbewerbsvorteile verschafft. Die Jüngeren haben somit den vermeintlichen Vorteil bei der Ausbildung ‚digital passförmiger' Subjektivitätsformationen, wobei sich natürlich die Frage nach den kollektiven Kosten dieses kurzfristigen ‚Vorteils' für bestimmte, milieu- und geschlechtsspezifisch zu differenzierende Generationeneinheiten stellt – Stichwort: ‚digital gap'.

Zusammenfassend lässt sich sagen: Um die empirisch evidenten Einschreibungen von Macht in generationsspezifische Medienpraxiskulturen herauszuarbeiten, habe ich drei Formen der Konzeptualisierung von Macht auf zwei Modi von Generationenkonzepten bezogen. Die drei charakterisierten Perspektiven von Weber (Macht als Interaktionsbeziehung zwischen Angehörigen unterschiedlicher Generationen), Bourdieu (Macht als relationale Größe zwischen Generationenfeldern) und Foucault (Macht als generationsspezifische Subjektformationen konstituierendes Dispositiv) führen zu unterschiedlichen Einschätzungen der Machtbezogenheit generationsspezifischer Medienpraxiskulturen. Während mit der Weberschen Perspektive *Machtbeziehungen* in *Generationenbeziehungen* in personaler Perspektive analysiert werden können, kommen mit Bourdieu und Foucault *Machtverhältnisse* in *Generationenverhältnissen* in überpersonaler Perspektive in den Blick.

2.3 Technik, Macht und Generation

Was die dargestellten Perspektiven etwas vernachlässigen, ist m.E. eine technikphilosophische bzw. techniksoziologische Grundierung des Nachdenkens über Macht und Generation, die für das spezifische Themenfeld generationsspezifischer Medienpraxiskulturen in Kontexten von Erziehung und Bildung adäquat ist. Oder etwas pointierter formuliert: Machtverhältnisse in Generationenkontexten lassen sich nur unvollständig rekonstruieren, wenn man von Technik abstrahiert. Hier möchte ich abschließend die These des französischen Techniksoziologen und -philosophen Bruno Latour einbringen, aus dessen Perspektive Menschen Techniken nicht gebrauchen oder mit ihnen handeln, sondern *zusammen mit* Techniken handeln (Latour 1995; 2000; vgl. auch Schäffer 2003: 103ff.). Dieses gemeinsame Handeln von Menschen und ihren je zeitgebundenen Technologien „vermittelt" sich in einem komplexen Prozess der „Übersetzung" und „Zusammensetzung" von Handlungszielen, einem fortgesetzten Vergessen all der ursprünglich nötigen menschlichen Handlungsformen („reversibles Blackboxen") und einer historischen Langzeitwirkung von Mensch-Technik Hybriden („Delegation") (vgl. hierzu vor allem Latour 1998). Insgesamt verfolgt Latour das Ziel, den Leser letztendlich von der Dignität und eigenständigen (Handlungsprogramm-) Bedeutung technischer Dinge in sozialen Handlungszusammenhängen zu überzeugen.

Mit Latour kann man das durch die neuen Medien ermöglichte selbstgesteuerte Lernen als *Hybridisierung* neuer Technologien mit menschlichen Akteuren verstehen bzw. in Latours Sprachgebrauch: als Ausbildung neuer „Kollektive" von „menschlichen Akteuren" und „technischen Agenten". Aus dieser Perspektive ist es nicht verwunderlich, dass in den 70er Jahren das sog. „programmierte Lernen" (eine frühe Form des selbstgesteuerten Lernens) sich nicht durchsetzte, weil sich noch keine entsprechenden Mensch-Maschinen-Kollektive herausgebildet hatten. Erst die heutigen technischen ‚Aktanten' erlauben einen (konstruktivistisch beflügelten) Diskurs über selbstgesteuertes bzw. -organisiertes Lernen etc., der aus Foucaultscher Perspektive als neues Dispositiv gedeutet werden kann bzw. aus Bourdieuscher Perspektive als neue generationsspezifische Feldkonstellation. Durch die neuen Möglichkeiten der sich momentan exponential entwickelnden neuen Mensch-Maschine Kollektive werden Machtbeziehungen *und* Machtverhältnisse im Generationenkontext quasi neu gemischt. Die Angst der mittleren und älteren Kohorten ist die, in diesem Spiel schlechte Karten zu haben und die Angst der jüngeren Kohorten wird die sein, sich beim medieninduzierten Selbstlernen nicht genügend angestrengt zu haben und nun die Schuld für ihr Scheitern der Bildungskarriere individuell zugewiesen zu bekommen.

Literatur

Bachmair, Ben; Diepold, Peter; de Witt, Claudia (Hrsg.) (2005): Jahrbuch Medienpädagogik 5. Evaluation und Analyse. Wiesbaden: VS Verlag
Bohnsack, Ralf (1989): Generation, Milieu und Geschlecht. Ergebnisse aus Gruppendiskussionen mit Jugendlichen. Opladen: Leske + Budrich
Bourdieu, Pierre (1991): Die feinen Unterschiede. Kritik der gesellschaftlichen Urteilskraft. Frankfurt a.m.: Suhrkamp
Bourdieu, Pierre/Wacquant, Loïc J.D./Beister, Hella [Übers.] (1996): Reflexive Anthropo-
logie. Frankfurt a.M.: Suhrkamp
Buchen, Sylvia/Helfferich, Cornelia/Maier, Maja S. (Hrsg.) (2004): Gender methodolo-
gisch. Empirische Forschung in der Informationsgesellschaft vor neuen Herausforderungen? Wiesbaden: VS Verlag
Ecarius, Jutta/Friebertshäuser, Barbara (Hrsg.) (2005): Literalität, Bildung und Biogra-
phie. Perspektiven der erziehungswissenschaftlichen Biographieforschung. Wiesba-
den: VS Verlag
Foucault, Michel (2004): Hermeneutik des Subjekts: Vorlesung am Collège de France
(1981/82). Frankfurt a.m.: Suhrkamp
Foucault, Michel (1976): Mikrophysik der Macht: über Strafjustiz, Psychiatrie u. Medizin.
Berlin: Merve
Foucault, Michel (1978): Dispositive der Macht: über Sexualität, Wissen und Wahrheit.
Berlin: Merve
Forneck, Hermann-Josef/Wrana, Daniel Wrana (2005): Ein parzelliertes Feld: eine Ein-
führung in die Erwachsenenbildung. Bielefeld: Bertelsmann
Latour, Bruno (1995): Wir sind nie modern gewesen. Versuch einer symmetrischen Anth-
ropologie. Berlin: Akademie
Latour, Bruno (1998): Über technische Vermittlung. Philosophie, Soziologie, Genealogie.
In: Rammert (1998): 29-81
Latour, Bruno (2000): Die Hoffnung der Pandora. Untersuchungen zur Wirklichkeit der
Wissenschaft. Frankfurt/M.: Suhrkamp
Luhmann, Niklas (2003): Macht. Stuttgart: Lucius und Lucius
Müller, Hans Rüdiger (1999): Das Generationenverhältnis. Überlegungen zu einem
Grundbegriff der Erziehungswissenschaft. In: Z.f.Päd., 45. Jg.: 787-805
Quindeau, Ilka (2005): Macht als produktive Disziplin – die Bedeutung des Machtbegriffs
von Luhmann und Foucault für die Psychoanalyse. In: Springer/Gerlach/Schlösser
(2005): 269-282
Rammert, Werner. (Hrsg.) (1998): Technik und Sozialtheorie, Frankfurt a.m.: Campus
Schäffer, Burkhard (2003): Generationen – Medien – Bildung. Medienpraxiskulturen im
Generationenvergleich. Opladen: Leske + Budrich
Schäffer, Burkhard (2004): „Doing Generation". Zur Interdependenz von Milieu, Ge-
schlecht und Generation bei der empirischen Analyse generationsspezifischen Handelns mit neuen Medien. In: Buchen/Helfferich/Maier (2004): 47-65

Schäffer, Burkhard (2005a): Computer Literacy und intergenerationelle Lern- und Bildungsprozesse. Empirische Befunde aus Familie und im öffentlichen Raum. In: Ecarius/Friebertshäuser (2005): 202-218

Schäffer, Burkhard (2005b):Generationsspezifische Medienpraxiskulturen. Zu einer Typologie des habituellen Handelns mit neuen Medientechnologien in unterschiedlichen Altersgruppen. In: Bachmair/Diepold/de Witt (2005): 193-215

Schäffer, Burkhard (2006): Die Bildung Älterer mit neuen Medien: Zwischen Medienkompetenz, ICT-Literacy und generationsspezifischen Medienpraxiskulturen. In: Onlinezeitschrift Bildungsforschung (http://www.bildungsforschung.org/), 3. Jg., Ausgabe 2, Schwerpunktthema: Bildung Älterer, herausgegeben von Bernhard Schmidt (erscheint Herbst 2006)

Springer, Anne/Gerlach, Alf/Schlösser, Anne-Marie (Hrsg.) (2005): Macht und Ohnmacht. Gießen: Psychosozial

Weber, Max (1972): Wirtschaft und Gesellschaft. Tübingen: Mohr, 5. rev. Auflage

Wacquant, Loïc J.D. (1996): Auf dem Weg zu einer Sozialpraxeologie. Struktur und Logik der Soziologie Pierre Bourdieus. In: Bourdieu/Wacqant/Beister (1996): 17-93

Wittpoth, Jürgen (1994): Rahmungen und Spielräume des Selbst. Ein Beitrag zur Theorie der Erwachsenensozialisation im Anschluss an George H. Mead und Pierre Bourdieu. Frankfurt a.M.: Diesterweg

Autorinnen und Autoren des Bandes

Bisky, Lothar, Prof. Dr., Medienwissenschaftler, Vorsitzender der Linkspartei, MdB, war von 1986 bis 1990 Rektor der Hochschule für Film und Fernsehen „Konrad Wolf" in Potsdam-Babelsberg; Homepage: http://www.lothar-bisky.de

Fromme, Johannes, Dr., Professor für Erziehungswissenschaftliche Medienforschung unter Berücksichtigung der Erwachsenen- und Weiterbildung am Institut für Erziehungswissenschaft der Otto-von-Guericke-Universität Magdeburg; Arbeitsschwerpunkte: Medienpädagogik und Medienbildung, Mediensozialisation und mediale Alltagskultur(en), Lern- und Bildungssettings für lebensbegleitende Bildung; Homepage: http://www.uni-magdeburg.de/mbeb

Hipfl, Brigitte, Dr., Professorin für Medienwissenschaft am Institut für Medien- und Kommunikationswissenschaft an der Alpen-Adria Universität Klagenfurt; Arbeitsschwerpunkte: Cultural Studies, Medien- und Rezeptionsforschung, Identitätsformationen, Medien und Geschlecht, Medienpädagogik.

Marotzki, Winfried, Dr., Professor für Allgemeine Pädagogik am Institut für Erziehungswissenschaft der Otto-von-Guericke-Gesellschaft Magdeburg; Arbeitsschwerpunkte: veränderte Lernstrukturen und Bildungsmuster in der Wissensgesellschaft, qualitative Bildungs-, Beratungs- und Sozialforschung, Medienbildung und Sozialisation in medialen Umgebungen; Homepage: www.marotzki.de

Mikos, Lothar, Dr., Professor für Fernsehwissenschaft an der Hochschule für Film- und Fernsehen „Konrad Wolf" in Potsdam-Babelsberg; Arbeitsschwerpunkte: Publikumsforschung, Film- und Fernsehtheorie und -analyse, Medienbildung in bildungsfernen Milieus, Sport und Medien, Mediengewaltforschung; Homepage: http://www.mikos-media.de

Pietraß, Manuela, Dr., Vertretungsprofessorin für Angewandte Medienwissenschaft an der Universität der Bundeswehr München; Privatdozentin an der Ludwig-Maximilians-Universität München. Arbeitsschwerpunkte: Medienrezeption und Medienbildung; mediale Gestaltungsformen und ihre Bedeutung für das Verstehen; Medienerfahrung und Medienwirklichkeiten; Grundlagen der Medienpädagogik. Homepage: http://www.unibw.de/paed/mp/

Schäffer, Burkhard, Dr., Professor für Erwachsenenbildung/Weiterbildung an der Universität der Bundeswehr München; Arbeitsschwerpunkte: Medienpädagogik und Erwachsenenbildung, Weiterbildungs- und Medienforschung im Kontext demographischen Wandels, Rekonstruktive Sozialforschung (Gruppendiskussionen, Video- und Bildanalyse, dokumentarische Methode); Homepage: http://www.unibw.de/paed/ebwb/

Schelhowe, Heidi, Dr., Professorin für Digitale Medien in der Bildung, Technologiezentrum Informatik (TZI), Fachbereich Mathematik/Informatik an der Universität Bremen. Arbeitsschwerpunkte: Softwareentwicklung für Kinder und Jugendliche, Gestaltung schulischer und außerschulische Bildungskontexte mit Digitalen Medien, Medienbildung, Gender und Informatik, partizipative Softwareentwicklung, Virtuelle Hochschule. Homepage: http://www.dimeb.de

Sesink, Werner, Dr., Professor für Allgemeine Pädagogik mit dem Schwerpunkt Bildung und Technik an der Technischen Universität Darmstadt; Arbeitsschwerpunkte: Bildungstheorie, Informationspädagogik, E-Learning. Homepage: http://www.sesink.de

Winter, Rainer, Dr., Professor für Medien- und Kulturtheorie an der Alpen-Adria Universität Klagenfurt; Arbeitsschwerpunkte: Kultur- und Mediensoziologie, Cultural Studies, qualitative Forschung.

Lehrbücher
Erziehungswissenschaft

Bernd Dollinger
Klassiker der Pädagogik
Die Bildung der modernen Gesellschaft
2006. ca. 300 S. Br. ca. EUR 19,90
ISBN 3-531-14873-7

Detlef Garz
**Sozialpsychologische
Entwicklungstheorien**
Von Mead, Piaget und Kohlberg
bis zur Gegenwart.
3., erw. Aufl. 2006. 189 S. Br. EUR 19,90
ISBN 3-531-23158-8

Heinz Moser
**Einführung in die
Medienpädagogik**
Aufwachsen im Medienzeitalter
4., überarb. und akt. Aufl. 2006.
313 S. Br. EUR 22,90
ISBN 3-531-32724-0

Jürgen Raithel / Bernd Dollinger /
Georg Hörmann
Einführung Pädagogik
Begriffe, Strömungen, Leitfiguren
und Fachschwerpunkte
2005. 330 S. Br. EUR 16,90
ISBN 3-531-14702-1

Jürgen Raithel
Quantitative Forschung
Ein Praxiskurs.
2006. 209 S. Br. EUR 16,90
ISBN 3-531-14702-1

Friedrich Rost
**Lern- und Arbeitstechniken
für das Studium**
2004. 333 S. Br. EUR 19,90
ISBN 3-5311-14454-5

Bernhard Schlag
Lern- und Leistungsmotivation
2., überarb. Aufl. 2006. 191 S.
Br. EUR 14,90
ISBN 3-8100-3608-0

Peter Zimmermann
Grundwissen Sozialisation
Einführung zur Sozialisation
im Kindes- und Jugendalter
3., überarb. und erw. Aufl. 2006.
ca. 250 S. Br. ca. EUR 16,90
ISBN 3-531-15151-7

Erhältlich im Buchhandel oder beim Verlag.
Änderungen vorbehalten. Stand: Juli 2006.

www.vs-verlag.de

VS VERLAG FÜR SOZIALWISSENSCHAFTEN

Abraham-Lincoln-Straße 46
65189 Wiesbaden
Tel. 0611.7878-722
Fax 0611.7878-400

Handbücher
Erziehungswissenschaft

Rolf Arnold / Antonius Lipsmeier (Hrsg.)
Handbuch der Berufsbildung
2., überarb. und akt. Aufl. 2006.
ca. 580 S. Br. ca. EUR 49,90
ISBN 3-531-15162-2

Das aktualisierte Handbuch der Berufsbildung umfasst die gesamte Breite des
pädagogischen Handlungsfeldes und
gibt einen Überblick zu Didaktik, Adres-
satInnen, Vermittlungs- und Aneignungs-
prozessen und Rahmenbedingungen der
Berufsbildung. Alle Beiträge des Hand-
buchs sind von ausgewiesenen Fach-
expertInnen geschrieben.

Heinz-Herrmann Krüger /
Winfried Marotzki (Hrsg.)
**Handbuch
erziehungswissenschaftliche
Biographieforschung**
2., überarb. und akt. Aufl. 2006.
529 S. Br. EUR 49,90
ISBN 3-531-14839-7

In diesem Handbuch wird ein systema-
tischer Überblick über die theoretischen
Diskurse, Forschungsmethoden und
-schwerpunkte der erziehungswissenschaftlichen Biographieforschung gegeben: Die Bedeutung der Biographieforschung für die Erziehungswissenschaft
wird reflektiert, historische Entwicklungen werden nachgezeichnet und theoretische Grundlagen werden vorgestellt.
Zudem werden methodologische Fragen
erörtert und das Verhältnis von Biographieforschung und Ethnographie diskutiert. Ein dritter Schwerpunkt des Hand-
buchs liegt in der Bestimmung des
Zusammenhangs zwischen der Pädagogik der Lebensalter und der Biographieforschung.

Werner Helsper / Jeanette Böhme (Hrsg.)
Handbuch der Schulforschung
2004. 994 S. Geb. EUR 69,90
ISBN 3-8100-3659-5

Das Handbuch fasst den aktuellen Stand
der interdisziplinären Schulforschung im
deutschsprachigen Raum zusammen
und ergänzt diesen um internationale
Perspektiven. Im Auftakt wird die Entstehung und Etablierung der Schulforschung von ihren Anfängen bis in die
Gegenwart aufgezeigt und die damit verbundene Entwicklung von Forschungs-
ansätzen dargestellt. Vor dem Hintergrund der historischen Differenzierung
des Schulsystems und damit auch des
Lehrerberufs wird das aktuelle Spektrum
der Forschungsfelder systematisiert.

Erhältlich im Buchhandel oder beim Verlag.
Änderungen vorbehalten. Stand: Juli 2006.

www.vs-verlag.de

VS VERLAG FÜR SOZIALWISSENSCHAFTEN

Abraham-Lincoln-Straße 46
65189 Wiesbaden
Tel. 0611.7878-722
Fax 0611.7878-400

GPSR Compliance

The European Union's (EU) General Product Safety Regulation (GPSR) is a set of rules that requires consumer products to be safe and our obligations to ensure this.

If you have any concerns about our products, you can contact us on ProductSafety@springernature.com

In case Publisher is established outside the EU, the EU authorized representative is:

Springer Nature Customer Service Center GmbH
Europaplatz 3
69115 Heidelberg, Germany

The manufacturer's authorised representative in the EU is Springer
Nature Customer Service Centre GmbH, Europaplatz 3, 69115 Heidelberg,
Germany. If you have any concerns regarding our products, please
contact ProductSafety@springernature.com

Printed and bound by CPI Group (UK) Ltd, Croydon, CR0 4YY
27/04/2026
02097617-0002